BIBLIOTHÈQUE
DES MERVEILLES

PUBLIÉE SOUS LA DIRECTION
DE M. ÉDOUARD CHARTON

L'ÉMAILLERIE

21379. — PARIS, IMPRIMERIE LAHURE
9, RUE DE FLEURUS, 9

BIBLIOTHÈQUE DES MERVEILLES

L'ÉMAILLERIE

PAR

É. MOLINIER

OUVRAGE ILLUSTRÉ DE 71 VIGNETTES D'APRÈS LES DESSINS
DE P. SELLIER

PARIS
LIBRAIRIE HACHETTE ET Cie
79, BOULEVARD SAINT-GERMAIN, 79

1891

Droits de traduction et de reproduction réservés.

L'ÉMAILLERIE

NOTIONS PRÉLIMINAIRES

Définitions. — Procédés. — Division de l'ouvrage.

L'émaillerie est l'art d'appliquer à chaud sur un métal pris comme matière subjective un *fondant* ou *verre* teinté de différentes couleurs, au moyen d'oxydes métalliques. Ces oxydes peuvent modifier la teinte du verre sans en altérer la qualité principale, la translucidité, et alors les émaux sont dits *translucides* ou *transparents*; quand, au contraire, ils transforment la nature du fondant au point de ne plus laisser voir le métal qui sert d'excipient, les émaux sont dits *opaques*. Parmi tous les émaux employés sur métal, il n'y en a qu'un qui soit constamment opaque, c'est l'émail blanc qui emprunte sa teinte à un oxyde d'étain; tous les autres émaux peuvent être soit opaques, soit translucides, suivant la nature des oxydes qui entrent dans leur composition, oxydes qui peuvent en modifier les *tons*, mais non les *couleurs*.

Suivant la manière dont les émaux sont appliqués sur

le métal qui leur sert d'excipient, on distingue plusieurs sortes de produits émaillés auxquels, par métonymie, on donne aussi le nom d'émaux :

1° Les émaux *cloisonnés* ;
2° Les émaux *champlevés* ou *en taille d'épargne* ;
3° Les émaux *translucides* ou *transparents sur relief* ;
4° Les émaux *peints*.

Le terme d'*émail incrusté*, qui pourrait être indistinctement appliqué aux trois premières classes, doit être écarté comme trop vague et insuffisant pour indiquer d'une façon précise la nature du produit qu'on veut désigner. Car, et c'est un point qu'on ne saurait négliger dans l'étude de l'émaillerie, on peut dire, d'une façon générale, que la dénomination d'émail *cloisonné, champlevé* ou *translucide sur relief* indique déjà d'une manière approximative l'âge d'un monument, ces divers procédés correspondant à des phases bien distinctes de l'histoire de l'émaillerie. Il va sans dire que cette règle ne saurait être absolue et souffre bien des exceptions ; mais on verra cependant plus loin, dans la suite de cet ouvrage, que ces exceptions, sauf à l'époque de la Renaissance, sont en somme fort rares, et, au point de vue de la clarté de l'exposition, il n'y a pas lieu pour le moment d'en tenir compte.

Émaux cloisonnés. — Les émaux cloisonnés peuvent être considérés comme les plus anciens, ou à peu près, que nous possédions ; ils ont été fabriqués en or, en argent ou en argent doré, par exception en cuivre.

Pour faire un émail cloisonné, on prend une feuille de métal dont on relève les bords verticalement sur tout son pourtour de façon à composer une sorte de caisse. Sur le fond de cette feuille de métal on trace ensuite au poinçon ou avec un instrument pointu quelconque une ligne continue ou pointillée qui constitue le dessin qu'on veut reproduire en émail. Puis on découpe à l'aide de cisailles, dans une autre feuille de métal, de petites bandes dont la largeur correspond à la profondeur de la caisse. Ces bandes, courbées ou repliées à l'aide de pinces, suivant les contours du dessin, sont ensuite appliquées sur le fond où ce dessin a été tracé. On les y fixe à l'aide de gomme et de résine. On obtient ainsi un dessin exécuté au moyen de *cloisons* perpendiculaires à la plaque de fond. C'est entre ces cloisons qu'on dépose ensuite les émaux de différentes couleurs, non point en poudre, mais détrempés dans de l'eau à laquelle on peut ajouter un peu de gomme. Les émaux une fois secs, on porte la pièce dans le four chauffé à une température suffisante pour les parfondre complètement.

A la suite de cette fusion, les émaux, occupant moins de place que lorsqu'ils étaient en poudre, ne viennent pas affleurer les bords de la caisse; il faut donc remplir d'un nouvel émail toutes les cases déterminées par les *cloisons* et procéder à une nouvelle cuisson, et ainsi de suite jusqu'à ce que les cases soient entièrement remplies.

C'est alors qu'on procède au *polissage*, qui se fait à l'émeri et a pour résultat de donner à tous les émaux un éclat parfait en en égalisant complètement la surface. Cette opération a lieu également pour les émaux champlevés et translucides sur reliefs.

Le cas que nous venons d'envisager est celui dans

lequel les émaux recouvrent toute la plaque; mais il arrive souvent, dans les émaux cloisonnés, que la partie émaillée, de contours irréguliers, est environnée d'un fond ou champ de métal poli. Les émaux byzantins, comme nous le verrons plus loin, affectent très souvent cette disposition. Dans ce cas, il a fallu abaisser le niveau ou *défoncer* toute la partie de la plaque qui doit recevoir l'émail, de façon à former une sorte de caisse dont les contours reproduisent la forme extérieure de l'objet ou du personnage représenté, la silhouette pour ainsi dire. Comme ce système a été surtout employé pour des sujets qui se fabriquaient à un grand nombre d'exemplaires à la fois, des bustes ou des figures de saints, des figures d'empereurs ou d'impératrices, il est à supposer que, pour abréger le travail, les émailleurs byzantins ont fait usage de formes de bois ou de métal, sorte de coins gravés en relief, suivant les contours extérieurs des personnages, sur lesquels on emboutissait les plaques d'or ou d'argent. On obtenait ainsi très rapidement une caisse dans laquelle on n'avait plus qu'à disposer les cloisons destinées à figurer les traits du visage, les plis des vêtements, etc. Il y avait là une simplification de la main-d'œuvre qui a dû, dans un très grand nombre de cas, faire préférer ce système au premier que nous avons décrit.

Émaux champlevés ou en taille d'épargne. — Si ces émaux peuvent être, pour le moyen âge, considérés comme une simplification des émaux cloisonnés, ils ont bien eu, à certaines époques, une existence tout à fait indépendante des premiers .Ils ont été appliqués sur cuivre et par exception sur or.

Le métal excipient, d'une épaisseur variable, mais qui est toujours assez considérable, est creusé au burin et à l'échoppe suivant le dessin qu'on désire reproduire en émail, en ayant soin d'*épargner* toutes les parties du champ qui ne doivent pas être émaillées. Dans les cavités ainsi obtenues par le travail de l'outil, on dispose les poudres d'émail exactement comme pour la fabrication des émaux cloisonnés. Dans les deux procédés les opérations subséquentes sont semblables; il est donc inutile d'y insister.

Ce genre de travail, très simple dans les pièces d'émaillerie qui remontent à l'antiquité classique, s'est singulièrement compliqué au moyen âge, surtout quand on a cherché, en ménageant, en *épargnant* dans la plaque excipiente de minces cloisons de métal destinées à accentuer les plis, les mouvements ou à dessiner les traits du visage, à imiter les véritables émaux cloisonnés. Cette complication a été telle, que, perdant peu à peu de vue le but qu'ils s'étaient proposé tout d'abord, les émailleurs en sont venus à *épargner* totalement toutes les figures, dans lesquelles un travail de ciselure ou de gravure au trait a fait tous les frais du dessin, tandis que les fonds, creusés rapidement, recevaient seuls l'incrustation d'émail. Il va sans dire que cette simplification du travail marque le commencement de la décadence de l'émaillerie.

Les deux procédés du *cloisonnage* et de la *taille d'épargne* peuvent du reste se rencontrer juxtaposés sur une même pièce, témoignant ainsi de l'origine de la seconde de ces méthodes; celle-ci a surtout eu pour but de produire à meilleur marché des œuvres qui, au sortir des mains de l'orfèvre, pour des gens inexpérimentés, pouvaient produire le même effet que les pièces exécutées par le premier procédé.

Remarquons enfin qu'on peut faire rentrer dans la classe des émaux en taille d'épargne ceux qui sont appliqués sur les fonds de certaines sculptures en bas-relief, bien que ces reliefs soient obtenus par le système de la fonte ou du repoussage. Il faut toutefois faire observer que dans ce cas, qui ne se présente guère que dans certaines œuvres byzantines et slaves, ou bien dans des œuvres de la Renaissance italienne, les émaux ne peuvent subir l'opération du polissage, qui aurait pour résultat de faire disparaître une grande partie des reliefs.

Émaux translucides ou transparents sur reliefs. — On peut dire que, sauf dans ces cas très rares indiqués plus loin, les émaux translucides n'ont été employés que pour la décoration des métaux précieux, l'or ou l'argent. C'est qu'en effet, ces émaux empruntant une partie de leur éclat à la matière qui leur sert d'excipient, le choix des métaux est forcément assez limité.

Au point de vue des procédés techniques, les premiers émaux translucides sur relief n'offrent pas avec les émaux en taille d'épargne des différences bien profondes; car cette décoration ne s'applique d'abord qu'aux fonds, tous les motifs de décoration, personnages ou ornements, étant réservés et indiqués par un trait gravé rempli d'émail opaque. Mais peu à peu l'idée est venue aux émailleurs d'étendre ce genre de décoration à la surface entière des objets et dès lors le travail du métal sous-jacent a dû être modifié; à un simple travail de gravure on a substitué un travail de ciselure, et l'on ne peut mieux définir un émail translucide de cette espèce qu'en disant que c'est un bas-relief recouvert d'émail. Mais là se produit une difficulté ; comment ces reliefs peu accentués, aperçus à travers les émaux polychromes, garderont-ils leur valeur par rapport les uns aux autres? comment demeureront-ils, malgré la polychromie, à leur plan? C'est là que se reconnaît l'habileté de l'artiste qui doit combiner son travail de ciselure avec l'emploi des émaux transparents, de telle façon que la pièce terminée présente l'aspect d'un vitrail éclatant modelé avec une extrême finesse.

Dans cette catégorie des émaux translucides, il faut encore faire rentrer les émaux qu'on nomme *cloisonnés à jour*, extrêmement rares aujourd'hui, mais dont les procédés de fabrication sont décrits avec assez d'exactitude par Benvenuto Cellini dans son *Traité de sculpture et d'orfèvrerie*; enfin les émaux que les auteurs modernes appellent *émaux en résille sur verre*, sans que cette dénomination soit justifiée par les procédés usités pour les créer.

D'après Benvenuto Cellini, les *émaux cloisonnés à jour* étaient ainsi fabriqués : dans une caisse en fer de la forme de l'émail qu'on voulait produire, on déposait à l'aide d'un pinceau une mince couche de terre; celle-ci, étendue sur toutes les parois de la caisse, avait pour mission d'empêcher l'émail d'y adhérer. Puis on déposait dans cette caisse le dessin formé à l'aide de minces lames de métal, comme dans les véritables émaux cloisonnés, ou d'autres pièces de métal embouties, sortes de capsules pouvant affecter des formes très variées. Une fois toutes ces cloisons mises en place, on procédait à l'introduction de l'émail entre elles, puis à la cuisson et au polissage. En retournant la caisse de fer, l'émail se détachait des parois, qui avaient joué le rôle d'un moule, et l'on avait ainsi une sorte de vitrail diversement coloré, diapré de minces cloisons de métal.

Le procédé de fabrication des émaux dits en *résille sur verre* est plus compliqué et plus difficile à faire comprendre sans avoir un émail de ce genre sous les yeux. Pratiqué couramment en France au XVIe siècle, il l'est encore aujourd'hui en Orient et particulièrement dans l'Inde. Supposons une plaque d'or très mince sur laquelle on veut représenter en émail une tige de fleur; on commence par repousser en creux ce motif de décoration, puis on le remplit de l'émail voulu, et l'on fait cuire. Quand on retourne la plaque, on se trouve en présence d'un motif décoratif exprimé non plus en creux mais en relief, faisant saillie sur un champ qui, à son tour, peut être émaillé; on l'émaille donc entièrement à l'aide d'un émail transparent et l'on cuit une seconde fois. Si, à l'aide d'une meule, vous usez la feuille d'or qui forme le champ de la première face émaillée et sert d'excipient à l'émail de la seconde face, vous vous trouvez en présence d'une tige de fleur en or émaillée, noyée dans une masse vitreuse; le motif a réellement l'aspect d'un travail d'incrustation exécuté sur verre.

Émaux peints. — La peinture en émail peut être considérée jusqu'à un certain point comme une simplification des procédés plus haut décrits, bien que les effets produits par son application soient sensiblement différents. Elle consiste en la reproduction sur une surface de métal uni, et à l'aide de couleurs vitrifiables, d'un motif de décoration quelconque.

Les procédés employés pour ce genre de peinture diffèrent beaucoup suivant les époques et suivant les pays. On peut les ramener cependant à trois principaux.

Sur une plaque métallique, une plaque de cuivre généralement, plus ou moins épaisse, mais qui doit présenter la même épaisseur dans toute son étendue, on étend une couche d'émail de teinte unie, bleu, noir ou blanc. Après une première cuisson, c'est sur cette couche d'émail qu'on peint à l'aide de couleurs vitrifiables, exactement comme s'il s'agissait d'exécuter une gouache. C'est le procédé fort simple employé au xve et au xvie siècle par les Italiens et plus tard en France, en Allemagne et en Suisse, au xviie et au xviiie siècle.

Il convient d'observer que généralement — il y a surtout à une époque ancienne d'assez nombreuses exceptions à cette règle — la plaque destinée à être ainsi peinte est également émaillée sur son revers. Ce *contre-émail* est destiné à empêcher la plaque de se gondoler, de se *voiler* au feu.

Un autre procédé consiste à préparer le dessin sur le cuivre, ou sur un émail blanc à l'aide d'un émail foncé auquel on superpose ensuite des émaux translucides, qui se trouvent ainsi cernés d'un trait qui donne tout le dessin; le modelé peut ensuite se faire par superposition de tons ou au moyen d'applications d'or destinées à accentuer les lumières. C'est le procédé employé par les plus anciens émailleurs français, qui ont également cherché à rehausser l'éclat de leurs œuvres à l'aide de *paillons*, feuilles d'argent très minces recouvertes ensuite d'un émail transparent.

Le troisième procédé d'émaillerie est l'*enlevage*. Voici la description sommaire de ce procédé. Supposons qu'on veuille exécuter une grisaille. Sur une première couche d'émail noir on étend une couche très légère d'émail blanc; puis, à l'aide d'un instrument pointu, on dessine son sujet dont le trait reparaît en noir. On *enlève* ensuite toutes les parties d'émail blanc qui recouvrent le fond qui doit être noir, et, après une première cuisson de cet émail blanc, on recharge d'une ou de plusieurs couches d'émail toutes les parties éclairées du sujet. On obtient de la sorte un modelé très doux sans qu'il y ait là à proprement parler une opération de peinture, dans le vrai sens du mot. Cette méthode a été suivie par tous les émailleurs français du xvie siècle. Et il est à remarquer aussi que si le terme d'émail peint évoque à notre esprit l'idée d'un travail au pinceau, ce n'est que par exception que le pinceau est employé; toute cette peinture se fait généralement à l'aide de spatules. Remarquons enfin — et ceci s'applique à tous les genres d'émaillerie qu'on vient d'indiquer — que chaque nouvelle cuisson ne peut se faire que quand le nouvel émail appliqué sur la pièce est bien sec.

On aura à étudier, au cours de cet ouvrage, quelle a pu être l'origine de la peinture en émail; ce qu'il convient de noter pour le moment, c'est qu'un assez grand nombre de pièces montrent réunis et le procédé de l'émaillerie translucide sur relief et le procédé de la peinture, ce qui laisserait supposer, avec quelque vraisemblance, que le second est la simplification du premier. On verra que cette opinion ne peut être présentée d'une façon absolue.

Après ces quelques indications, sur lesquelles on aura du reste à revenir plus d'une fois dans le cours de l'ouvrage, mais qu'il était nécessaire de donner dès l'abord, il ne nous reste qu'à expliquer brièvement le plan que nous avons adopté pour l'histoire de l'émaillerie. Ce plan est avant tout déterminé par la chronologie ; c'est le seul qu'il nous a paru logique d'admettre pour l'étude d'un art qui s'est transformé à travers les siècles d'une façon méthodique ; mais à côté de ces divisions par époques, nous avons dû aussi admettre un classement géographique, car la même matière traitée par des artistes de pays et de génie différents revêt des aspects très dissemblables.

Enfin notre cadre est très vaste, puisqu'il s'étend depuis l'antiquité jusqu'à notre temps ; nous avons donc été forcé d'être bref et de laisser de côté une foule de remarques qui ne pourraient prendre place que dans un livre destiné aux seuls archéologues. Nous avons voulu faire moins et plus à la fois : mettre l'état de la question à l'heure actuelle sous les yeux de ceux qui s'intéressent à toutes les manifestations artistiques ; puis fournir à ceux qui étudient l'archéologie un résumé qui puisse servir de point de départ pour approfondir un sujet si intéressant, mais si embrouillé, si hérissé de délicats problèmes encore imparfaitement résolus.

CHAPITRE PREMIER

L'Émaillerie dans l'antiquité. — Égypte, Grèce, Italie. — Les émaux dits gallo-romains.

Si l'on entrait dans le détail des discussions auxquelles a donné lieu cette question : les anciens ont-ils connu l'émail? ce ne serait pas un volume, mais plusieurs volumes qu'il faudrait consacrer à l'histoire de l'émaillerie. Question assez inutile, au premier abord, quand on sait à quel degré d'habileté étaient parvenus les verriers de l'antiquité; or l'art du verrier et l'art de l'émailleur ont tant de points communs qu'il est bien difficile d'admettre que les Égyptiens aient pratiqué l'un sans avoir connu l'autre; la pratique de la céramique également devait forcément les conduire à la fabrication des émaux sur métal. N'eût-on aucun émail antique, on devrait encore *a priori* penser que les anciens ont connu l'émaillerie. Nous allons voir qu'il n'est pas nécessaire de se contenter de cette hypothèse.

Peu nous importe, en vérité, qu'il faille, suivant Labarte, reconnaître l'émail dans un produit brillant désigné dans la vision d'Ézéchiel sous le nom d'*haschmal*; qu'Homère, Hésiode et Sophocle l'aient désigné sous le nom d'*electrum*;

c'est là une question fort secondaire, et cependant c'est celle qui a passionné le plus les archéologues qui se sont occupés du sujet. Il semble fort difficile de faire dériver le mot *smaltum*, qu'on rencontre pour la première fois au ıxe siècle, du mot *haschmal*; tout au contraire, il paraît très légitime de rapprocher ce mot de l'ancien haut allemand *smelzan, smaltzan*, fondre, d'où l'allemand moderne *schmelz* et *schmelzen*. Quand on aura constaté que le mot *electrum*, dans l'antiquité, désigne deux choses différentes, l'ambre ou un mélange d'or et d'argent, et que dans aucun texte il ne s'applique à ce que nous appelons l'émail, la question n'en sera pas plus avancée; nous ne saurons jamais sous quel nom exactement les anciens désignaient ce produit, puisque, encore au ıııe siècle de l'ère chrétienne, un auteur nous décrit les procédés de l'émaillerie sans nous en donner le nom. Si certains auteurs du moyen âge emploient le mot *electrum* dans le sens d'émail, il semble que ce sens ne lui ait été appliqué que par dérivation et peut-être parce que les émaux dont parlent ces textes étaient à l'origine exécutés sur un alliage d'or et d'argent, précisément l'un des genres d'*electrum* dont parle Pline l'Ancien. Ce qui est beaucoup plus important que ces discussions de mots, ce sont les monuments qui nous permettent de constater l'existence de l'émaillerie à des époques différentes et dans des pays très éloignés les uns des autres.

Si les Égyptiens ont pratiqué sur or, au moyen de pierres de couleurs ou de pâtes de verre, des incrustations à froid qui ont à première vue l'aspect d'émaux et peuvent jusqu'à un certain point donner le change sur leur véritable nature, il n'en est pas moins vrai que diverses collections, le Musée de Munich et le Musée du Louvre entre autres, possèdent des bijoux d'or décorés d'émaux cloisonnés incontestables. Pour les pièces du Louvre surtout, deux beaux bracelets fort larges, ornés de figures d'animaux et de tiges de fleurs, il est impossible qu'un procédé autre que celui de l'émaillerie ait été mis en œuvre, car dans plusieurs endroits les pâtes colorées offrent des dispositions qu'il aurait été impossible d'obtenir au moyen de tablettes de verre ou de pierre incrustées à froid. Reste à fixer l'âge de ces monuments; il semble bien prouvé que les bijoux du Musée de Munich sont postérieurs à l'ère chrétienne, sans que, croyons-nous, on puisse faire la même remarque à propos des bijoux du Louvre; et d'ailleurs on va voir tout à l'heure que la détermination exacte de cette date n'a qu'une importance très relative. Il semble bien difficile d'admettre, même si l'on fait abstraction des monuments qu'on vient de citer pour la période antérieure à l'ère chrétienne, qu'un peuple qui a poussé si loin l'art de l'émaillerie sur terre cuite ne se soit pas servi des mêmes émaux pour décorer le métal.

Sur des bijoux de provenance purement grecque, parmi les antiquités de Crimée conservées au Musée de l'Ermitage, l'émail se rencontre parfois; il en est de même pour les ornements d'or, de fabrication étrusque, dont d'assez nombreux échantillons figurent au Louvre. Ce sont des diadèmes d'or décorés de fleurettes émaillées ou bien encore des boucles d'oreilles en forme de cygnes ou de paons de haut-relief, dont le corps est entièrement recouvert d'émaux blanc et bleu. C'est là un système de décoration très différent de celui que nous montrent les monuments égyptiens, et l'opération qui consiste à recouvrir d'émail les reliefs de bijoux aussi délicats demande une habileté de main qui indique suffisamment que les ouvriers créateurs de ces charmants objets n'en étaient pas à leur coup d'essai.

Chose curieuse, les monuments de l'émaillerie proprement antique, du moins antérieurs à l'ère chrétienne, dont nous avons à parler, nous montrent la pratique d'un troisième système d'émaillerie. On dirait que les émaux mentionnés jusqu'ici ont une origine commune, quant à la matière employée, mais que les procédés primitifs d'application sur métal se sont successivement modifiés suivant le génie particulier des peuples qui avaient reçu ce secret, d'Orient probablement, et aussi suivant les métaux dont ils ont disposé pour en faire l'application.

Boucle d'oreille en or émaillé.
Travail étrusque
(Musée du Louvre.)

Des fouilles très fructueuses exécutées par MM. Bulliot et de Fontenay au mont Beuvray, près d'Autun, sur l'emplacement de l'ancienne Bibracte, la capitale des Éduens, ont révélé l'existence en Gaule, à l'époque de César, d'ateliers d'émailleurs. On peut voir au Musée de Saint-Germain les objets découverts dans ces fouilles; ils consistent en clous, rondelles ou pièces de harnachement de bronze, décorés de stries ou de motifs d'ornement gravés, incrustés à chaud d'émail rouge ; des pièces non terminées, des déchets de fabrication découverts dans l'atelier même des émailleurs ne peuvent laisser subsister aucun doute sur la nature de la matière employée, bien qu'il soit moins facile de voir au moyen de quel procédé, de quel tour de main, l'émail était mis en œuvre. Nous n'entrerons pas dans le détail des explications qu'on a données de ce procédé ; on en trouvera l'exposé dans l'ouvrage de MM. Bulliot et de Fontenay. Ce qu'il importe de remarquer, c'est que nous rencontrons en Gaule, avant l'ère chrétienne, la pratique d'un art analogue à l'émaillerie champlevée ou en taille d'épargne employée plus tard pendant si longtemps et avec tant de succès dans notre pays. Mais faut-il, comme on a essayé de le faire, rattacher à cette industrie primitive les échantillons beaucoup plus artistiques, d'un art analogue, que nous trouvons vers le IIIe siècle de l'ère chrétienne répandus dans toute l'Europe, c'est ce que nous ne croyons pas. Quelque flatteuse que puisse être cette opinion pour notre amour-propre national, nous pensons devoir rejeter dès l'abord une hypothèse si séduisante.

On a souvent cité et il faut toujours citer de nouveau, à propos de l'histoire de l'émaillerie, un passage du rhéteur Philostrate, contenu dans sa description d'une galerie antique ; à propos d'une scène de chasse, il décrit des ornements de chevaux faits de métal décoré de diverses couleurs, et il ajoute : « On dit que les Barbares, voisins de l'Océan, étendent des couleurs sur de l'airain ardent, qu'elles y deviennent aussi dures que la pierre, et que le dessin qu'elles représentent se conserve. » Voilà un texte du iiie siècle, qui, s'il ne nomme pas positivement l'émail, en décrit implicitement les procédés, autant du moins que cela peut se faire dans une œuvre littéraire telle que celle de Philostrate. On en a conclu, un peu hâtivement peut-être, car nous sommes enclins, faute d'autres renseignements, à serrer de trop près des textes écrits par des littérateurs de profession nullement familiarisés avec la technique des arts, on en a conclu, que l'émail était inconnu à cette époque des ouvriers romains, que c'était une fabrication propre aux Barbares.

Sur le premier point, il convient de faire des réserves prudentes; sur le second, il faut admettre que les Barbares appliquaient à l'art de l'émail une technique particulière, des procédés leur appartenant en propre. C'est une opinion que confirme pleinement l'étude des monuments. Quant à connaître le nom exact des « Barbares » désignés par Philostrate, cela n'est pas aisé : faut-il y voir les Gaulois, les Germains, les Bretons ou tout autre peuple « voisin de l'Océan »? autant de questions qui ont divisé les archéologues, qui, chacun suivant sa nationalité, ont expliqué différemment le texte du rhéteur grec. Si l'on rapproche les uns des autres les monuments émaillés du iiie siècle environ, découverts depuis cinquante ou soixante ans en Europe, on verra qu'ils présentent deux techniques tout à fait différentes; chacune de ces séries offre un caractère artistique invariable qui indique une unité d'origine.

Parmi ces pièces émaillées, les unes sont décorées par le procédé de la taille d'épargne; les autres, au contraire, montrent la juxtaposition de deux procédés tout à fait différents : la taille d'épargne et la mosaïque de verre, solidifiée ensuite par le feu. Nous reviendrons tout à l'heure sur les premières; disons d'abord un mot des secondes.

Le second procédé a été surtout employé pour la décoration de petits objets, agrafes ou fibules; mais on le rencontre cependant sur des pièces plus importantes telles

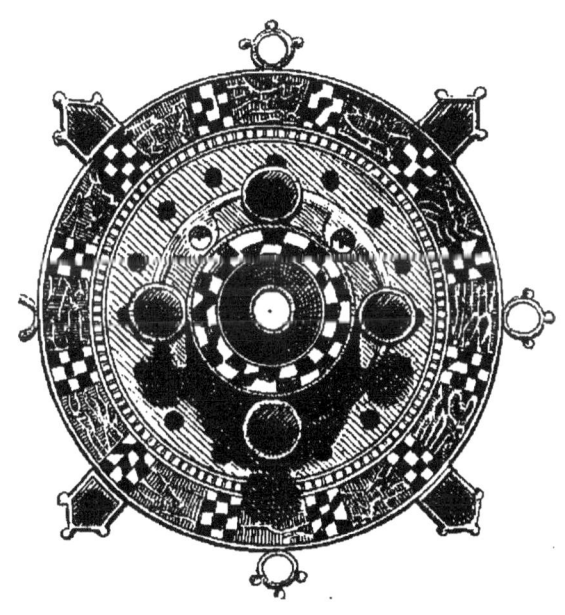

Fibule en bronze émaillé.
(Musée de Saint-Germain.)

que des plaques de métal de grande dimension destinées à la décoration des harnais, ou même sur des vases. La collection de Mme la comtesse Dzialynska renferme un vase à six pans, dont toutes les faces sont recouvertes de ce genre de décoration. Le dessin échiqueté de différents tons, le semis de rosaces, se trouvent fréquemment dans les pièces fabriquées à l'aide de ce procédé et on a tenté de donner de leur technique une explication qu'il ne faut pas hésiter à rejeter. On a pensé que, dans les pièces qui présentent un dessin échiqueté, bleu et blanc par exemple, on avait commencé par recouvrir la pièce d'émail bleu; puis, après une première cuisson, qu'on avait creusé dans cet émail bleu des alvéoles dans

Vase en bronze émaillé.
(Collection de Mme la comtesse Dzialynska.)

lesquelles on avait introduit de l'émail blanc. Cette théorie ne peut tenir en face d'un examen sérieux des pièces. On remarque que la plupart des monuments ont perdu leur décoration par plaque, sans que les brisures coupent les dessins échiquetés d'une façon nette et régulière; et chaque petit rectangle d'une couleur n'adhère que très imparfaitement à son voisin d'un autre ton. Il n'y a aucun doute possible sur la technique de ces émaux : ils sont composés de petits cubes de verre, disposés à froid, puis passés au feu et polis. Ce qui confirme cette opinion, c'est que dans certains bijoux de ce genre nous voyons, noyés, au milieu d'un fond d'émail de teinte uniforme, des dessins en forme de rosaces, de tons variés, tout à fait semblables à ceux qui composent certains verres antiques : ce sont simplement des cannes de verre composées d'un certain nombre de cannes de différentes couleurs, sectionnées ensuite en tranches très minces dans le sens du diamètre. La confection de telles pièces de verrerie indique des artistes familiarisés avec tous les secrets d'une fabrication fort difficile dont on ne retrouve guère la trace dans les autres produits de l'art de l'émaillerie du même temps; il se pourrait, mais ce n'est là qu'une hypothèse que des trouvailles subséquentes confirmeront peut-être, que de tels objets aient été fabriqués dans toute l'étendue de l'empire romain, aussi bien en Gaule qu'en Bretagne, sur les bords du Rhin qu'en Italie, par des ouvriers du pays, et cela à l'imitation des produits barbares que le commerce leur apportait. Mais c'est là une simple conjecture, un peu obligatoire il est vrai, puisque, on ne saurait trop le répéter, on trouve à la même époque, dans les mêmes pays, ces objets d'un caractère bien tranché, difficiles à considérer comme sortis des mêmes ateliers.

Ces objets, menus bijoux pour la plupart, fibules en forme de sanglier de cheval, de lièvre, d'oiseau, de semelle de sandale, fibules en forme de disque ou de

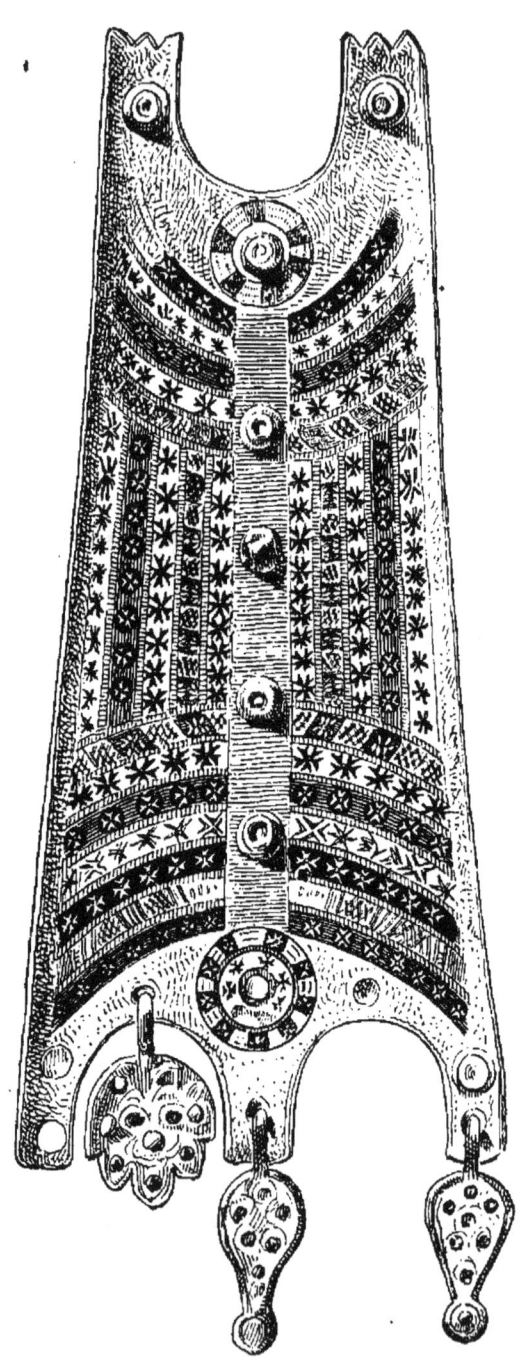

Pièce de harnachement en bronze émaillé. Époque romaine.
(Musée de Mayence.)

rosace, triangulaires ou rectangulaires, ou évidées de façon à former des cassolettes destinées à contenir des parfums, se rencontrent partout sur le sol de l'empire romain à une époque que les monnaies découvertes en même temps permettent de fixer approximativement au IIIe siècle, précisément à l'époque où vivait Philostrate. La fabrication paraît en avoir cessé vers le Ve, sans que cependant on puisse assurer qu'aucun orfèvre barbare n'ait hérité de ces procédés. Il semble même que l'art de l'émail, peu pratiqué, n'ait fait que sommeiller à cette époque, pour reprendre une nouvelle vigueur sous l'influence de nouveaux échantillons plus parfaits importés d'Orient en Occident. En tout cas, il faut renoncer, pour ces émaux, aussi bien que pour ceux qui rentrent dans la seconde catégorie dont nous allons dire un mot, à la qualification d'émaux gallo-romains qu'on a voulu leur imposer; ce serait un terme peu juste appliqué à des œuvres qu'on rencontre dans tout l'empire romain.

Ce qui a amené certains archéologues, entre autres Laborde, à adopter cette dénomination erronée, c'est la découverte à La Guierche, aux environs de Limoges, entre Rochechouart et Chassenon, d'un vase en cuivre émaillé dont on trouvera ici la figure. Les monnaies qu'il renfermait ont été émises entre les années 253 et 270; le monument appartient donc au IIIe siècle. Cette trouvaille, faite en Limousin, a servi pendant de longues années à étayer les prétentions des archéologues qui voulaient faire remonter jusqu'à l'antiquité l'origine des ateliers de Limoges. Mais c'est là une opinion qui ne peut se soutenir en face de monuments semblables découverts successivement en Angleterre, en Allemagne, en Istrie, monuments qu'il est possible de dater presque exactement de la même époque. Ce vase en forme de gourde découvert à La Guierche, décoré de bandes d'ornements, composées de motifs en forme de C affrontés, champlevés et émaillés de bleu lapis, de rouge orangé et de vert clair, ressemble

Vase en bronze émaillé trouvé à La Guierche.

au vase d'Ambleteuse, actuellement au British Museum, à la patère découverte dans la source de Pyrmont, au Musée de Sigmaringen, au vase de Bartlow, en Angleterre, que Labarte a publié, à un gobelet trouvé à Bénévent qui a fait partie de la collection Alessandro Castellani, à une gourde, à un mors de cheval trouvés à Pinguente, en Istrie, et que possède le Cabinet des Antiques de Vienne.

On pourrait ajouter à cette liste une coupe découverte dans les tourbières de Malbœck, en Danemark, et maints fragments plus ou moins importants qu'a publiés Lindenschmidt. Ces monuments, tous décorés de la même façon, de motifs en forme de C, de dents de scie, de feuilles de lierre, de tiges de feuillages symétriques, teintés au moyen des mêmes émaux, ont entre eux un air de famille si accentué qu'il est légitime de supposer que tous ont été fabriqués par des ouvriers de même origine. Quels étaient ces ouvriers capables de créer au milieu de l'empire romain des œuvres qui, sauf un fragment conservé au British Museum, ne présentent aucun des caractères de l'art classique? voilà une question bien épineuse à résoudre.

Le seul auteur qui, à notre connaissance, l'ait abordé est Linas, qui dans un savant et très ingénieux mémoire sur la gourde de Pinguente, a émis une opinion toute nouvelle. Remarquant que toutes les pièces qu'on vient d'énumérer ont un caractère oriental bien prononcé, caractère qui les rapproche beaucoup des œuvres d'art hindoues; ne trouvant parmi les corporations d'artisans de l'époque romaine aucun corps d'état auquel on puisse en faire remonter la paternité, le savant archéologue en était venu à se demander s'il ne faudrait pas reconnaître dans toutes ces œuvres de même caractère les travaux d'artistes nomades répandus au IIe et au IIIe siècle sur la surface de l'empire romain, d'où ils auraient brusquement disparu lors des invasions barbares. Ces ouvriers errants, venus de l'Inde très probablement, ne seraient autres que les barbares désignés par la formule plus ou moins littéraire, en tout cas très vague, du texte de Philostrate. Ainsi s'expliqueraient et l'unité de style qu'on remarque dans tous ces monuments et aussi l'abandon de leur fabrication partout à la même époque.

Qu'on admette ou qu'on repousse l'hypothèse de Linas, il n'en résulte pas moins que ces émaux n'ont aucun droit au nom d'émaux gallo-romains, et qu'ils n'ont guère de droit non plus au titre d'émaux romains.

En résumé, l'antiquité classique a connu et pratiqué l'émaillerie, sous des formes très diverses que nous retrouverons presque sans changements au moyen âge. Mais les monuments de cet art qui subsistent aujourd'hui sont trop rares pour que nous puissions nous rendre compte d'une façon exacte pourquoi et sous quelles influences la technique s'est modifiée suivant les époques et les pays. Nous allons voir maintenant quel fut le véritable point de départ de l'émaillerie médiévale et comment, pour des causes très diverses, il n'y eut pas en réalité d'interruption à l'époque barbare dans la pratique de cet art. On ne peut dire que les émailleurs qui travaillaient en France, en Italie ou en Allemagne au IXe siècle, étaient les héritiers des ouvriers de l'époque romaine établis en Gaule. Ils n'en ont pas moins continué et développé une tradition antique. L'étude de l'émaillerie byzantine doit amener à cette conclusion.

CHAPITRE II

Les Émaux dans l'Empire d'Orient à partir du VI° siècle.

Parmi les présents envoyés par l'empereur Justin Ier (518-527) au pape Hormisdas (514-525) se trouvait, au dire d'Anastase le Bibliothécaire, un vase émaillé, *gabatam electrinam;* c'est la première fois qu'on rencontre sous sa forme adjective, le mot *electrum* appliqué selon toute vraisemblance à l'émail.

Comment les Byzantins avaient-ils été amenés à remettre en honneur un art que nous venons de voir tombé presque en désuétude en Occident un siècle auparavant, et surtout comment le pratiquèrent-ils dès l'abord sous une forme tout à fait différente, sous la forme que nous avons déjà rencontrée bien antérieurement en Égypte? voilà ce qui n'est pas très aisé à expliquer. On peut en soupçonner l'origine, mais difficilement la prouver par des pièces irrécusables; car nous n'avons en faveur d'une origine orientale que des présomptions. Ce qui s'est passé pour l'orfèvrerie ornée de verroterie cloisonnée, dont la source orientale ne peut plus guère être mise en doute aujourd'hui, a dû se passer aussi pour l'émaillerie; car ici il ne s'agit plus de l'émaillerie telle que l'a pratiquée l'antiquité classique, mais d'un art qui semble avoir été inconnu aux Romains et qui devait, par la suite, revivifier dans tout l'Occident l'art de l'orfèvrerie. En permettant de substituer à la décoration exécutée au moyen de pierreries ou de perles, une ornementation également brillante, l'émaillerie donnait libre carrière aux artistes pour faire preuve d'originalité. On est d'autant plus fondé à assimiler, quant à ses origines, l'émaillerie byzantine à l'orfèvrerie cloisonnée, que nombre de monuments byzantins, parmi les plus anciens comme parmi ceux de la plus belle époque, nous montrent juxtaposés les deux procédés de décoration. On ne peut entrer ici dans l'énumération des étapes que cet art a dû parcourir avant de parvenir jusqu'en Occident ; faute de connaître exactement son origine nous le désignerons sous le nom d'oriental. Il faudrait suivre, comme l'a fait Linas dans son *Histoire de l'orfèvrerie cloisonnée*, livre plein de renseignements et de points de vue nouveaux, cette marche d'Orient en Occident, depuis les textes qui nous décrivent la pompe funèbre d'Alexandre le Grand, étalage somptueux de toutes les recherches du luxe des souverains barbares et où l'émaillerie eut très probablement sa part, jusqu'à l'apparition de l'émaillerie à Constantinople, peut-être beaucoup plus tôt que nous ne le pensons. Sans vouloir appliquer à cet art la dénomination d'art persan, il faut pourtant remarquer que la Perse fut probablement le pays qui le transmit directement à l'empire d'Orient c'est-à-dire à l'Europe méridionale, tandis que les barbares arrivaient au même résultat par la voie du Nord.

Ce sont des étapes que des trouvailles nombreuses faites en ce siècle-ci au Caucase, en Russie, dans la vallée du Danube, permettent de fixer. Une boucle en or incrusté de verroterie, que possède le Musée de Wiesbaden, porte en caractères pehlvis le nom d'Artaxercès; découverte à Wolffsheim, près de Mayence, on a pu soutenir sans invraisemblance qu'elle y avait été apportée au temps d'Alexandre Sévère, qui avait commandé une expédition contre les Perses, et vint périr assassiné sur les bords du Rhin. Ce n'est là qu'un monument de petite dimension assurément, mais qui implique la connaissance de cet art par les Romains à une époque ancienne; et d'ailleurs ne voyons-nous pas, au IVe siècle, des émissaires romains aller en Perse pour y copier l'image du roi Sapor, qui fut ensuite employée pour décorer des coupes? ne voyons-nous pas, plus tard, saint Grégoire le Grand qualifier dans une de ses lettres de *theca persica*, une couverture d'évangéliaire en orfèvrerie cloisonnée qu'il envoie à la reine des Lombards, Théodelinde?

De tous ces petits faits, auxquels on en pourrait ajouter quelques autres corroborés par des monuments encore existants, et aussi des rapports forcés que les Byzantins avaient journellement avec la Perse, n'est-on pas autorisé à conclure que c'est de ce pays que vinrent à Byzance les premiers modèles qui allaient être copiés et imités pendant tant de siècles par les orfèvres du Bas-Empire?

Quoi qu'il en soit de ces origines, qu'il nous paraît maintenant bien difficile de mettre en doute, il est plus que probable que le parement d'autel dont fit présent l'empereur Justinien à l'église de Sainte-Sophie était d'or émaillé. Les descriptions qu'on en possède sont à coup sûr trop peu explicites pour pouvoir en donner une idée, même sommaire, d'une grande exactitude ; mais cependant plusieurs des auteurs qui en parlent insistent trop sur le rôle que le feu a joué dans sa fabrication pour qu'on ne considère pas le fait comme absolument établi. Indépendamment du témoignage de Cédrénus, nous avons encore celui de Nicétas, qui assista en 1204 à la prise de Constantinople par les croisés et vit le parement d'autel de Sainte-Sophie brisé par eux ; or son texte indique fort clairement que cet autel était émaillé. Nous n'avons, du reste, aucune peine aujourd'hui à nous figurer l'aspect général de ce monument. La *Pala d'oro* conservée à Saint-Marc de Venise, le *Paliotto* de Saint-Ambroise de Milan permettent de nous rendre un compte exact de la magnificence déployée par Justinien dans la décoration de la principale église de Constantinople.

Au reste, n'aurions-nous point ces témoignages écrits qu'un monument actuellement subsistant, conservé en France, nous servirait à établir d'une façon péremptoire ce que nous venons d'avancer.

Jusqu'à la Révolution, on a possédé, dans le trésor de l'abbaye de Sainte-Croix, à Poitiers, un petit reliquaire de la vraie Croix, qui fut envoyé à sainte Radegonde par l'empereur Justin II. On l'a cru perdu pendant de longues années et l'on ne possédait, pour s'en faire une idée, qu'un dessin assez imparfait. Fort heureusement la partie principale du reliquaire, qui affectait la forme d'un triptyque, a pu être retrouvée, et ce monument, encore peu connu, ne contribue pas peu à nous éclairer sur l'émaillerie byzantine à ses origines. Le tableau central, dont nous donnons ici le dessin, consiste en une plaque d'or recouverte d'émail cloisonné bleu lapis; les cloisons tracent sur ce fond d'élégants rinceaux terminés par des

Reliquaire envoyé par l'empereur Justin à sainte Radegonde.
(vi^e siècle. Abbaye de Sainte-Croix, à Poitiers).

fleurettes rouge vif ou jaune. Il n'y a là rien de très différent des émaux byzantins plus modernes. Quant à la bordure de la cavité en forme de croix destinée à contenir la relique, elle est composée ainsi que la bordure du reliquaire lui-même, de petits rectangles de verre de couleur d'émeraude sertis en or : c'est un produit d'orfèvrerie cloisonnée. Les volets qui complétaient cet ensemble offraient des bustes de saints, disposés dans des médaillons circulaires, suivant une formule souvent appliquée par les artistes grecs.

Au point de vue technique, il n'y a guère d'écart entre ce produit très ancien, puisqu'il remonte au vi^e siècle, de l'orfèvrerie byzantine, et les monuments auxquels on peut d'une façon absolument certaine assigner une date postérieure. On ne peut songer ici à faire l'énumération de toutes les pièces de ce genre qui sont parvenues jusqu'à nous. Il suffira d'indiquer les principales, celles qui peuvent servir de jalons pour étudier le chemin parcouru par les émailleurs byzantins depuis l'origine jusqu'au xiiie siècle à peu près. On peut dire en effet que presque toutes les œuvres que nous possédons sont antérieures à cette date, après laquelle l'orfèvrerie grecque ne nous est guère connue. Le lamentable pillage de Constantinople en 1204 par les Vénitiens et les croisés, a eu du moins le résultat, au point de vue artistique, de faire venir en Occident quantité de monuments qui ont été ensuite, grâce au caractère sacré qu'on leur attribuait, mieux sauvegardés chez nous qu'ils ne l'eussent été en Orient; mais après cette date, il ne semble pas que les relations commerciales avec l'empire grec aient enrichi l'Europe occidentale d'un grand nombre d'œuvres d'art sur lesquelles nous pourrions étudier l'émaillerie. Il n'est peut-être pas inutile de rappeler ici, en passant, que certaines images de piété en cuivre fondu, et dont les personnages en relief se détachent sur un fond d'émail bleu ou blanc, produits très communs et de fabrication slave, exécutés encore aujourd'hui, sont comme un dernier écho de l'émaillerie byzantine. Sans doute les procédés se sont modifiés : on a abandonné le cloisonnage pour une émaillerie en taille d'épargne très imparfaite; mais, en somme, il n'est pas du tout prouvé que, dès une époque fort ancienne, à Byzance même, on n'ait pas fait usage de ces moyens expéditifs pour fabriquer à bon marché des images destinées à la basse classe. La persistance des types permet cette conjecture et nous verrons tout à l'heure que les Byzantins eux-mêmes ont pratiqué l'émaillerie champlevée.

L'un des monuments les plus importants de l'orfèvrerie émaillée telle que la comprenaient les Byzantins est sans contredit le beau reliquaire de la vraie Croix que possède actuellement le trésor de l'église de Limbourg-sur-la-Lahn. Outre son importance archéologique très réelle, au point de vue de l'entente de la décoration, cette pièce a le précieux avantage d'être exactement datée. Elle a appartenu à l'empereur Constantin Porphyrogénète (911-959) et à Romain II, son fils, associé à l'empire en 948. On peut donc déterminer, à dix ans près, l'époque où fut faite à Constantinople cette œuvre somptueuse qui correspond bien aux descriptions que nous a laissées Constantin Porphyrogénète des objets qui enrichissaient le palais impérial. De plus, il faut remarquer que le reliquaire de Limbourg appartient à la période qu'on s'accorde à considérer comme l'une des plus brillantes de l'art byzantin, à cette période où l'art religieux, au sortir du règne des empereurs iconoclastes, a eu comme un regain de jeunesse et de vie; n'oublions pas non plus qu'il a été exécuté pour un souverain éclairé, ami des arts et chérissant par-dessus tout ce qu'il regardait comme de nature à rehausser encore l'éclat de la puissance impériale.

Comme la plupart des reliquaires de la vraie Croix que nous a légués l'art byzantin, comme ceux de Saint-Pierre,

Fragments du reliquaire de la vraie Croix conservé à Limbourg-sur-la-Lahn.
(Byzance, xe siècle.)

à Rome, du Musée de Sigmaringen, de Saint-Vit, à Prague, de la cathédrale de Namur, de la cathédrale de Brescia, de Saint-Marc à Venise, de Gran, en Hongrie, ou de Sainte-Marie, à Cologne, celui que la catastrophe de 1204 fit venir en Allemagne, au commencement du XIIIe siècle, affecte la forme d'un grand tableau rectangulaire renfermé dans une boîte fermée par un couvercle à coulisse. De fort grandes dimensions, — il mesure près de 50 centimètres de haut, — l'extérieur en est aussi richement décoré que l'intérieur. Sur le dessus du couvercle, dans des compartiments rectangulaires délimités par des bandeaux d'orfèvrerie cloisonnée, les figures émaillées du Sauveur, de la Vierge, de saint Jean, des archanges Gabriel et Michel et d'apôtres se détachent sur un fond d'or qu'entourent des pierreries et de larges bandeaux d'émail à dessin réticulé du goût le plus délicat. La splendeur de cette enveloppe est encore surpassée par l'éclat des figures d'archanges et de séraphins qui flanquent la cavité destinée à contenir la relique. Signalons surtout dans cette décoration des bandes ornées de médaillons bleu, blanc, rouge et vert qui accompagnent les bras de la croix. Jamais les miniaturistes byzantins, dont l'art présente plus d'une ressemblance avec l'émaillerie au point de vue de la décoration, n'ont créé une série de motifs plus riches et d'un aspect plus harmonieux. Ce n'est pas sans intention que nous faisons remarquer particulièrement ces gracieux ornements; trop longtemps les figures hiératiques et dépourvues de vie qu'on voit sur tant de monuments ont fait tort à l'art byzantin; mais, à côté de ces monuments religieux trop souvent coulés dans le même moule, cet art, à la belle époque, a dû présenter des aspects plus vivants et plus faciles à admettre pour nous autres, qui, involontairement, établissons toujours une comparaison avec l'art classique.

Cette même entente parfaite de la décoration, nous la retrouvons encore dans une série de monuments byzantins aujourd'hui séparés, mais qui ont dû à l'origine faire partie d'un grand ensemble. Un amateur russe, M. de Swenigorodskoï, a recueilli toute une série de médaillons d'or émaillé et des fragments d'une image de la Vierge également en émail cloisonné, qu'on peut considérer comme contemporains ou à peu près du reliquaire de Limbourg. Ce sont des œuvres d'une extrême finesse et, dans les plaques qui formaient le fond de la sainte image, on trouve une foule de motifs de décoration que nos orfèvres auraient intérêt à étudier et à imiter. Nulle part peut-être on n'a mieux compris tout le parti qu'on peut tirer de l'alliance de l'or et d'une aussi belle matière que l'émail. On comprend dès lors tout le prix que les Occidentaux pouvaient attacher à des objets qui leur révélaient un art tout nouveau; ils sont d'une perfection qu'on n'a guère dépassée depuis.

Possédons-nous encore aujourd'hui quelques fragments du parement d'autel en émail cloisonné que le doge de Venise, Orseolo, commanda, à la fin du xe siècle, à Constantinople, pour en enrichir la basilique de Saint-Marc? Les uns disent oui, les autres non. A vrai dire, malgré toute sa magnificence, le monument connu sous le nom de *Pala d'oro* et que des volets de fer défendent consciencieusement contre les regards indiscrets, a subi tant et de si profonds remaniements, tant de restaurations successives et souvent peu adroites, qu'il est bien difficile de prendre parti dans le débat.

Le doge Pietro Orseolo (976-978), dont le nom est resté attaché à l'origine de la *Pala d'oro* de Saint-Marc, n'est plus guère connu aujourd'hui qu'à ce titre et des seuls archéologues. Il a eu cependant son moment de gloire et l'Église en a fait un saint. Peu fait pour s'occuper des affaires publiques, mais doué d'une grande piété, Orseolo ne trouva rien de mieux, un beau jour, que de s'enfuir de Venise pour venir se faire moine à Saint-Michel de Cuxa, en Roussillon, où les fonctions très humbles dont

Le Christ ; médaillon en émail cloisonné sur or.
(Byzance, x° siècle. — Collection de M. de Swenigorodskoï.

il fut chargé n'avaient aucun rapport avec l'exercice du pouvoir suprême dans une république florissante telle qu'était déjà Venise. De ce que, pendant son court passage au pouvoir, il avait paru vouloir rehausser le culte de saint Marc de toute la magnificence du luxe byzantin, on en a conclu, un peu trop vite assurément, qu'en venant en France le doge avait dû se faire accompagner d'une véritable cour d'artistes; ce serait de cette époque, de la fin du xe siècle, que daterait dans notre pays la renaissance d'une foule de branches des arts mineurs. Une telle hypothèse, pour séduisante qu'elle soit, doit être entièrement rejetée. On verra que, même à la fin du xe siècle, les Occidentaux n'avaient point besoin qu'on vînt leur enseigner des procédés que tous les orfèvres mettaient depuis longtemps en pratique; de plus, rien ne serait moins conforme aux textes historiques relatifs à Orseolo, textes qui nous le montrent quittant Venise bien plus en fugitif désirant se soustraire à des honneurs trop lourds pour ses épaules, qu'en prince désirant conserver dans sa retraite quelques vestiges du luxe dont il avait été entouré. D'ailleurs le Roussillon, encore à demi sauvage à cette époque, eût été un endroit mal choisi pour y faire fleurir l'orfèvrerie. Le moine de Saint-Michel de Cuxa parait avoir plus de titres au nom de saint qu'à celui de protecteur des arts.

Telle qu'elle se dresse aujourd'hui en arrière de l'autel majeur de la basilique de Saint-Marc, la *Pala d'oro* ne mesure pas moins de 3^m, 48 de long sur 1^m, 40 de haut. Ainsi que l'indique son nom dérivé du mot latin *pallium*, voile, c'était à l'origine un parement d'autel. Les restaurations qu'elle a subies en ont fait un retable; le même fait s'est produit pour plusieurs monuments du même genre.

On ne peut songer ici à donner une description complète d'un monument aussi considérable; la simple mention des sujets et des personnages qui y sont représentés

Fragment de la *Pala d'oro*.
(Basilique de saint Marc, à Venise.)

nous entraînerait beaucoup trop loin. C'est un monument, du reste, qui frappe beaucoup plus par ses dimensions, inusitées pour une pièce d'orfèvrerie, que par la beauté du travail ; il est, à ce point de vue, surpassé par maint autre monument byzantin moins célèbre et moins souvent cité.

Aujourd'hui la *Pala* comprend cinq étages d'architecture abritant sous des niches des figures ou des scènes en émail cloisonné.

Des sujets tirés du Nouveau Testament ou de la vie de l'évangéliste saint Marc ornent la partie supérieure et les côtés ; le centre est occupé par la figure du Christ assis dans sa gloire au milieu des anges et apôtres ; enfin, tout au bas, à droite et à gauche de l'image de la Vierge, debout et les mains étendues, dans l'attitude des orantes, sont deux figures impériales : une impératrice, Irène, et un empereur accommodé, à l'aide d'une inscription, en doge de Venise. Toutes les bordures, exécutées au repoussé, surchargées de pierreries ou de petits disques émaillés, et l'architecture tout entière, ont changé d'aspect et de style lors de la dernière restauration importante que le monument a subie, au xive siècle : on y voit fleurir le style gothique italien et même le style très tourmenté particulier à l'art vénitien. Une longue inscription latine, ajoutée également à cette époque au bas de la *Pala*, nous fait connaître ses vicissitudes diverses et ses embellissements successifs. Commandée à Constantinople par Pietro Orseolo, elle fut en 1105, agrandie, sous le doge Ordelaffo Falier, par des artistes grecs venus à Venise ; remise à neuf et agrandie à l'époque du doge Pietro Zani (1205-1229), elle fut enfin complètement remaniée en plein xiv⁰ siècle, sous le gouvernement d'Andrea Dandolo. L'orfèvre Giovanni Boninsegna — un Siennois très probablement — qui y travailla en 1342, est, à n'en pas douter, l'auteur de la transformation de la figure d'empereur en doge de Venise. Cet empereur, baptisé, de par le bon vouloir de l'artiste, Ordelaffo Falier, doit être Jean Comnène (1118-1142) et l'impératrice Irène, qui lui fait pendant, serait sa femme, la fille de Ladislas Ier roi, de Hongrie.

L'année 1849 amena une dernière restauration du célèbre monument dont la partie supérieure, qui pouvait se rabattre sur la partie inférieure, fut définitivement fixée. Cette partie peut compter parmi les plus anciennes, mais il n'est guère possible de la faire remonter jusqu'au règne de Pietro Orseolo. Ce morceau semble provenir d'un *templon*, paroi ornée qui séparait le sanctuaire et la nef de l'église du Tout-Puissant, à Constantinople. Enlevée en 1204, lors du sac de la ville par les Vénitiens et les Francs, elle vint avec beaucoup d'autres pièces d'orfèvrerie enrichir le sanctuaire du patron de la République. Cette table d'or devait, même à Constantinople, passer pour très remarquable et le souvenir s'en conserva longtemps après son départ pour l'Italie. Encore au commencement du xv⁰ siècle, le patriarche de Constantinople, visitant Saint-Marc, put la reconnaître à certains signes et n'hésita pas à la considérer comme un témoignage authentique de la munificence de l'empereur Jean Comnène pour l'église qu'il avait enrichie d'un si beau joyau.

En résumé, si la *Pala d'oro* est à coup sûr le monument le plus somptueux et le plus considérable qui subsiste de l'émaillerie byzantine, si les plaques d'or richement émaillées qui la décorent brillent d'un incomparable éclat, nous ne pouvons néanmoins nous en servir pour nous représenter avec certitude l'aspect d'un autel byzantin ; encore moins doit-on accepter en bloc tout ce que l'on a dit à son sujet ; c'est ce qu'ont très bien montré successivement un archéologue français qui a fait de l'art byzantin une étude particulière, M. Julien Durand, et plus récemment M. Veludo, qui est parvenu à assigner une époque d'exécution certaine à presque tous les morceaux composant l'ensemble de la *Pala*.

Suivant un usage qui paraît remonter au moins au vi[e] siècle, les empereurs d'Orient envoyaient à des souverains, qu'ils considéraient comme leurs vassaux, des couronnes en signe d'investiture. La couronne de Hongrie, dite couronne de Saint-Étienne, n'a pas une autre origine. Ce *stemma* ou diadème, sorte de bonnet décoré de plaques émaillées, offre les portraits de Michel Ducas, empereur de 1071 à 1078, et de Constantin Porphyrogénète : ce sont les suzerains, les donateurs de ce signe d'investiture au roi de Turquie ou de Hongrie, Geysa Ier ; l'image de ce dernier est également figurée sur l'une des plaques, et l'inscription qui l'accompagne ne laisse aucun doute sur le synchronisme exact que l'on peut établir entre ces différents personnages. Une heureuse trouvaille faite en Hongrie, il y a une trentaine d'années, a démontré que ce fait n'était pas isolé. Six plaques d'or émaillées, cintrées à leur partie supérieure, mises au jour à ce moment et que possède le Musée National hongrois de Pesth, ont fait également partie d'une couronne d'investiture envoyée au roi de Hongrie par Constantin Monomaque. La présence sur ce monument des figures de l'empereur et des impératrices Théodora et Zoé en fixe la confection entre les années 1042 et 1050. Ce fut donc au roi de Hongrie André Ier que cet insigne fut envoyé par la cour de Byzance. Plusieurs archéologues ont tenté une restauration de ce monument curieux dans lequel nous voyons bizarrement accolées les figures impériales, des Vertus, telles que la Vérité et l'Humilité, et la représentation de deux danseuses exécutant un pas d'une allure tout orientale, la danse des écharpes. Le mouvement de ces figures, s'enlevant sur un fond d'or semé de rinceaux multicolores sur lesquels sont perchés des perroquets, fait un étrange contraste avec les représentations tant soit peu hiératiques de

Fragment de couronne en émail cloisonné. Byzance, XIe siècle.
(Musée national hongrois de Budapest.)

l'empereur, vêtu du *saccos* et tenant en main un long sceptre ou *labarum* et la *mappa* que nous trouvons déjà dans l'antiquité classique entre les mains des consuls. Cette composition, toute conventionnelle, ne peut tirer un certain charme que de l'éclat des couleurs; l'idée de faire un véritable objet d'art n'est point certainement venu à l'esprit de l'orfèvre byzantin qui a dû, à l'aide de matrices, produire en grand nombre des plaques de ce genre; on n'avait qu'à modifier le nom impérial pour transformer la figure de Constantin en celle de l'un de ses successeurs. Quant à une influence orientale, elle se traduit clairement dans ces émaux, dans la décoration des fonds; il y a là des motifs qui ont défrayé tous les artistes du moyen âge, à quelque nationalité qu'ils appartinssent. Remarquons enfin que c'est à l'imitation de ces *stemma* byzantins que nous devons des couronnes telles que celle qui est conservée au Trésor impérial de Vienne et que l'on a décorée du nom de *Couronne de Charlemagne*, bien qu'elle soit très postérieure au grand empereur d'Occident. Couronnes ou diadèmes du moyen âge procèdent tous de ce type et ce n'est qu'à une époque relativement moderne que cet insigne de la puissance est devenu le cercle rigide que l'on connaît; jusque-là c'était une véritable coiffure et certains fonctionnaires de la cour de Byzance n'en avaient point d'autre.

Il n'était du reste point nécessaire que les hasards d'une expédition telle que celle de 1204, ou que des raisons politiques fissent venir en Occident des joyaux du genre de ceux que nous venons de mentionner. D'autres objets plus modestes étaient certainement apportés en Allemagne et chez nous par le commerce. Telle est la charmante petite croix pectorale qui a appartenu à la reine de Danemark, Dagmar, et que possède le Musée de Copenhague. Si l'on fait abstraction des figures qui ne sont pas des proportions les plus heureuses, il faut avouer que la coloration, l'entente de la décoration témoignent d'un sentiment artistique très profond. Il en est de même de belles boucles d'oreilles en forme de croissants que renferme la collection Swenigorodskoï. On y retrouve ces oiseaux polychromes, aux teintes harmonieuses, que nous avons déjà mentionnés à propos de la couronne de Constantin Monomaque. Ce sont surtout des bijoux de ce genre qui ont dû faire connaître aux Occidentaux toutes les finesses, tous les raffinements de l'art byzantin.

Malgré leur infériorité à un certain point de vue, certes ces menus bijoux eurent plus d'influence et surtout une influence plus immédiate que les trésors réunis par les Vénitiens dans le trésor de Saint-Marc, parce qu'ils représentaient un art plus facilement assimilable. Il ne faut pas cependant oublier que c'est à ce long commerce avec l'art grec que l'art vénitien du moyen âge doit d'avoir conservé dans toutes ses parties un aspect original et tout à fait particulier. Mais aussi Venise se trouvait dans une situation exceptionnellement favorable pour subir ces influences; ailleurs, l'art byzantin dut sans doute être imité d'après des objets plus modestes.

C'est surtout dans le trésor de Saint-Marc, à Venise, que l'on peut étudier l'orfèvrerie et l'émaillerie byzantines. Ce n'est pas que les autres pays aient été mal partagés dans le sac de 1204; chacun reçut une part importante des richesses enlevées au palais impérial ou aux principaux sanctuaires de Byzance; mais Venise se fit la part du lion, parce que les Vénitiens connaissaient de longue date tous les objets qu'ils s'appropriaient de la sorte; ils avaient eu, pour ainsi dire, le temps de faire leur choix et plus conservateurs que d'autres, ils ont gardé jusqu'à nos jours une bonne part de leur butin.

Les deux pièces principales de ce trésor au point de vue de l'histoire de l'émaillerie, sont deux tableaux ou couvertures de livres. Toutes deux offrent l'image de l'archange Michel. Ces deux tableaux montrent l'ingénieux emploi que faisaient de l'émail les Byzantins en l'appliquant à la décoration des reliefs. Dans l'un, saint Michel, debout, nous montre un véritable bas-relief émaillé : les jambes sont d'or ainsi que les bras et les mains qui soutiennent une épée et le globe du monde ; mais le corps est recouvert d'une riche cataphracte épousant parfaitement les formes du torse et des cuisses, composée de plaques d'or émaillé. La tête, qu'entoure un vaste nimbe, est à elle seule un chef-d'œuvre de fabrication. L'artiste grec a recouvert d'émail rosé les reliefs obtenus par le repoussé, avec une telle perfection que beaucoup de gens prennent ce visage pour une agate ; les cloisons qui cernent les paupières et la pupille des yeux indiquent seules le procédé employé pour obtenir une œuvre aussi parfaite. Le fond sur lequel s'enlève cette image est divisé en plusieurs compartiments. Les uns offrent une ornementation de rinceaux s'étalant sur un fond bleu d'une merveilleuse intensité : le style en est tout à fait oriental ; les autres présentent cette décoration symétrique, si commune dans les objets et surtout dans les étoffes de Byzance, qui consiste en un semis de rosaces ou de croisettes ; c'est une sorte de réseau dont les mailles n'ont de cohésion entre elles que grâce au fond uni sur lequel elles se détachent. Des bordures ornées de pierreries, entourant des médaillons ovales, représentant ces saints militaires, si fréquents dans tous les monuments byzantins, complètent un ensemble en comparaison duquel toutes les pièces d'orfèvrerie d'Occident ne sont que des œuvres dépourvues d'harmonie.

Le second grand tableau de Saint-Marc montre l'alliance des procédés de l'émaillerie et de la verroterie cloisonnée : nous disons verroterie, parce que ce terme est consacré pour exprimer des incrustations exécutées à froid; mais, en réalité, dans le tableau du trésor de Saint-Marc ce sont de vraies émeraudes et de vrais grenats qui forment l'étoffe quadrillée du manteau de saint Michel. Là aussi remarquons l'alliance des reliefs et de l'émail, posé soit à plat, soit en relief lui-même. Toutes ces œuvres ainsi que la grande Madone de Saint-Marc, qui aujourd'hui disparaît sous les ex-votos, comme les reliures que renferment les vitrines de la bibliothèque Marcienne sont antérieures au xiiie siècle, et beaucoup d'entre elles remontent jusqu'au xe et au xie siècle. On y peut étudier tous les procédés d'émaillerie en usage chez les Byzantins et y admirer aussi le goût avec lequel, dans ces œuvres somptueuses et voyantes, les couleurs sont disposées de manière à ne jamais produire une note discordante. Nous ne sommes point de ceux qui admirent ces monuments sous tous leurs aspects; certainement, dans le plus grand nombre d'entre eux, il faut faire abstraction de la sécheresse et de la monotonie du dessin; mais si, se plaçant à quelque distance, on ne veut plus considérer que l'ensemble, on se rend vite compte que les Byzantins ont admirablement compris l'émail au point de vue de la décoration et que ces taches colorées sont toutes d'une parfaite harmonie; et cependant ces œuvres ne sont plus aujourd'hui ni dans le jour ni dans le milieu pour lesquels elles avaient été créées.

Appliqué à l'ornementation de vases ou de pièces de forme quelconque, l'émail peut rendre encore de grands services, et les Byzantins ont, dès une époque très ancienne, tiré un aussi bon parti de cette circonstance que les Occidentaux du xive et du xve siècle. Ce même trésor de Saint-Marc, que l'on a déjà maintes fois cité et auquel il faut toujours revenir quand on parle de l'art byzantin, contient un grand nombre de calices d'une décoration des plus délicates dans laquelle l'émail joue un rôle important. Dans la plupart des cas, l'orfèvre a adopté le même parti, parce que la coupe des calices était généralement composée d'un vase en pierre dure; alors il s'agissait simplement de le sertir dans une monture qui permit de le rattacher à un pied en orfèvrerie. Un large bandeau d'or sur lequel se détachent des bustes de saints et les formules de consécration, le tout exécuté en émail, garnit les lèvres du calice; des frettes de métal l'enserrent comme d'un réseau et viennent rejoindre le pied dont la patte est également décorée de médaillons émaillés. Des files de perles, maintenues de distance en distance par des anneaux de métal, encadrent les émaux, suivant un procédé cher aux orfèvres byzantins et que les Occidentaux de l'époque romane leur ont emprunté. Tel est, par exemple un très beau calice en onyx dont l'inscription rappelle un empereur du nom de Romain, probablement Romain IV. Un autre offre un système de décoration beaucoup plus compliqué. Ici toute la coupe est recouverte extérieurement d'émaux cloisonnés; l'ornement, divisé en trois zones par des bandeaux de métal perlés, est formé d'un motif bleu, blanc, rouge et vert, sorte de semis de croisettes ou de cœurs; sur ce fond se détachent les bustes accoutumés. Il va sans dire que l'accessoire obligé du calice, la patène, recevait une décoration du même genre : on en peut voir une, en albâtre oriental, dont le centre est occupé par un buste du Sauveur en or émaillé.

Il ne nous reste que peu de choses à dire des émaux cloisonnés byzantins; il convient toutefois d'ajouter un mot au sujet d'un certain nombre de petits émaux cloisonnés en or, d'une grande finesse, que l'on trouve fixés sur des pièces dont la fabrication occidentale n'est pas discutable. D'ordinaire on les considère comme de provenance byzantine. Facilement transportables, ces chatons émaillés auraient fait l'objet d'un véritable commerce, et représenteraient, à l'égal des pierreries et des perles, une partie de l'apport certain de l'Orient en ce qui touche les pièces d'orfèvrerie exécutées dans nos contrées au moyen âge. Dans ces derniers temps, certains archéologues, tout en reconnaissant leur étroite parenté avec les émaux grecs, ont émis l'opinion qu'on se trouvait là en face de simples imitations fabriquées soit en France, soit en Allemagne. Il est très certain que l'on a fait au xie et au xiie siècle, en Occident, de ces petits émaux que les orfèvres montaient ensuite comme des pierres précieuses; on en a fait même avant cette date; il n'en est pas moins vrai que beaucoup de ceux qu'il nous a été donné d'observer sont de provenance byzantine. Il ne faut donc point, à ce sujet, se hâter d'émettre une opinion trop générale; et, pour reconnaitre à quel centre de fabrication appartiennent des produits aussi menus, il faut beaucoup de tact et une grande habitude des monuments.

On a dit, et la chose est vraie ou à peu près vraie dans son ensemble, que les Byzantins n'avaient fait que des émaux cloisonnés; qu'ils les avaient exécutés en or; qu'ils n'avaient point pratiqué le procédé de la taille d'épargne. Ces règles souffrent cependant quelques exceptions.

Remarquons tout d'abord que les Grecs n'ont point toujours fait usage de l'or; ils se sont quelquefois servi d'argent doré et quelquefois leur or est à si bas titre qu'il est bien difficile de le distinguer, à première vue, du vermeil. Il faut même noter que plus les bijoux byzantins sont récents, plus l'or contient d'alliage; c'est là un fait que les dernières recherches auxquelles se sont livrés les savants russes permettent d'affirmer; et ce détail, bien menu en apparence, car la matière n'entre guère en ligne de compte dans l'appréciation d'une œuvre d'art, a son importance en émaillerie : il est clair que des émaux translucides appliqués sur un métal avili n'ont point le même éclat que quand ils sont superposés à une feuille d'or pur. Mais en réalité les Byzantins sont encore allés plus loin; et, comme devaient le faire plus tard les Occidentaux, dans certains ateliers, le cuivre, ensuite doré, a servi de métal excipient. On a mainte fois cité comme un exemple de dérogation à une règle presque générale une grande plaque qui a fait jadis partie de la collection Basilewsky et qui appartient aujourd'hui au Musée de l'Ermitage. Si ce monument, qui offre une image de saint Théodore terrassant un dragon, n'est guère recommandable au point de vue du dessin, s'il se fait remarquer par une extrême barbarie d'exécution, il n'en est pas moins un précieux témoignage d'un mode particulier de fabrication. Le cuivre étant moins malléable que l'or, il a fallu employer de très épaisses cloisons pour former le contour des personnages; et, cette largeur excessive même est une indication probable de l'atelier d'où est sortie cette plaque émaillée, destinée sans doute à orner une reliure. Il n'est guère possible d'admettre que ce soit à Byzance même qu'un produit aussi grossier ait vu le jour; il est plus vraisemblable d'en faire remonter la paternité à un atelier provincial, peut-être à un atelier d'Asie-Mineure. Mais il n'en serait pas de même d'un disque qui fait partie de la collection Gay, sorte d'amulette qui devait préserver son possesseur de toutes les maladies; celui-là a sans doute été fabriqué à Constantinople. En tout cas les inscriptions qui accompagnent le saint Théodore en déterminent suffisamment la provenance grecque, pour qu'il ne soit pas possible de douter qu'on ait fait aussi dans ce pays usage du cuivre pour appliquer les émaux. Tout ce que l'on peut dire c'est que le fait est extrêmement rare.

Quant aux émaux champlevés byzantins, s'ils sont aussi d'une grande rareté, ils n'en existent pas moins : c'est ainsi que sur le reliquaire de la vraie Croix conservé à Gran, en Hongrie, toutes les bordures, composées d'entrelacs de

Saint Théodore terrassant le dragon; émail cloisonné en cuivre.
(Musée de l'Ermitage, à Saint-Pétersbourg.)

la plus grande finesse, se détachent sur un fond d'émail ; or, ces entrelacs ne sont point rapportés après coup. Mais à la différence des émaux champlevés occidentaux, les émaux byzantins fabriqués de la sorte n'ont point été polis après la cuisson et n'affleurent point la surface des ornements en métal qu'ils accompagnent. C'est ce même système que pratiquent les Russes d'aujourd'hui dans la fabrication de ces images de pacotille en cuivre, dont nous avons déjà dit un mot. Seulement ce qui n'est aujourd'hui qu'une marque du peu de soin que l'on apporte à la fabrication d'objets de piété vendus à bas prix, semble avoir été un parti pris chez les artistes grecs ; sans quoi on ne s'expliquerait pas la juxtaposition sur une même pièce d'émaux cloisonnés d'une finesse extrême et de produits qui ne sont qu'ébauchés. Et l'on ne peut douter cependant que les uns et les autres ne datent de la même époque.

Nous venons de voir brièvement quel était l'état de l'émaillerie à Byzance et quelle place importante cette décoration polychrome tenait dans le luxe de l'empire d'Orient. Nous allons voir maintenant quel parti, à l'imitation des Byzantins, les orfèvres occidentaux en ont tiré. S'ils n'en ont pas usé avec autant de dextérité et de savoir-faire, du moins ils l'ont appliquée aux mêmes usages ; les uns et les autres, civilisés et barbares, se sont rencontrés pour en former l'une des plus riches décorations qu'on puisse voir ; les uns et les autres s'en sont servi avec ce sens parfait de la couleur qui semble avoir quitté les ateliers d'orfèvres à une époque plus moderne.

CHAPITRE III

Les émaux en Occident à l'époque carolingienne.

A n'examiner que les monuments subsistants, il semble bien peu probable que l'émaillerie, telle que nous la retrouvons au VIIIe et au IXe siècle en Occident, ait quelque lien avec l'émaillerie de l'époque romaine; les plus anciens échantillons sont fort douteux, du moins en ce qui concerne les procédés employés pour leur fabrication; ceux qui viennent immédiatement ensuite, au IXe siècle, ont tant de points de ressemblance avec les émaux grecs qu'il n'est pas besoin d'être un partisan à outrance de l'influence byzantine sur l'art occidental pour admettre que les uns ne sont que les imitations des autres. Et cette opinion a d'autant plus de chance d'être la bonne qu'à une époque tardive, le jour où les orfèvres, pour faire des œuvres moins coûteuses, abandonnèrent l'usage des métaux précieux pour y substituer le cuivre, les premiers émaux champlevés ne furent encore que des contrefaçons des émaux cloisonnés; les deux procédés firent même pendant quelque temps bon ménage ensemble, jusqu'au jour où, la fabrication industrielle l'emportant, la méthode simplifiée et expéditive de la taille d'épargne fit complètement oublier celle qui avait été son point de départ.

Donc, s'il n'est pas impossible que l'artiste qui résume à lui seul ou à peu près seul toute la science des orfèvres de l'époque mérovingienne, que saint Éloi ait connu l'émail; que le vase qui lui était attribué et que l'abbaye de Chelles conserva jusqu'à la Révolution fût émaillé ou non, il ne s'ensuit pas que le ministre de Dagobert doive être considéré, au point de vue de la tech-

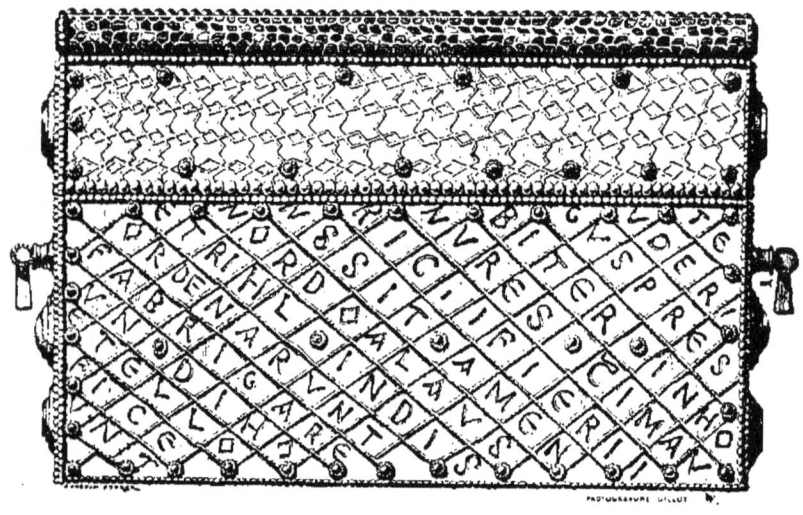

Châsse conservée dans le trésor de Saint Maurice d'Agaune.
(viie ou viiie siècle.)

nique, comme le successeur immédiat, l'heureux légataire des secrets de prétendus émailleurs gallo-romains; sur ceux-là, du reste, on l'a vu plus haut, la lumière est loin d'être faite complètement. C'est plutôt en voyant des œuvres d'orfèvrerie venues d'Orient, peut-être même des œuvres purement orientales, ou des reliquaires du genre de celui qu'envoya l'empereur Justin à sainte Radegonde, que les orfèvres mérovingiens songèrent à substituer une ornementation exécutée à chaud, plus variée et aussi plus aisée à fabriquer, au cloisonnage à froid dont les tribus germaines leur avaient transmis la tradition tout orientale.

Nous n'avons point l'intention de nous étendre plus que de raison sur ces origines, parce que, pensons-nous, si les monuments sont rares, s'ils sont modestes, ils suffisent cependant, et fort amplement, à une démonstration archéologique, à savoir que depuis le viiie siècle au moins on a pratiqué en Occident l'art de l'émaillerie. Le reliquaire de saint Maurice d'Agaune, si souvent cité, cette châsse qui porte encore le nom des deux orfèvres qui l'exécutèrent, Undiho et Ello, a une crête émaillée. Malheureusement il est impossible de dater ce monument d'une façon absolument exacte; il est de l'époque mérovingienne, sans aucun doute; mais appartient-il au viie ou au viiie siècle? il est bien difficile de le décider.

Une autre châsse qui, il y a quelques années encore se trouvait dans l'église Saint-Jean-Baptiste d'Herford, en Westphalie, et dont la fabrication a été fort bien fixée par Linas entre les années 785 et 807, constitue un jalon précieux au milieu de cette genèse si obscure. En forme de bourse, destinée sans doute à être portée au cou, d'un travail excessivement barbare, elle offre cette décoration d'entrelacs si fréquente dans les objets du haut moyen âge; ces entrelacs sont formés de cloisons renfermant non plus de la verroterie, mais du véritable émail. La fusion a été si imparfaite, on sent si bien là le faire d'un orfèvre plus familier avec la verroterie cloisonnée qu'avec un art nouveau pour lui, que l'on peut considérer cette pièce comme l'une des plus anciennes de la série. Elle se trouve aujourd'hui au Musée d'art industriel de Berlin.

Un petit reliquaire portatif, de dimensions plus modestes, celui d'Utrecht, qu'a fait connaître aussi Linas, montre certaines transformations au point de vue technique. La tradition de la verroterie cloisonnée subsiste bien encore — elle a beaucoup plus longtemps subsisté

Reliquaire conservé au Musée d'Utrecht
.(viiiᵉ siècle.)

à Byzance — en ce sens que les surfaces sont encore en partie fractionnées en petits rectangles par des cloisons apparentes; mais ce ne sont que de fausses cloisons, le procédé de la taille d'épargne apparaît déjà dans ses grandes lignes.

Ce sont là des monuments, qui tous, quoi qu'on fasse, ne sauraient dater, au plus tard, que des commencements de la période carolingienne; on peut même les considérer jusqu'à un certain point comme antérieurs à ce mouvement artistique, pour ainsi dire international, qu'a créé, pour un temps du moins, la restauration de l'empire d'Occident. On va voir en effet que dans le premier quart du ixe siècle, cet art si médiocre, si rudimentaire que nous révèle le reliquaire d'Hertford va s'épurer, s'affiner, se perfectionner au point d'engendrer des œuvres d'art véritables.

Qu'on choisisse ses exemples en Allemagne, en France ou en Italie, on retrouve sinon les mêmes aspects, du moins des procédés ou semblables ou très analogues; et pourtant, pour quelques monuments, il y a de fortes chances, malgré leur caractère portatif, pour qu'ils n'aient point quitté le pays qui les a vus naître. Il ne faut pas oublier qu'à l'époque carolingienne chaque abbaye, chaque grande église constituait un véritable centre industriel dans lequel des métiers tels que celui d'orfèvre étaient particulièrement en honneur, et pratiqués à peu près partout de la même façon. Les vestiges qui nous restent de leur activité artistique se ressemblent si bien entre eux que le mot d'international appliqué à l'art dont ils sont l'expression est absolument juste. A peine par-ci par-là distingue-t-on quelques différences dues aux influences locales. Il faut donc abandonner cette théorie si longtemps soutenue, à savoir qu'à l'époque romane certaines industries cantonnées dans quelques parties de l'empire des Carolingiens se seraient de nouveau, pour diverses causes, parmi lesquelles la première place serait occupée par l'influence grecque, répandues dans tout l'Occident. En réalité, lors de la Renaissance du xie siècle, on n'a fait que reprendre et développer, après un sommeil plus ou moins long suivant les contrées, selon qu'elles avaient été plus ou moins malheureuses pendant le xe siècle, des germes féconds qui dataient du ixe siècle. Cela est si vrai qu'il est des pays très différents, très éloignés l'un de l'autre, tels que Trèves et Limoges, où vous retrouvez à la fin du xe et au xie siècle le style absolument carolingien, la manière de dessiner, les traditions du commencement du ixe siècle.

Bien que cette petite digression puisse paraître ici hors de propos, il n'est peut-être pas inutile d'insister sur ces points. Quand nous étudierons l'émaillerie à l'époque romane nous nous trouverons en face de l'opinion d'archéologues fort respectables qui ont voulu reconnaître une sorte de mouvement international dans l'art, des échanges d'influence de pays à pays, précisément à un moment où les occasions d'influencer réciproquement et de modifier par des rapprochements les tendances artistiques des diverses contrées étaient devenues très rares. Tout au contraire, à un instant où tout l'Occident était réuni sous la main d'un même homme, ou de plusieurs hommes de même origine, les relations devaient être singulièrement plus faciles.

C'est en Italie que nous trouvons, dans la première moitié du ixe siècle, le plus beau et le plus considérable des monuments d'orfèvrerie émaillée que nous ayons conservé de l'époque carolingienne; car pour ce qui est des ornements impériaux auxquels une tradition insoutenable a attaché le nom de Charlemagne, il n'en peut être question ici; ils ne datent point de l'époque de l'empereur d'Occident et n'ont aucun droit à se dire du ixe siècle.

Ce que l'on appelle, à Saint-Ambroise de Milan, le *paliotto* est tout bonnement un parement d'autel qui, par un heureux hasard, est parvenu jusqu'à nous dans son état primitif. Contrairement à la coutume généralement

Saint Ambroise et l'orfèvre Wolvinus.
(Fragment du *paliotto* de Saint-Ambroise, à Milan. ıx^e siècle.)

adoptée, ce parement au lieu de recouvrir simplement le devant et les extrémités de l'autel majeur de l'église, a quatre côtés, d'une excessive richesse. Chacun des grands côtés est divisé en trois grands compartiments, sectionnés eux-mêmes par des bandeaux verticaux ou horizontaux,

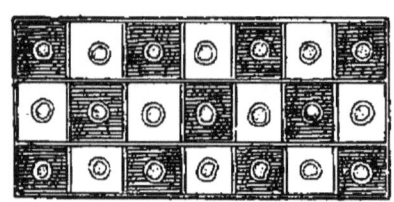
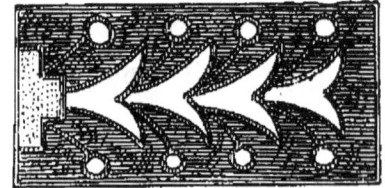
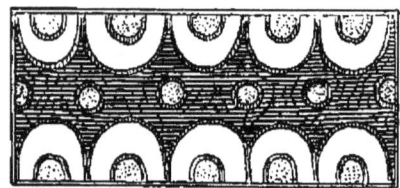
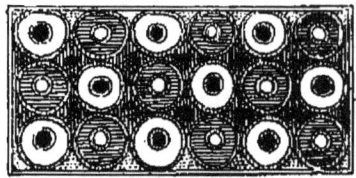

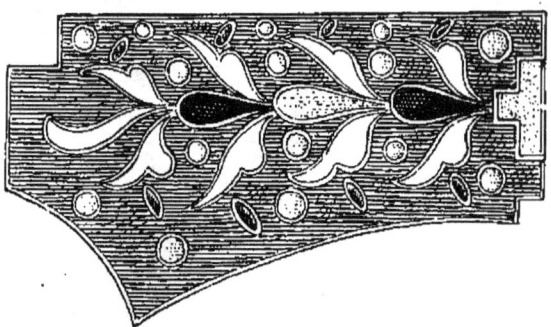
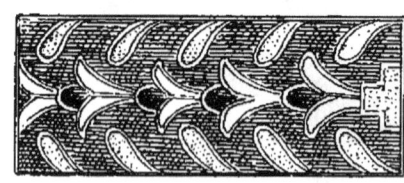
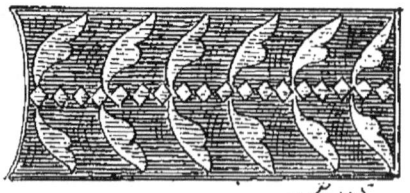

Fragments de la décoration émaillée du *paliotto*
de Saint-Ambroise à Milan.
(ix° siècle.)

en un certain nombre de rectangles, d'ovales ou de trapèzes déterminés par des bras de croix à branches égales. Sur la partie antérieure sont représentés, dans des bas-reliefs en argent repoussé et doré, le Christ et les douze apôtres, les symboles des évangélistes et les principaux faits du Nouveau Testament. La partie postérieure retrace de la même manière douze scènes de la vie du patron de la ville de Milan, saint Ambroise, les images des archanges Gabriel et Michel, de saint Ambroise et de l'archevêque Angilbert, de saint Ambroise et de l'orfèvre qui a exécuté le *paliotto*, Wolvinus. Chacune des extrémités enfin est occupée par une croix à branches égales inscrite dans un rectangle dont les angles vont se raccorder à la partie médiane des côtés du rectangle déterminé lui-même par la forme de l'autel. Des figures de saints ou d'évêques, exécutées également au repoussé, des anges debout occupent tous les compartiments ainsi obtenus. Tous les bandeaux, toutes les bordures sont chargés de plaques émaillées alternant avec des pierreries ou des perles entourées de délicates montures. Le moyen âge ne nous a laissé pour ces époques reculées aucun monument aussi somptueux et aussi complet.

On peut même dire que, n'étaient la barbarie et la gaucherie de certaines figures des bas-reliefs, l'œuvre pourrait être considérée comme parfaite ; c'est sans doute celle qui nous permet le mieux de juger de l'effet de la décoration en orfèvrerie appliquée systématiquement aux autels. On trouvera ici quelques-uns des motifs de bordures de ce beau travail, dans lesquels on a employé les émaux vert émeraude clair, rouge vif translucide, bleu lilas, bleu lapis et blanc. Toutes ces plaques sont en or et exécutées par le procédé du cloisonnage, avec une

habileté et une précision qui indiquent suffisamment
que l'artiste n'en était point à son coup d'essai, qu'il avait
fait son éducation dans un atelier où les pratiques byzantines étaient parfaitement connues. Certains morceaux ont-
ils été exécutés par le procédé du champlevage? Voilà un
point que, même en face du monument, il est fort difficile
de décider, tant la conservation en est parfaite. Cela ne
serait pas impossible et on verra tout à l'heure pourquoi.
Cependant, eu égard à la quantité de métal que l'application de ce procédé eût demandé, on peut croire que le
cloisonnage a été seul mis en usage. Remarquons enfin
que, par une survivance des traditions des orfèvres de
l'époque mérovingienne qui, dans les produits soignés,
plaçaient toujours sous leurs tablettes de verre un paillon
d'or guilloché, afin de donner plus d'éclat aux colorations
et de faciliter les jeux de lumière, dans le *paliotto* de Milan,
tous les émaux translucides, tous les fonds de métal
sont guillochés avec beaucoup de régularité et de finesse.
On peut même y reconnaître un travail exécuté avec un
outil fait exprès.

Quel était ce Wolvinus qui, dans la première moitié du
ixe siècle exécuta le *paliotto* sur l'ordre de l'archevêque
Angilbert? Son nom, de forme toute germanique, exclut
absolument une origine byzantine. Mais doit-on par
contre en faire un orfèvre purement allemand? Cette
supposition nous paraît bien gratuite. Que son nom soit
d'origine barbare, le fait est indéniable; mais s'appuyer
sur l'orthographe du qualificatif (*phaber* pour *faber*), qu'il
prend dans sa signature, pour en faire un Germain établi de
fraîche date en Italie, n'est-ce pas bien excessif? Le nord

de l'Italie était à cette époque peuplé de Germains établis depuis longtemps dans le pays et rien ne s'oppose à ce que Wolvinus fût du nombre. Au surplus, le style de son œuvre trahit dans certains ornements une influence d'art antique et d'art byzantin assez marquée, et nulle part, dans les parties décoratives, on ne retrouve ces entrelacs et tous ces motifs d'ornements compliqués et contournés qui ont défrayé beaucoup des artistes carolingiens du nord, même les plus avancés. Rien ne parait donc s'opposer sérieusement à ce que l'on considère Wolvinus comme un orfèvre milanais. Nous retrouverons du reste plus tard, au xie siècle, à Milan même, les traditions de cet atelier continuées et non sans éclat. Et il est bien probable que la couronne dite *Couronne de fer*, conservée aujourd'hui à Monza et à laquelle on a souvent attribué une antiquité fort exagérée, date à peu près de la même époque que le *paliotto* de Saint-Ambroise. On sait que le nom de *Couronne de fer* n'est pas absolument exact et provient simplement du cercle de fer fait, dit-on, avec l'une des reliques de la Passion, qui en réunit intérieurement les plaques d'or décorées d'émaux et de pierreries. La palette de l'émailleur est à peu près la même ici que dans l'œuvre de Wolvinus : beaucoup de vert, de blanc et de bleu, tons éclatants et harmonieux, mais auxquels il manque une certaine note gaie que nous trouvons au contraire dans les gracieux compartiments de la reliure de l'Evangéliaire de Metz que possède la Bibliothèque Nationale. Ces encadrements que décorent des rinceaux, dans lesquels on rencontre des teintes jaunes et rouge peuvent compter parmi les bijoux les plus heureux de composition que nous ait légués l'époque des Carolingiens. La finesse et la perfection du travail ne laissent absolument rien à désirer; l'exécution en est bien supérieure à celle de la reliure de l'Évangéliaire qui, après avoir appartenu pendant de longs siècles à la cathédrale de Sion, fait aujourd'hui partie de la collection Spitzer. Le nom d'*Évangéliaire de Charlemagne*, sous lequel on le désigne généralement, est une appellation fautive, car ce volume ne remonte certainement pas au commencement du ixe siècle; mais dans tous les cas, il date de l'époque carolingienne, et ni la facture de l'orfèvrerie, ni le choix des émaux n'indiquent un orfèvre de premier ordre : l'abus du bleu pâle ou du gris de lin, joints à beaucoup de vert et de blanc, ne contribue pas peu à donner à l'ensemble de l'œuvre un aspect triste et fade qu'il aurait été bien facile de modifier par l'emploi de quelques notes plus vigoureuses. C'est cependant un spécimen très curieux de l'art carolingien tel qu'il devait être pratiqué un peu partout dans les provinces de l'empire à la fin du ixe ou au xe siècle.

Revenons un instant de quelques années en arrière pour étudier un monument connu depuis peu d'années seulement et d'une grande importance archéologique. Le reliquaire dit de Pépin, conservé dans le trésor de l'ancienne abbaye de Conques, en Rouergue, s'il n'est point à proprement parler une œuvre d'art de premier ordre, est en revanche l'une des pièces d'orfèvrerie les plus anciennes qui existent en France. Il soulève plus d'un problème insoluble, vu l'état dans lequel il se trouve aujourd'hui; mais on peut cependant se servir de plusieurs de ses parties pour établir que l'art carolingien, qu'il fût pratiqué en France, en Italie, ou en Allemagne, au ixe siècle, était à peu près le même partout.

Pour des raisons historiques tirées de l'histoire même

Châsse de Pépin I, roi d'Aquitaine (Revers).
(Trésor de Conques, ixe siècle.)

de l'abbaye qui l'a possédé, Linas a établi péremptoirement que Pépin, donateur de la châsse de Conques et de la relique qu'elle contenait, ne pouvait être Pépin le Bref, mais qu'il fallait y reconnaître Pépin I, roi d'Aquitaine. Cela admis, nous sommes donc en face d'un monument du IXᵉ siècle; en effet, une partie de la technique de la châsse appartient bien à cette époque; mais

Châsse de Pépin I, roi d'Aquitaine (Face).
(Trésor de Conques, IXᵉ siècle.)

le reste est-il de même date, voilà ce qui est plus douteux.

Le reliquaire de Pépin affecte la forme de toutes les châsses du moyen âge : une boîte rectangulaire allongée, surmontée d'un couvercle à quatre rampants, sorte de toit qui donne à l'ensemble l'aspect d'un tombeau ou d'une maison. Sur la face principale est représentée, en bas-relief, la scène de la crucifixion. Sous les bras de la croix s'ouvrent deux espèces de fenêtres carrées, qui sans doute, à l'origine, étaient destinées à permettre de montrer la relique aux fidèles, mais qui depuis longtemps sont fermées par des plaques d'or enrichies d'émaux. Au revers, on trouve trois ouvertures du même genre, mais en plein cintre, dont les pieds droits sont formés par des pilastres à chapiteaux émaillés ; enfin du même côté, mais sur le toit, s'étalent deux aigles, exécutés au repoussé, dont les ailes sont émaillées et rapportées. Quant aux extrémités de la châsse, il est inutile d'en parler ; elles sont décorées aujourd'hui de fragments de bas-reliefs empruntés à d'autres pièces du trésor.

Les émaux sont, sur ce monument, de simples pièces de rapport : les uns, tels que les chapiteaux, sortes de corbeilles grossièrement profilées ou fragments d'arcatures décorés de rinceaux symétriques s'enlevant sur un fond de couleur rouge vif ou vert translucide, sont exécutés par le procédé de la taille d'épargne ; les autres, qui forment les ailes des aigles, bleu lapis, blanc et rouge opaque, sont cloisonnés. Tous sont en or. Il nous paraît impossible d'admettre que le monument soit homogène et que ces deux séries d'émaux, très différents par leur coloration et leur fabrication, aient été mises en œuvre par un seul et même artiste.

En examinant la châsse de très près, on se convainc qu'elle se compose d'un assemblage de pièces provenant de deux monuments de différentes époques : l'un, plus ancien que le IXe siècle, si l'on en juge d'après quelques fragments d'inscriptions qui se lisent sur les plaques qui enchâssent les émaux; l'autre, de l'époque de Pépin d'Aquitaine très probablement. Ce qui confirmerait cette hypothèse, en dehors de diverses questions de construction qu'il serait trop long à expliquer ici, c'est que l'or employé dans les différentes parties du monument est loin d'être partout le même; ici il est rouge, là il est jaune, et précisément dans les parties que nous inclinons à croire les plus anciennes. De la persistance des procédés de la taille d'épargne sur différentes parties du reliquaire de Pépin, on pourrait tirer un argument en faveur de la théorie qui admet que les émailleurs mérovingiens ont dû procéder à l'imitation des prétendus émailleurs gallo-romains; mais l'emploi de l'or, la fabrication des émaux mis en œuvre présentent un obstacle sérieux à une assimilation à laquelle il faut renoncer, quelque séduisante qu'elle soit. Constatons néanmoins que la présence de ces émaux sur le reliquaire de Conques constitue un fait inexplicable; jusqu'ici on ne leur connaît point d'analogues, du moins pour cette période; et même à une époque plus tardive, un pareil système de décoration constitue une exception très rarement rencontrée.

Quant aux émaux cloisonnés qui forment les ailes des aigles, ils n'offrent aucune différence avec les émaux que l'on peut observer sur mainte pièce d'orfèvrerie carolingienne. D'une grande finesse, d'une grande richesse de ton, on peut les rapprocher de certains autres bijoux que l'on a à tort rajeunis; citons entre autres une fibule en forme d'aigle qui fait partie des collections du Musée de Mayence, aux émaux bleu, vert et blanc, d'un style superbe et dont certains détails de fabrication indiquent plutôt un atelier carolingien. Il est à remarquer, en effet, que dans la plupart des pièces d'orfèvrerie carolingienne,

Fibule en or émaillé. Époque carolingienne.
(Musée de Mayence.)

les bordures sont ornées de filets d'or gaufré, posés à plat, et qui forment comme une transition entre les compartiments décorés et les grandes surfaces des fonds. C'est un détail de fabrication assez caractéristique que l'on observe sur l'évangéliaire, le calice et la patène de

LES ÉMAUX EN OCCIDENT A L'ÉPOQUE CAROLINGIENNE. 75

saint Gauzlin, évêque de Toul (x⁰ siècle), conservés dans le trésor de la cathédrale de Nancy. Sur ces trois pièces encore, nous retrouvons des émaux de fabrication occidentale, mais de fort petites dimensions; l'un d'eux, celui qui est fixé au centre de l'un des plats de l'évangéliaire, offre une image de la Vierge qui semble prouver que les artistes de cette époque n'étaient pas arrivés à traduire d'une façon bien satisfaisante, au moyen de l'émail, la figure humaine; en revanche les ornements sont d'une grande délicatesse et les émaux d'un éclat peu commun.

Émaux d'un reliquaire donné par l'évêque Althéus à la cathédrale de Sion.
(vIII⁰ siècle.)

Si l'on admet la tradition d'après laquelle un petit reliquaire conservé à la cathédrale de Sion aurait été donné à cette église antérieurement à 790, par l'évêque Althéus, oncle de Charlemagne, en cent cinquante ans environ, l'art de l'émailleur, en ce qui concerne la représentation de la figure humaine, n'avait guère fait de progrès. Les trois chatons d'émail, l'un circulaire, les deux autres en forme de trapèze qui sont fixés sur cette pièce et représentent cinq bustes de saints, sont d'une telle barbarie qu'il est bien difficile d'y reconnaître, comme on a voulu le faire, des œuvres byzantines apportées en Occident pour y servir à la décoration des œuvres d'orfèvrerie. On verra plus loin que ces petites pièces, loin de présenter une analogie quelconque avec les travaux des Grecs, offrent au contraire une ressemblance profonde avec certains monuments très barbares que l'on peut dater, mais d'une façon approximative seulement, des environs du xie siècle. Il n'est pas nécessaire du reste d'insister ici sur un point qui sera traité plus loin, plus amplement, à propos des anciens monuments d'émaillerie allemande possédés par l'église d'Essen.

Le souvenir de Charlemagne est resté si populaire qu'il ne faut pas s'étonner de retrouver son nom appliqué à une belle pièce d'orfèvrerie conservée dans le trésor de Saint-Maurice-d'Agaune. L'aiguière d'or, ornée de plaques émaillées, de saphirs cabochons, et de bandeaux repoussés, qui passe pour avoir été donnée par lui à l'abbaye de Saint-Maurice, est-elle vraiment une œuvre occidentale ou bien faut-il en chercher l'origine en Orient, en Perse, ainsi que sembleraient l'indiquer les motifs de décoration qui la recouvrent? C'est là une question fort difficile à décider. Si, d'une part, les lions dressés de chaque côté de l'arbre symbolique, du *hom*, rappellent un motif familier aux décorateurs persans, si les griffons qui leur font pendant de l'autre côté de l'aiguière ont bien l'allure des animaux si souvent figurés sur les étoffes orientales, par contre le style fait plutôt songer à un monument exécuté en Europe. Les ouvriers qui ont fabriqué ces émaux avaient, à n'en pas douter, sous les yeux des monuments sassanides; mais la chose n'est pas faite pour nous étonner; sans rappeler l'ambassade, si souvent citée,

Aiguière en or décorée d'émaux cloisonnés. ıxᵉ siècle.
(Trésor de Saint Maurice d'Agaune.)

envoyée par le calife Haroun-al-Raschid à Charlemagne, les relations des princes carolingiens avec l'Orient étaient assez fréquentes pour qu'il n'y ait pas lieu de douter que les modèles d'art oriental aient abondé en Occident au ixe siècle. Les émaux employés, le vert, le bleu, le blanc, le rouge figurent tous sur la palette de l'orfèvre de cette époque. La seule difficulté consiste dans la forme des plaques qui n'est pas absolument appropriée à la forme du vase; mais, d'autre part, certains autres émaux, placés sur la tranche en épousent si bien le contour circulaire, qu'il est bien difficile d'admettre qu'ils n'aient pas été faits expressément pour la pièce qu'ils décorent. Et cette monture est un travail d'orfèvrerie occidentale L'ensemble aurait donc une même origine et c'est d'ailleurs, à l'heure qu'il est, l'opinion généralement adoptée. On peut donc dire, sans qu'il soit nécessaire de penser que cette belle œuvre d'art vient de Charlemagne, qu'elle est de travail carolingien.

Cet art d'ailleurs, malgré tous les désastres qui signalèrent le cours du xe siècle, était encore florissant dans plusieurs parties de l'ancien empire carolingien. Nous en avons la preuve et pour la France et pour les pays plus septentrionaux, tels que les bords du Rhin.

Nous avons déjà parlé du trésor de l'abbaye de Conques. Il nous faut encore y revenir pour dire quelques mots d'une pièce qui y est conservée; nous voulons parler d'une figure bien connue, maintes fois publiée et signalée, la statue d'or de la patronne de l'abbaye, sainte Foy. Ce monument, le plus étonnant de toutes les pièces d'orfèvrerie française, a été, assurément fabriqué à Conques même, vers la fin du xe siècle. Il résulte de nombreux documents, d'une authenticité indiscutable, que l'abbaye possédait à cette époque un atelier d'orfèvrerie d'où sont sorties bon nombre des pièces que nous voyons encore aujourd'hui. Le *livre des miracles de sainte Foy*, écrit au commencement du xie siècle, est formel à cet égard et nous donne mille détails curieux sur ce monument qui a fait sur tant de générations de naïfs pèlerins une impression inoubliable. Les restaurations ou modifications maladroites qu'il a subies n'ont pu en altérer le caractère absolument unique. Assise sur un siège à haut dossier dont les découpages à jour rappellent par leurs dessins nombre de monuments de l'époque carolingienne, la sainte est posée de face, la tête haute, les bras étendus en avant. Vêtue d'une longue robe d'or semée de rosaces repoussées, le visage traité avec une brutalité qui fait un singulier contraste avec la finesse d'exécution de certains détails, les cheveux relevés en bourrelet autour de la tête que ceint une véritable couronne impériale, la sainte, dont les yeux sont d'émail bleu et blanc, semble vous interroger du regard; ce regard a quelque chose d'obsédant et l'on comprend fort bien que la statue soit devenue, pour les gens grossiers du xe et du xie siècle, une sorte d'idole devant laquelle la personnalité de la sainte s'est effacée. C'est à la statue que s'adressaient leurs prières quand en songe ils la voyaient apparaître, véritable sorcière, être malfaisant et bienfaisant tour à tour, une baguette de coudrier à la main, prête à leur imposer les volontés les plus absurdes, les caprices les plus bizarres. Aucune statue du moyen âge ne résume aussi parfaitement ce que pouvait être la foi populaire au xe siècle, mélange curieux de paganisme et de christianisme, nullement incompatible avec une brutalité inouïe, une cruauté parfois atroce. C'est un monument qu'il faudrait montrer à ceux qui exaltent ces siècles de foi, sans mettre en balance ce qu'avait de terrible la sauvagerie d'hommes encore barbares chez lesquels la crainte de l'enfer n'était pas un frein suffisant pour arrêter les instincts les plus cruels. Il faut lire les *miracles de sainte Foy* pour comprendre combien l'action des principes de charité chrétienne était passagère, combien l'œuvre de civilisation de l'Église était constamment arrêtée, contrecarrée; il y a loin de ce moyen âge à celui qu'on se figure d'ordinaire, tout de candeur, de foi et de piété naïves et tendres.

Si nous insistons sur ce monument capital, c'est qu'au point de vue artistique il nous permet de constater que le mouvement créé par les princes carolingiens ne s'était pas encore complètement arrêté à la fin du xe siècle; dans une abbaye telle que celle de Conques, qui n'était pas une des plus riches de l'empire, il existait encore des orfèvres. La couronne de sainte Foy, qu'il est bien difficile de considérer comme d'une autre époque que la statue elle-même, tant elle s'adapte bien à la tête et en rappelle le style, se compose d'un large bandeau gemmé et articulé sur lequel viennent se rattacher deux autres bandeaux formant croisillons et fermant la couronne. Entre ces bandeaux sont disposés des fleurons affectant à peu près la forme d'une fleur de lis. Sur le cercle qui entoure la tête, alternant avec des pierreries et des pierres gravées antiques, sont sertis des chatons en émail cloisonné, vert, rouge et blanc. Ces émaux qui n'offrent qu'un dessin très simple, une sorte de fleurette ou de rosace, ne peuvent passer pour des émaux byzantins; ils n'en ont ni la finesse ni l'éclat. Il y a donc tout lieu de croire qu'ils ont été fabriqués à Conques, comme la statue elle-même. Il est fort probable que les émaux qui décorent une autre pièce du même trésor, connue sous le nom d'*A de Charlemagne*, ont la même provenance; du moins ce ne sont point des émaux grecs, et leur place, leurs dimensions sont si bien déterminées et réglées par la forme et la décoration de la pièce sur laquelle ils sont fixés, qu'on ne peut admettre qu'ils n'ont pas été fabriqués exprès pour leur destination. Or, quel que soit l'âge que l'on attribue à ce monument, soit qu'on en fasse une œuvre du IXe, du Xe ou du XIe siècle seulement — les avis sont très partagés sur ce point — il n'en est pas moins avéré qu'il a été fabriqué à Conques. Les émaux de la couronne de sainte Foy d'une part, les émaux de l'*A de Charlemagne*, d'autre part, nous amènent donc aux environs du XIe siècle et nous n'aurons pas un nombre d'années bien considérable à franchir pour rencontrer enfin des objets d'art d'origine et de date certaines nous permettant de constater en France l'existence d'ateliers d'émailleurs.

Si quittant la France, nous tournons nos regards vers les bords du Rhin, vers Trèves qui fut en plein Xe siècle un véritable centre artistique, si une pareille expression est permise pour qualifier des efforts encore bien modestes, nous rencontrons encore ici l'art de l'émailleur pratiqué avec succès.

Trois pièces méritent particulièrement de fixer notre attention : d'abord l'étui du saint Clou, l'autel portatif de saint André, tous deux conservés à la cathédrale de Trèves, et enfin le reliquaire du bâton de saint Pierre qui appartient maintenant à l'église de Limbourg-sur-la-Lahn. Toutes trois ont été exécutées ou modifiées ou restaurées sous le gouvernement de l'archevêque Egbert (977-993); toutes trois nous montrent l'art de l'émailleur parvenu en Allemagne à son complet développement, en tant qu'on le considère comme une imitation des œuvres d'art byzantin similaires.

L'étui du saint Clou est un reliquaire topique, c'est-à-dire qu'il rappelle par son galbe général la forme de la relique qu'il contient. Il affecte donc la forme d'un grand clou d'or, muni d'un couvercle à charnière qui en forme la tête et que décorent des pierreries, tandis que la tige en est presque entièrement recouverte d'émaux cloisonnés, très finement exécutés, vert et bleu translucide, bleu opaque, bleu turquoise et blanc. Un semis de croisettes, un motif formant résille ou une course de rinceaux, tel est le genre de décoration adoptée par l'émailleur de Trèves, avec un entier succès; le travail est des plus soignés et pourrait presque lutter au point de vue de l'habileté technique avec les travaux grecs de même époque.

L'autel portatif de Trèves soulève plus d'une question : cette pièce pourrait dater de différentes époques et l'archevêque Egbert n'aurait eu qu'à la faire restaurer. En effet la plus grande partie de la décoration consiste en animaux et en symboles, exécutés en or et s'enlevant sur un fond de grenat, suivant les traditions mérovingiennes; à Egbert appartiendraient seules les plaques d'émail en parties cloisonnées en or, en partie champlevées qui garnissent les bords de la boîte. Ces émaux, représentant des rinceaux entrelacés et qui, par leurs tons vert, bleu turquoise, jaune, blanc et tanné rappellent un peu les émaux de l'Évangéliaire de Metz, indiquent déjà, par les procédés

Émaux cloisonnés de la couverture de l'Évangéliaire de Metz.
ixe siècle.
(Bibliothèque nationale.)

que l'orfèvre a employés, un moment de transition, un acheminement vers la simplification du travail par la taille d'épargne. Il est bon de constater cette tendance à la simplification à une époque aussi ancienne.

Sommes-nous réellement là en face d'un travail dû à des orfèvres d'époques différentes ou bien l'ensemble a-t-il été créé d'un seul jet? C'est cette dernière opinion qui semble maintenant prévaloir, et elle n'a rien que de très probable. La verroterie cloisonnée, mariée à une décoration émaillée, existe sur les angles de l'étui du saint Clou, œuvre bien évidemment homogène, contemporaine de l'autel portatif; ne peut-on admettre aussi que les orfèvres employés par Egbert, qui fut pour son temps un protecteur éclairé des arts, ont suivi les mêmes errements pour l'autel? la chose est vraisemblable; ce qui est curieux, c'est qu'à la même époque, nous l'avons déjà constaté à propos du reliquaire byzantin de Limbourg-sur-la-Lahn, les Grecs opéraient le même mélange d'émail et de verroterie cloisonnée. N'y a-t-il pas là une preuve de l'étroite parenté qui unissait aux émailleurs de Byzance les émailleurs carolingiens? c'est plus qu'une rencontre fortuite et les seconds paraissent bien être les copistes des premiers, au moins en tout ce qui concerne la technique de leur art.

L'étui du bâton de saint Pierre, dont le pommeau est décoré de figures d'apôtres exécutées en émail cloisonné appartient au même milieu artistique. Sorti sans doute du même atelier, il a de plus le mérite de porter une longue inscription qui relate les pérégrinations successives de la relique, son apport à Trèves et enfin la date de la confection du reliquaire (980). C'est, on le voit, un monument fort précieux qui nous montre les Allemands de la fin du xe siècle faisant non plus seulement de simples motifs de décoration en émail, mais s'essayant encore à la représentation de la figure humaine; tentatives encore assez maladroites, sans doute, mais qui indiquent cependant une assez grande connaissance du métier, une certaine liberté dans l'exécution. On va voir qu'à l'époque romane ce progrès ira en s'accentuant jusqu'à ce que les artistes aient définitivement adopté le procédé simplifié de la taille d'épargne.

Par les lignes qui précèdent on a pu juger que pendant une bonne partie du ix⁰ et du x⁰ siècle, dans toute l'étendue de l'empire carolingien, l'art de l'émail a été pratiqué à peu près de la même façon. Prenez le *paliotto* de Saint-Ambroise de Milan ou les émaux de Trèves, l'aiguière de Saint-Maurice d'Agaune ou les émaux de la couronne de sainte Foy, à Conques, partout vous retrouvez à peu près la même technique, les mêmes couleurs, les mêmes motifs d'ornement: il n'est pas très difficile d'y reconnaître une influence commune, une imitation ou plutôt un reflet éloigné de ce qu'avaient déjà fabriqué antérieurement, de ce que fabriquaient encore à ce moment les orfèvres de Byzance. Il ne faut point assurément exagérer, comme l'ont fait trop souvent certains auteurs, cette influence byzantine; il ne faut pas cependant la nier complètement. C'est un facteur qui a son importance dans le développement des arts décoratifs en Occident au moyen âge; et, si on le supprimait, il deviendrait impossible d'expliquer l'unité que l'on rencontre dans la naissance et le développement de certains des arts mineurs pratiqués de la même manière, à la même époque, dans l'ouest de l'Europe.

CHAPITRE IV

L'émaillerie en Allemagne du XI⁰ au XIII⁰ siècle.

En 972, Otton II, fils d'Otton le Grand, épousait Théophano, fille de l'empereur grec, Romain le Jeune, petite-fille de Constantin Porphyrogénète. De ce fait, d'un caractère tout politique, que de conséquences n'a-t-on pas tirées au point de vue de l'histoire des arts en Allemagne ! De Théophano, qui passait pour une princesse éclairée, on a fait une sorte de bon génie de l'art allemand, chargé de le faire passer de la barbarie mérovingienne et carolingienne à une ère nouvelle, à une sorte d'âge d'or dans lequel le peu qui subsistait encore en Occident des traditions de l'art classique allait renaître d'un heureux mélange avec le style byzantin.

On a pu voir dans les pages précédentes ce qu'il fallait penser de cette théorie. En réalité, entre les produits de l'art allemand du ix⁰ et du x⁰ siècle et ceux du xi⁰ siècle, il n'y a guère, en ce qui concerne la branche que nous étudions, de différences très appréciables; on assiste à un développement, non à une transformation complète. Il est certain qu'à l'époque des Ottons, en Allemagne, les artistes ont su imprimer à l'art un caractère particulier;

mais ce caractère, loin d'affirmer l'influence byzantine, s'éloigne de plus en plus des traditions orientales pour aboutir à un art bien personnel, en un mot à l'art roman du xɪᵉ siècle.

On trouvera peut-être que nous passons bien légèrement sur un point d'histoire qui a donné lieu à tant de développements; à vrai dire, ce n'est pas le lieu ici de discuter un à un et à fond tous les arguments mis en avant pour soutenir une thèse qui perd chaque jour du terrain; au surplus, les documents sur lesquels est appuyée cette théorie sont si peu nombreux et si peu explicites, les monuments si rares, sans parler de ceux qui sont tout à fait controuvés, qu'il ne serait pas bien difficile d'établir en quelques pages le mal fondé de raisonnements que l'on s'étonne de voir s'étaler tout au long, encore aujourd'hui, dans nombre de livres d'art écrits en Allemagne. Mais ce serait ici un hors-d'œuvre; et nous pensons qu'il nous suffira de mettre sous les yeux du lecteur les monuments, qui chronologiquement font suite à ceux que nous avons étudiés, pour lui faire partager notre conviction.

Nous n'avons point parlé, en énumérant les émaux carolingiens, des bandes cloisonnées qui garnissent la croix dite de Lothaire, conservée au trésor du dôme d'Aix-la-Chapelle; il est douteux en effet que cette croix soit de travail carolingien et si nous la mentionnons c'est pour la rapprocher de quatre autres croix qui existent dans le trésor de l'église d'Essen. Ces dernières présentent avec la première de telles ressemblances, au point de vue de la forme et de la décoration, qu'il est difficile de ne pas assigner aux unes et aux autres le même âge. Or, les croix d'Essen sont datées d'une façon approximative par les inscriptions qu'elles portent : elles remontent à la fin du xe siècle ou à l'aube du xie siècle.

Toutes ces croix sont de même forme : les extrémités en sont pattées et séparées des branches par un bourrelet saillant. La face en est décorée de pierreries avec bordures en partie émaillées ; le revers montre des rinceaux exécutés par le moyen de la gravure, ornementation moins somptueuse assurément, mais de meilleur goût.

Sur l'une de ces croix, outre des chatons d'émail n'offrant que des motifs d'ornement, composés de rinceaux, est fixé à la base un petit émail cloisonné en or, de forme rectangulaire. On y voit un personnage debout, vêtu du costume qui était déjà de mode sous les carolingiens, la tunique courte et le manteau, offrant une croix à une femme voilée. Les inscriptions gravées sur le fond : OTTO DVX — MATHILD(*IS*) ABB(*ATISS*)A nous apprennent que les deux personnages représentés sont Otton, duc de Souabe (973-982), et sa sœur Mathilde, abbesse d'Essen (974-1013). De ce que le duc Otton est figuré offrant une croix à sa sœur — et il s'agit selon toute vraisemblance de la croix que nous possédons aujourd'hui — on est autorisé à en inférer que ce monument a été exécuté avant l'an 982, date de la mort du duc. Les figures sont barbares assurément, plus barbares que les ornements ; mais, si leur dessin est un peu bizarre, leur coloration, rouge, bleu, blanc, vert, n'offre rien que nous n'ayons déjà rencontré dans les émaux carolingiens. Les inscriptions rédigées en latin, le costume des personnages, absolument conforme aux habitudes occidentales, ne laissent aucunement soupçonner l'intervention d'un artiste grec; tout, au contraire, indique bien un travail allemand.

La seconde croix du trésor d'Essen peut donner lieu aux mêmes observations : au-dessous d'un Christ en argent doré, est fixée une plaque d'émail cloisonné représentant une abbesse d'Essen dédiant une croix à la Vierge qui sur ses genoux porte l'enfant Jésus et l'offre en adoration à la donatrice agenouillée devant lui. Là encore des inscriptions permettent d'assigner au monument une date à peu près certaine. Les mots MATHILD (*is*) ABB (*atiss*)A, qui accompagnent les figures, désignent une des abbesses d'Essen du commencement du XIe siècle. De laquelle s'agit-il? il est impossible de se prononcer catégoriquement sur ce sujet, plusieurs abbesses du nom de Mathilde ayant, à peu près à la même époque, gouverné l'abbaye. Quant au reste de l'inscription, tout à fait illisible, nous n'insisterons pas sur les sens très divers qu'on a voulu lui attribuer. Ce sont là des jeux d'esprit qui n'ont rien à faire avec l'archéologie.

La croix de Théophano nous reporte entre les années 1041 et 1054; il ne s'agit point ici de la femme d'Otton II, mais de sa petite-fille, qui fut abbesse d'Essen. Dans cette croix, les émaux offrent certaines modifications techniques intéressantes à signaler, en dehors du caractère oriental très franchement accusé de certains motifs décoratifs : animaux, fleurons et ornements. Les émaux, exécutés toujours en or, ne sont plus simplement cloisonnés; ils sont en partie champlevés. Les émailleurs des bords du

Croix en or ornée d'émaux.
(Trésor d'Essen, xɪᵉ siècle.)

Rhin préparent déjà une évolution qui les conduira peu à peu à supprimer l'emploi du métal précieux et à contrefaire les émaux cloisonnés au moyen du travail simplifié de la taille d'épargne. Une inscription tracée sur la tranche de la croix, très heureusement rétablie et interprétée par M. Ausm'Weerth, nous donne l'origine de cette pièce faite sur l'ordre de la noble Théophano, de sang royal : *Edita regali genere nobilissima Theophana hoc signum dedit.*

Une quatrième croix enfin, qui paraît bien contemporaine de la précédente, représente grossièrement, également en émail, la Crucifixion et les symboles des Évangélistes ; les figures ne sont pas mieux traitées que dans les croix précédemment décrites ; sous ce rapport, on ne peut constater aucun progrès dans ce monument qu'il faut rapprocher d'une reliure d'Évangéliaire, également conservée à Essen, et exécutée pour la même Théophano.

Pour en finir avec cette énumération de croix émaillées, mentionnons encore une pièce de la Riche Chapelle de Munich, la croix nommée « Croix de la reine Gisèle ». A côté de figures exécutées au repoussé, cette croix montre une riche ornementation composée de pierreries et de chatons d'émaux cloisonnés. L'inscription qui y est tracée nous apprend que la reine Gisèle fit faire cette croix pour la placer sur le tombeau de sa mère : *Hanc regina crucem fabricari Gisila jussit. — Hanc crucem Gisila devota regina ad tumulum sue matris Gisile donare curavit.* Or Gisèle, fille de Gisèle, femme de Henri le Querelleur, duc de Bavière, fut mariée en 1008 à Étienne, roi de Hongrie. On est d'autant plus fondé à considérer les émaux qui décorent cette croix comme de fabrication allemande qu'on retrouve à peu près les mêmes motifs décoratifs sur plusieurs des ornements impériaux auxquels le nom de Charlemagne est resté attaché, mais que l'on sait ne dater que du xie et du xiie siècle ; au reste, au xie siècle même, dans des pièces d'orfèvrerie allemande, par exemple sur la couverture d'un Évangéliaire exécuté pour l'Empereur Henri II, et conservé à la Bibliothèque de Munich, nous rencontrons bien des émaux byzantins ; mais ceux-là portent suffisamment leur certificat d'origine : ce sont ces bustes de saints, à mi-corps, accompagnés d'inscriptions grecques, ces symboles des Évangélistes que les artistes de Bysance fabriquaient par centaines ; et leur exécution, le fini des émaux, bien que ce ne soient guère que des travaux de pacotille, laissent bien loin derrière eux et les croix d'Essen et la croix de Gisèle. Il est toutefois intéressant de constater que les orfèvres allemands, au xie siècle, continuaient à avoir sous les yeux des modèles venus de Constantinople et qui ne devaient pas peu influer sur leur manière.

Nous allons étudier tout à l'heure quelques-uns des émaux ornant les objets qui servaient autrefois au sacre des empereurs d'Allemagne ; auparavant nous voudrions signaler un monument fort modeste assurément, et comme dimensions et comme œuvre d'art, mais qui présente au point de vue des procédés un certain intérêt : nous voulons parler d'un disque émaillé, conservé dans le trésor du roi de Hanovre, à Vienne, et que Linas a été l'un des premiers à signaler.

La pièce dont il s'agit, de forme circulaire, représente

très grossièrement une figure du Christ, à mi-corps, de face, la tête entourée du nimbe crucifère, tenant un objet, probablement un livre devant lui. L'A et Ω sont figurés sur le fond, de chaque côté de la tête, ainsi que deux groupes d'ornements symétriques dont il est assez difficile, tant l'exécution en est grossière, de déterminer la nature. Les émaux blanc sale, vert d'eau, vert clair, bleu lapis et rouge violacé, sont appliqués sur un fond de cuivre moitié champlevé, moitié cloisonné.

Linas était disposé à vieillir beaucoup ce petit monument et à le considérer comme de la fin du VIIIᵉ ou du commencement du IXᵉ siècle, en se basant sur ce fait qu'on n'y trouve point les émaux si brillants de l'époque des Ottons. N'est-on pas plutôt fondé à penser qu'il marque un des premiers pas faits en avant

Émail cloisonné sur cuivre.
(Allemagne. XIᵉ siècle. Trésor du roi de Hanovre, à Vienne.)

par les émailleurs de l'époque romane dans l'émaillerie sur cuivre? Nous avons vu que la croix de Theophano, à Essen, était, bien qu'en or, déjà à moitié champlevée. Le passage, d'un métal à un autre, modifiant la technique, n'a pas dû être sans influence et sur le dessin et sur la teinte des émaux. Nous rapprocherions volontiers de l'émail du trésor du roi de Hanovre une autre plaque qui fait partie des collections de Mme la comtesse Dzialynska. Il représente un évangéliste, sans doute saint Jean. Cette pièce extrêmement curieuse, d'un dessin barbare, mais d'une teinte très brillante, pourrait à la rigueur être groupée avec une série d'autres monuments appartenant vraisemblablement à la même époque, au xɪᵉ siècle, et qui tous sont exécutés au moyen de cloisons de cuivre. C'est même cette opinion que nous avons autrefois soutenue; mais, à la suite de la découverte de nouveaux échantillons du même art, présentant tous des caractères bien tranchés, une technique particulière dont le point le plus caractéristique est l'emploi du fer pour les plaques de fond, il n'est plus possible d'être aussi affirmatif; et tandis que ces derniers émaux paraissent bien avoir été fabriqués en France il n'est pas impossible au contraire que le saint Jean de la collection Dzialynska ait vu le jour sur les bords du Rhin. Le dessin n'est pas sans présenter quelque analogie avec l'art que nous fait connaître la croix d'Essen, un peu plus barbare encore, parce que le cuivre se prête moins aisément que l'or aux complications du dessin. Les tons vert émeraude, bleu turquoise, rouge, blanc ont bien cet aspect éclatant, les teintes un peu heurtées de la croix de

Émail cloisonné sur cuivre. Allemagne,
xɪᵉ siècle.
(Collection de Mme la comtesse Dzialynska.)

Théophano; il n'est pas jusqu'à l'attitude du personnage, représenté à mi-corps, qui ne présente avec la pièce que nous venons de citer une assez grande ressemblance. Il s'ensuivrait donc qu'avec l'émail du trésor du roi de Hanovre et celui de la collection Dzialynska nous posséderions deux des rares jalons qui permettent de constater la transformation de la technique de l'émaillerie chez les orfèvres allemands du XIe siècle. Si la chose peut rester douteuse pour le second de ces monuments, elle ne saurait l'être pour le premier, que personne jusqu'ici n'a songé à attribuer à un autre pays qu'à l'Allemagne.

On peut être certain, du reste, que cette transformation ne s'est point opérée du jour au lendemain. Longtemps encore, en Allemagne, on a fait des émaux cloisonnés en or, à la manière des Grecs. C'est sans doute grâce à cette longue accoutumance que, encore au XIIIe siècle, dans presque toutes les grandes pièces d'orfèvrerie d'origine allemande, certaines parties sont exécutées au moyen de cloisons rapportées alors même que la plus grande partie de l'ouvrage est traitée par le procédé de la taille d'épargne.

Des ornements impériaux conservés à Vienne, il faut retenir pour l'époque qui nous occupe trois pièces principales : la couronne dite de Charlemagne, et deux épées.

Il n'est guère douteux qu'il ne faille pas faire remonter la fabrication de la couronne plus haut que le règne de Conrad (1024-1039); c'est le nom qui est inscrit en files de perles sur le demi-cercle qui en forme comme le cimier, partie qui, à vrai dire, aurait pu être ajoutée après coup; nous savons d'autre part que les joyaux qui décoraient le corps de Charlemagne dans son tombeau furent dilapidés. Quant à croire que cette couronne a été fabriquée par des ouvriers byzantins, il est difficile d'ad-

Couronne dite de Charlemagne. xie siècle.
(Trésor impérial de Vienne.)

mettre une telle opinion contre laquelle toutes les inscriptions libellées en latin viennent s'inscrire en faux. Comme la plupart des couronnes du haut moyen âge, celle des empereurs d'Allemagne est articulée et composée de plaques cintrées à leur partie supérieure. Ce sont ces plaques d'or qui sont émaillées et offrent les figures du Christ et de personnages portant des phylactères sur lesquels sont tracées des inscriptions. Les figures se détachent sur un fond d'or bruni, suivant la formule si souvent adoptée par les Grecs. Quant aux personnages représentés, Salomon, David, le roi Ézéchias et le prophète Isaïe, ils n'appartiennent en propre ni à l'iconographie grecque, ni à l'iconographie latine; on peut même dire que, dans les pièces du même genre, les Grecs nous ont habitués à un thème plus banal.

L'épée, dont le fourreau d'or est semé de chatons émaillés en forme de losanges, paraît bien appartenir au même temps que la couronne : l'aigle émaillé, placé près de l'entrée du fourreau, a tout à fait le style des œuvres allemandes du XIe siècle. Quant à la seconde épée, appelée épée de saint Maurice, l'émail n'y apparaît que dans de très minces bandes d'ornement destinées à séparer les figures repoussées qui s'étagent sur toute la longueur du fourreau. Le dessin en réseau rappelle bien certains monuments byzantins; mais, comme il est impossible d'admettre que deux mains différentes aient concouru à la confection de cette œuvre et les figures appartenant bien à l'art allemand, tant par le style et les attitudes que par les costumes, on ne peut retrouver là dedans la main d'un artiste grec. Remarquons enfin que ce fourreau de l'épée de saint Maurice paraît sensiblement moins ancien que celui de l'épée de Charlemagne. Ce fait n'a rien de très étonnant, quand on songe que les ornements du sacre des empereurs d'Allemagne se composent d'objets d'époques et de provenances très différentes, provenances que des inscriptions, pour les étoffes notamment, permettent de constater sans peine.

Il nous faut revenir de deux siècles en arrière, au ıx⁰ siècle, pour dire un mot d'un émail de nationalité très douteuse, sur lequel on a beaucoup discuté sans arriver à une solution satisfaisante : il s'agit d'un bijou conservé à Oxford, à l'Ashmoleian Museum, et qu'on considère comme ayant appartenu au roi Alfred le Grand (871-901). Si nous en parlons à propos des émaux allemands, c'est que la pièce n'étant pas byzantine et les savants anglais ne voulant pas la considérer comme une production de leur art national, il n'y a guère moyen de la classer ailleurs qu'en Allemagne. On a bien songé à en faire une œuvre italienne — Alfred avait fait un voyage à Rome — mais, à vrai dire, il n'y a guère de point de contact entre cette œuvre d'une extrême barbarie et l'émail qui doit servir de point de comparaison, en Italie, au ıx⁰ siècle, le *paliotto* de Saint-Ambroise de Milan. Le personnage, nimbé, d'un dessin informe, représenté sur ce bijou en forme de poire, porte en main des sortes de sceptres ou de tiges fleuronnées; les tons mêmes des émaux font penser aux croix d'Essen plus qu'à toute autre pièce émaillée. Le cristal dont on a pris soin de recouvrir l'émail indique bien que l'objet était considéré comme précieux et dénoterait une origine étrangère, tandis que l'inscription anglo-saxonne : *Aelfred me heht gewurcan*, « Alfred m'a fait faire », serait, si on la prenait au pied de la lettre, un certificat d'origine anglaise. En tout cas, cela n'est pas absolument clair, et il n'est pas plus prouvé que le bijou ait été fait pour le roi Alfred qu'il n'est démontré qu'on doive en chercher l'auteur ailleurs qu'en Angleterre, qui elle aussi a dû avoir ses ateliers d'orfèvres-émailleurs ; et, si nous l'avons cité ici, c'est simplement parce que ce bijou nous paraît avoir plus de ressemblance avec les émaux cloisonnés allemands qu'avec les produits similaires fabriqués dans les autres pays.

Une fois familiarisés avec les pratiques de la taille d'épargne, qui, ainsi que nous l'avons déjà dit maintes fois, n'a été, au moyen âge, qu'une simplification du travail, les orfèvres allemands ont pu donner aux œuvres émaillées des dimensions beaucoup plus grandes parce que la matière employée avait moins de valeur et demandait des soins moins minutieux. A quelle époque exactement cette transformation s'opéra-t-elle définitivement? C'est ce qu'il est difficile de dire avec certitude. On peut supposer cependant que ce fut vers le début du XIIe siècle que le nouveau système se substitua en grande partie à l'ancien; car, au milieu du même siècle, les orfèvres allemands étaient en possession de tous leurs moyens. Nous verrons, du reste, que le même changement s'opéra en France à peu près à la même époque. Toujours est-il que le moine Théophile, dans son *Essai sur divers arts* (*Diversarum artium schedula*), ne parle encore que des émaux cloisonnés qu'on exécute à part et auxquels il donne le nom d'*electra*; il ne souffle mot des émaux sur cuivre dont il a l'air d'ignorer l'existence. Or, on s'accorde généralement, à l'heure qu'il est, à considérer Théophile comme un moine allemand qui vivait aux environs du XIe siècle; quelques critiques ont même été jusqu'à l'identifier avec un personnage du nom de Rogkerus, moine orfèvre de l'abbaye d'Helmershausen, au diocèse de Paderborn, à la fin du XIe et au début du XIIe siècle. Que si l'on n'adoptait pas cette manière de voir, il n'en serait pas moins certain que Théophile vivait au XIe siècle; les pièces d'orfèvrerie qu'il décrit sont bien dans le style de cette époque.

Avant d'étudier un certain nombre d'émaux champlevés de fabrication allemande, une remarque générale est nécessaire. Ni sur les bords du Rhin, à Cologne par exemple, qui a été un centre artistique important, ni dans le bassin de la Meuse, où ont vécu également un grand nombre d'orfèvres-émailleurs, la production des émaux n'a eu l'importance qu'elle a acquise en France, au XIIIe siècle surtout; les Allemands ont peu travaillé pour l'exportation; il s'ensuit qu'ils n'ont point eu besoin de recourir à des procédés techniques simplifiés pour produire vite et à bon marché. La conséquence directe de cette production limitée a été de leur permettre de soigner davantage leurs œuvres et aussi de leur faire conserver bien plus longtemps les traditions, les formes qui étaient de mise avec l'emploi des émaux cloisonnés. Sur le plus grand nombre des émaux champlevés allemands on peut aisément constater que la plaque de cuivre a été traitée, avant l'application de l'émail, de façon à reproduire, à l'aide de parties de métal épargnées sur la plaque de fond, le travail, les divisions autrefois exprimées à l'aide de lames de métal rapportées. Partout des traits de cuivre délimitent certains accessoires, accentuent certains plis. C'est ce que nous remarquerons tout à l'heure dans les plus anciens émaux français. Mais alors que chez nous les émailleurs ont, dans la plupart des cas, renversé les proportions et épargné complètement les personnages pour ne plus émailler que les fonds, en Allemagne, au contraire, une semblable simplification est relativement rare ; la gravure est plus fine et généralement les traits sont remplis d'un émail coloré. Comme aspect et comme parti pris, tout au moins, leurs émaux sont toujours conformes aux œuvres qui leur ont servi tout d'abord de modèles, conformes à la tradidion des émailleurs de Byzance.

Mais si c'est là un caractère assez reconnaissable, il ne suffirait pas toutefois à faire distinguer un émail allemand d'un émail français. Un autre signe caractéristique et aussi très appréciable est l'usage, on pourrait presque dire l'abus des inscriptions dont les orfèvres allemands ont presque toujours eu soin d'accompagner les sujets qu'ils représentent. Dans les œuvres soignées, et elles sont en grand nombre sorties de leurs mains, il n'est figure si insignifiante qui n'ait été le prétexte d'une explication, soit qu'on voulût simplement nommer le personnage, soit qu'on désirât indiquer son sens symbolique. Et ce ne sont point toujours des inscriptions banales, on pourrait dire de style ; non, presque toujours elles sont fort recherchées, composées en vers léonins, précieux et quintessenciés, trahissant l'existence d'un thème, d'un patron imposé par ceux qui commandaient l'œuvre à ceux qui l'exécutaient. Une autre preuve que ces châsses, ces reliquaires, ces autels portatifs qu'ont créés les orfèvres allemands du XIe et du XIIe siècle sont bien des monuments exécutés sur commande, c'est que la plupart portent des représentations tout à fait particulières qui ne pouvaient convenir qu'à une certaine église déterminée ; les sujets n'ont point cette écœurante banalité des œuvres que les ateliers de Limoges destinaient à l'exportation. On ne risquait pas beaucoup en exécutant une Crucifixion ou des figures d'apôtres qui pouvaient convenir à toutes les églises indistinctement ; mais faire à l'avance une châsse sur laquelle on retracerait les miracles d'un saint vénéré dans un seul sanctuaire, c'était s'exposer à la garder toujours en magasin. Aussi, bien que fabriquées par des orfèvres laïques pour la plupart, les œuvres allemandes du XIIe siècle ont-elles encore conservé quelques-uns des caractères des ouvrages exécutés par les moines orfèvres dans les ateliers monastiques : cet art n'est pas seulement un art religieux, c'est encore un art clérical ; le clergé a toujours conservé la haute main sur sa direction.

En adoptant le système des émaux champlevés, les émailleurs durent naturellement transformer leur palette. Il ne fallait plus songer à tirer parti des émaux translucides qui empruntaient une grande partie de leur éclat au métal qui leur servait d'excipient ; le peu de modelé qu'offraient ces émaux était toujours donné précisément par cette transparence et se modifiait suivant les jeux de lumière. Avec les émaux opaques employés sur un fond de cuivre, il fallut tout changer. Ce dut être une véritable révolution dans les ateliers ; toutes les recettes copiées et recopiées pendant des générations devenaient inutiles ; il fallait se remettre au travail, tâtonner et refaire la composition de tous les émaux. Sauf pour certains tons, le vert émeraude notamment, on renonça complètement à la translucidité, et tous les émaux devinrent des compositions opaques, de teintes plus ou moins vives, plus ou moins foncées, suivant qu'elles devaient être employées dans les parties éclairées ou les parties ombrées. De même que dans les émaux translucides on fait usage de certaines teintes conventionnelles pour rendre certains objets dans certaines situations, par des conventions analogues, certains tons devinrent pour les parties éclairées l'accessoire obligé de certains autres : le jaune fut employé pour les parties éclairées teintées de vert ; le blanc pour les parties éclairées teintées de bleu, etc. On obtint de la sorte toute une gamme de couleurs conventionnelles d'après l'inspection de laquelle on peut discerner les centres de fabrication. Ça a été le mérite des orfèvres du moyen âge de savoir varier et juxtaposer harmonieusement ces tons, ou du moins d'avoir cherché à le faire ; certains d'entre eux y ont admirablement réussi et, avec des éléments très voyants, d'une tonalité très brutale, ils sont souvent parvenus à faire des tableaux dans lesquels toutes les teintes sont conventionnelles, mais d'une harmonie parfaite.

Peut-on donner des règles fixes qui permettent de reconnaître à première vue un émail allemand ou mosan d'un émail français? Plusieurs archéologues ont essayé de formuler toute une série de principes qu'il ne serait pas très difficile de battre en brèche à l'aide des exceptions. Pour les uns, l'abus de la teinte verte nuancée de jaune serait absolument caractéristique des émaux allemands, comme les tons jaspés de vert émeraude, le ton violacé dans le modelé des figures. Ce sont autant de règles pour ou à l'encontre desquelles on pourrait fournir de nombreux exemples. Tout au plus peut-on dire que jamais à Limoges vous ne trouverez certains tons juxtaposés, par exemple le bleu turquoise, le vert émeraude et le jaune, assemblage fréquent dans les émaux de la Meuse et du Rhin; mais, en somme, toutes ces règles souffrent tant d'exceptions que le seul moyen pour arriver à discerner avec quelque sûreté les ateliers est de comparer *de visu* entre elles plusieurs pièces authentiques sorties de différents centres artistiques : on saisit alors entre ces produits une infinité de différences que la description la plus minutieuse serait impuissante à signaler; c'est aussi sur le style du dessin qu'il faut s'appuyer dans une semblable étude, sur l'iconographie spéciale, en certains points, à quelques pays. Mais on sent bien que ce sont là des différences insaisissables, si l'on n'est en présence des originaux, et que la pratique seule peut faire reconnaître. Tout ce qu'on peut dire, d'une façon très générale, c'est que, sur les bords du Rhin, à Cologne, les colorations très habilement nuancées sont généralement d'une douceur remarquable, bien qu'un peu froides; que dans l'école de la Meuse, les teintes sont, au contraire, plus sourdes et plus brutales, plus tristes que sur les bords du Rhin, tandis que dans les ateliers limousins on trouve en général un sentiment plus juste de la couleur; les Limousins sont de véritables coloristes, de tempérament méridional; ils savent employer les couleurs les plus risquées sans jamais faire quelque chose de voyant, et c'est ce qui fait le charme de leurs émaux, malgré les négligences de facture qui souvent les déparent. Il existe entre leurs œuvres et les œuvres allemandes la même différence qu'entre les miniatures peintes sur les bords du Rhin et les miniatures françaises; tous ceux qui ont quelque habitude des manuscrits saisiront bien notre pensée. Bref, tout point de repère, nous ne saurions trop le répéter, ne peut servir qu'à la suite d'une longue pratique. Heureusement, nous le verrons en traitant de l'émaillerie française, les Limousins ont de bonne heure adopté certaines formes, certains procédés qu'on ne retrouve pas en Allemagne; nous y reviendrons tout à l'heure, et l'on verra que ces différences permettent d'asseoir des diagnostics plus certains que ceux qui s'appuiraient uniquement sur les diverses teintes d'émaux.

En Allemagne, comme en France, c'est au xiie siècle seulement que commence véritablement la série des émaux champlevés; car les quelques pièces qu'autrefois on attribuait volontiers au xie siècle sont toutes plus modernes de quelque quatre-vingts ans. Il n'y a guère que les émaux qui décorent la chaire en orfèvrerie du dôme d'Aix-la-chapelle, chaire donnée par l'empereur Henri II (1002-1024) qui, à la rigueur, et en partie seulement, pourraient passer pour des œuvres du xie siècle. Malheureusement, le monument a subi à diverses époques tant de restaurations qu'on ne peut le faire entrer en ligne de compte. Le coffret reliquaire de Siegburg, l'autel portatif de la cathédrale de Bamberg, auxquels Labarte attribuait une date reculée, sont des œuvres incontestables du xiie siècle, bien qu'une tradition fasse remonter la dernière de ces pièces au règne de Henri II. Le style des figures, le Christ, la Vierge et les apôtres, réservées et gravées, s'enlevant sur des fonds alternativement bleu lapis ou bleu cendré, le style des ornements estampés qui bordent la tranche de l'autel, indique suffisamment que ce n'est point un monument de l'aurore de l'époque romane, mais d'un âge beaucoup plus avancé; le caractère des inscriptions ne vient pas démentir cette appréciation.

Plus heureuse que la France, l'Allemagne a conservé un plus grand nombre de pièces d'orfèvrerie émaillée et surtout des pièces en général plus importantes et plus variées de forme que les nôtres. En France, en dehors des châsses dont la décoration, toujours imposée par la forme est un peu monotone, on compte facilement les œuvres d'orfèvrerie émaillée vraiment artistiques. En Allemagne, il en est tout autrement : les trésors de Saint-Servais de Maestricht, de Deutz, de Cologne, d'Aix-la-Chapelle, de Hildesheim, de Bamberg, de Klosterneuburg, sans compter tous les trésors des églises de Belgique et tous les musées, sont riches de monuments de toutes formes et de toutes natures : châsses, monstrances, autels portatifs, coffrets, retables ont subsisté en grand nombre, généralement dans un état de conservation presque irréprochable. Il n'en est pas de même chez nous, bien qu'en groupant ce qui subsiste encore dans les églises et dans les musées, et surtout les œuvres d'art qui, après avoir fait partie de collections françaises, sont, dans le courant de notre siècle, passées dans des collections étrangères, on arrive à un ensemble imposant.

On ne peut songer à donner ici, même sommairement,

l'énumération de tous les monuments importants qui subsistent encore aujourd'hui. Citons en première ligne la grande châsse de saint Héribert, à Deutz, dont on trouvera ici un fragment. C'est une œuvre somptueuse du mi-

Un des médaillons émaillés de la châsse de saint Héribert, à Deutz.
xii° siècle.

lieu du xii° siècle environ (la translation des reliques du saint eut lieu en 1147). De très grandes dimensions, cette châsse est décorée de statuettes d'argent séparées par des colonnettes et des plaques émaillées. Les personnages sont entièrement émaillés et se détachent sur un fond doré et bruni; les cloisons qui sectionnent les plis des vêtements en font une parfaite imitation des émaux cloisonnés en or. Sur le toit de la châsse sont fixés des disques d'émail représentant différentes scènes de la vie de saint Héribert; là encore tous les personnages sont émaillés et on remarquera le luxe des inscriptions qui accompagnent les figures. D'un excellent style, d'une grande douceur de ton, la châsse de Deutz, avec sa belle architecture émaillée, ses colonnettes à fûts multicolores, peut passer pour une des œuvres les plus remarquables de l'émaillerie allemande du XIIe siècle et prendre place à côté du fameux retable en argent doré orné d'émaux champlevés que l'abbé Wibald fit faire vers 1148 pour l'abbaye de Stavelot. De ce beau monument nous n'avons plus aujourd'hui qu'un dessin exécuté au XVIIe siècle; mais ce dessin, assez exact, nous donne parfaitement la composition et les inscriptions qui accompagnaient l'œuvre. Le Christ dans sa gloire, entouré des Vertus et des symboles des évangélistes, Enoch, Hélie, les quatre fleuves du paradis, des scènes de la vie de saint Rémacle, fondateur de l'abbaye, y étaient tour à tour représentés avec une abondance inouïe d'inscriptions explicatives. L'abbé Wibald avait poussé le luxe épigraphique jusqu'à faire graver sur la bordure extérieure la liste des possessions de l'abbaye en même temps qu'une formule d'excommunication contre ceux qui détruiraient une œuvre pour laquelle on avait dépensé soixante marcs d'argent pur et quatre marcs d'or. Ce monument que l'on s'accorde à attribuer à un orfèvre de Huy, Godefroid de Claire dit Godefroid le Noble, dont on connaît deux autres œuvres conservées à Huy, les châsses de saint Domitien et de saint Mengold, a disparu. Un fragment d'un mounment du même genre et de même époque, qui fait partie de la collection Dzialynska, peut donner une idée de la magnificence du retable de Stavelot.

Si, comme les Français, les Allemands ont le plus souvent donné à leurs châsses la forme d'un sarcophage ou d'une maison surmontée d'un toit à deux rampants, plus ou moins orné, ils ont de bonne heure aussi développé ce thème en transformant la châsse en une véritable église. On peut en citer un exemple curieux : c'est une petite châsse en ivoire, en forme d'église romane, que possède le Musée d'antiquités de Bruxelles. Comme l'a très bien fait remarquer Didron, on croirait voir une réduction de la cathédrale de Trèves ou de la cathédrale de Worms. Les émailleurs des bords du Rhin ont fait comme les ivoiriers ; mais ce qu'il y a de plus curieux c'est qu'en essayant de faire des châsses en forme d'église, ils ont copié des églises byzantines ; nous avons là une trace flagrante, en plein XIIe siècle, de l'influence encore très réelle qu'exerçaient sur l'esprit des orfèvres occidentaux les monuments grecs qui passaient sous leurs yeux.

La collection Soltykoff contenait autrefois une très belle châsse en forme d'édifice cruciforme surmonté d'une coupole à côtes. Le toit, la coupole, l'architecture, abritant des statuettes d'ivoire, tout est émaillé de rinceaux et d'entrelacs d'une incomparable richesse de composition. On a comparé ce monument, que possède aujourd'hui le Musée de South Kensington, à une église romane des bords du Rhin. Cette assimilation n'est pas des plus heureuses; car, bien que beaucoup d'églises des bords du Rhin soient couvertes de coupoles, on n'en trouverait pas une seule de cette forme très particulière. En réalité, l'artiste ou plutôt les artistes allemands du xiie siècle, car il existe encore en Allemagne d'autres monuments analogues, ont eu sous les yeux des pièces d'orfèvrerie byzantine affectant la forme d'église, des *artophora* destinés à conserver les hosties consacrées. Ces monuments étaient analogues à celui qui sert, au trésor d'Aix-la-Chapelle, de reliquaire au chef de saint Anastase, ou à *l'artophoron* d'argent que l'on peut voir au trésor de Saint-Marc, à Venise. Il est curieux de constater qu'à une époque aussi avancée, les artistes romans étaient encore engoués de l'art byzantin au point de lui emprunter non seulement son ornementation, mais encore ses formes.

Si Godefroid de Claire, presque aussi célèbre comme orfèvre que frère Hugues d'Oignies, qui a signé de son nom de si belles œuvres, est l'auteur probable du retable de Stavelot, et représente l'art mosan au milieu du xiie siècle, l'émailleur Eilbert a inscrit son nom et sa patrie, Cologne, sur un autel portatif du Trésor du roi de Hanovre, à Vienne. Cet autel, en forme de coffre, est décoré des figures du Christ et des Apôtres et de différentes scènes représentant des sujets du Nouveau Testament; le tout est gravé très finement et réservé sur un fond d'émail alternativement bleu lapis ou bleu tirant sur le vert. L'assemblage de ces couleurs, auxquelles il faut encore ajouter le jaune qui teint les nimbes des personnages et le blanc qui a servi à tracer les inscriptions, permet d'établir une caractéristique assez exacte de l'orfèvrerie de Cologne ou du moins de l'un des ateliers de Cologne du milieu du XIIe siècle. C'est ainsi qu'un autre autel portatif, de décoration analogue, qui fait partie de la collection Spitzer,

Châsse en cuivre émaillée. Allemagne XIIe siècle.
(Musée de South Kensington, à Londres.)

doit sans aucun doute lui être attribué. On voit ainsi que dans le même pays des orfèvres différents avaient sur le parti qu'on peut tirer de l'émail pour la décoration de l'orfèvrerie des idées très opposées. Tandis que l'émailleur qui décorait la châsse de saint Héribert, à Deutz, était un partisan de la polychromie à outrance, Eilbert, un autre artiste de Cologne, cherchait à combiner des tons plus calmes, plus éteints. Combien de chances dès lors avons-nous de nous tromper dans nos attributions!

Pendant que Mosans et Allemands s'évertuaient sur le cuivre avec les couleurs vitrifiables et créaient des œuvres charmantes au point de vue de la gamme des tons, comme le reliquaire du bras de Charlemagne que possède le Musée du Louvre, ou des émaux absolument sourds et tristes, tels que ceux du reliquaire de saint Henri, au même musée, les artistes lorrains et l'école de Verdun en particulier allaient briller d'un grand éclat. Si nous rangeons ces artistes parmi les Allemands, bien qu'ils fussent de langue française, c'est que le style de leurs œuvres rappelle plutôt l'école allemande que l'école française de la même époque : l'œuvre capitale de ce centre artistique, le retable de l'église de Klosterneubourg, près de Vienne, terminé en 1181, par Nicolas de Verdun, est une œuvre de caractère absolument germanique.

Il fallait que ces orfèvres lorrains fussent regardés comme de première force au milieu du xiie siècle, puisque ce fut à eux que le ministre de Louis VI et de Louis VII, le fameux Suger, s'adressa lorsqu'il voulut compléter par de somptueuses pièces d'orfèvrerie la décoration de l'église abbatiale de Saint-Denis. L'émaillerie était-elle pratiquée à Verdun déjà dans la première moitié du xie siècle, ainsi qu'on l'a conclu de la description d'une châsse donnée par Richard, abbé de Saint-Viton, à son église? On ne sait. Dans tous les cas les orfèvres qui, en 1145, vinrent à

Saint-Denis pour y exécuter une grande châsse de cuivre émaillée et un superbe pied de croix décoré de la même manière, étaient Lorrains. Ce pied, qui supportait une croix d'or, également émaillée, était de fort grande dimension; il a disparu, mais on peut s'en faire une idée approximative, ou tout au moins en comprendre le système de décoration, en contemplant le beau pied de croix en cuivre émaillé qui de l'abbaye de Saint-Bertin est passé au Musée de Saint-Omer. Sur une base hémisphérique à laquelle les quatre figures des évangélistes, en cuivre ciselé et doré, servent de supports, se dresse un pilier carré surmonté d'un chapiteau orné de feuillages et de bustes de prophètes; le pied ainsi que le pilier sont émaillés des plus vives couleurs; les personnages s'enlèvent vigoureusement sur les fonds d'or, que bordent sur les côtés ces lignes perlées qui sont si communes dans les émaux de fabrication allemande. Là tout est champlevé, bien que l'imitation des émaux cloisonnés soit évidente. Ailleurs, dans la gracieuse monstrance que conservent les dames Ursulines d'Arras, nous voyons au contraire les deux systèmes employés concurremment : sur le pied, de grands rinceaux émaillés de bleu, exécutés en taille d'épargne; sur le sommet, sur la tige, des émaux nuancés de blanc, de bleu, de rouge, de vert, finement cloisonnés en cuivre. Cette juxtaposition des deux systèmes se rencontre jusque dans les bordures des châsses allemandes du xiiie siècle.

Le plus célèbre des émailleurs de Verdun, Nicolas, nous est connu par deux œuvres considérables : le retable de Klosterneubourg, terminé en 1181, et une châsse de l'église Saint-Nicolas à Tournai exécutée en

1205. Si nous en jugeons par le retable de Klosterneubourg, Nicolas était un artiste de talent, et on se prend à regretter, en contemplant son œuvre, de ne rien connaître ni de ses origines ni de sa vie.

Tel qu'il est aujourd'hui, le retable a subi bien des remaniements, dont les principaux datent du xive siècle, c'est-à-dire de l'époque où, de devant d'autel qu'elle était à l'origine, l'œuvre de Nicolas a été transformée en retable. Cinquante et une plaques émaillées, cintrées par le haut, disposées sur trois rangs, composent aujourd'hui ce grand triptyque que viennent compléter les figures des prophètes et des vertus, également émaillées, placées entre les archivoltes. Le monument comprend en tout cent seize émaux et mesure une longueur de 5 mètres de large sur 1 mètre 10 de haut. C'est certainement le monument le plus considérable de l'émaillerie en taille d'épargne qui subsiste aujourd'hui. L'Ancien Testament, avant Moïse et après Moïse, et le Nouveau Testament ont fourni les sujets représentés sur les plaques, sujets qu'accompagnent des inscriptions en vers léonins. Toutes les figures, d'un dessin très ferme et bien arrêté, sont réservées et gravées, et les traits de la gravure sont remplis d'émail; les fonds bleu et rouge, gris de lin ou bleu pâle montrent dans leurs bordures la combinaison des deux procédés du cloisonné et du champlevé; ce sont là des détails de fabrication, sans doute intéressants à constater, mais qui n'ont que peu de poids en face d'une œuvre si importante et réellement belle et puissante dans plusieurs de ses parties. Le style des personnages appartient bien à l'art allemand, et Nicolas de Verdun travaillait tout à fait en orfèvre de Cologne ; son dessin rappelle les miniatures de certains manuscrits du XIIe siècle, avec cette différence que le trait

Samson déchirant un lion.
Fragment du retable de Klosterneubourg, exécuté par Nicolas de Verdun en 1181.

est plus arrêté, la recherche des muscles plus visible et plus accentuée pour rendre les mouvements des personnages très compréhensibles. Une pareille œuvre fait le plus grand honneur à son auteur, et c'est avec quelque fierté qu'il a pu la signer dans une longue inscription métrique dans laquelle on trouve à la fois la date de son exécution, 1181, le nom du prévôt qui la fit faire, Werner, et enfin le nom de l'artiste.

> *Anno milleno centeno septuageno*
> *Nec non undeno, Gwernherus, corde sereno,*
> *Sextus prepositus, tibi, virgo Maria, dicavit*
> *Quod Nicolaus opus Virdunensis fabricavit.*

Les remaniements que le monument a subis au XIVe siècle ne l'ont guère altéré; entre les années 1525 et 1529 on y a ajouté six plaques nouvelles; mais l'orfèvre chargé du travail a très bien réussi à imiter le style de son confrère du XIIe siècle, si bien qu'il n'y a guère de différences très appréciables que dans les costumes des personnages.

On pourrait s'étonner de voir Nicolas de Verdun appelé à créer une œuvre de cette importance aussi loin de son pays d'origine; mais on a déjà vu les orfèvres lorrains venir travailler à Saint-Denis. A la fin du XIIe siècle, il est fort probable que des orfèvres allemands exécutèrent le tombeau élevé par Marie de France à Henri, comte de Champagne (1181), dans l'église Saint-Étienne de Troyes. Dans la décoration de ce monument, sorte de grande châsse ornée de quatre grandes arcades sur les côtés et accompagnée de la figure couchée du comte, les émaux étaient employés en petites plaques, à la façon allemande, et les fragments qui en subsistent paraissent bien être de fabrication germanique, sinon lorraine. Le fait est d'autant plus curieux à constater que, à cette époque, à Limoges, on aurait pu exécuter sans difficulté un monument du même genre, et qu'en effet d'autres comtes de Champagne devaient peu après avoir leurs tombes exécutées par des artistes limousins.

Au commencement du xiiie siècle, on peut dire que l'émaillerie en taille d'épargne est à peu près morte en Allemagne et dans les pays soumis à l'influence allemande; si l'on fait encore des plaques représentant des personnages pour décorer certains monuments portatifs, tels que des triptyques, dans les monuments où l'émaillerie, grâce à leurs grandes dimensions, pourrait se donner carrière, dans les châsses, la sculpture en ronde bosse l'emporte définitivement sur la décoration polychrome. On conserve encore celle-ci, mais timidement, pour les nimbes des personnages, pour les bordures, ornementation très heureuse, du reste, et dont les orfèvres, qui ont créé des monuments tels que la châsse des rois de Cologne ou la châsse de Charlemagne conservée au trésor d'Aix-la-Chapelle, ont tiré un excellent parti. Toutes ces bordures, tous ces accessoires en couleur leur ont fourni l'occasion de créer mille nouveaux motifs de décoration, d'entrelacs, de compartiments pour l'invention desquels l'imagination féconde des artistes du moyen âge n'était jamais à court. Mais il n'en est pas moins vrai que l'émail n'apparaît plus dans ces œuvres que comme un accessoire; il y figure encore, mais au même titre que les perles ou les pierreries; il sommeille jusqu'au moment où il prendra un nouvel essor et d'une manière tout à fait éclatante, au xive siècle.

CHAPITRE V

L'Émaillerie en France et en Italie du XI⁰ au XIVᵉ siècle.

Nous avons laissé l'émaillerie française à la fin de la période carolingienne. Nous avons constaté que vers la seconde moitié du xᵉ siècle, cet art, dont peu d'échantillons subsistent, à la vérité, était pratiqué en France à peu près de la même manière que dans les autres parties de l'ancien empire carolingien : imitation constante des produits byzantins que le commerce, des ambassades ou des voyages entrepris dans un but de piété pouvaient amener en Occident. Nous avons pu cependant reconnaître à une époque très ancienne, dès le ixᵉ siècle, les symptômes d'une transformation dans la technique, une simplification qu'on ne saurait noter avec trop d'attention dans un pays qui va devenir, avec le temps, la terre classique de l'émaillerie champlevée. Le reliquaire de Pépin marque la première étape d'une marche en avant de cet art qui, par des perfectionnements sans nombre, aboutira à son complet épanouissement au xiiiᵉ siècle.

Il peut sembler déplacé, au premier abord, de rechercher des origines aussi lointaines à nos émailleurs qui devaient plus tard acquérir une renommée universelle. Rien n'est plus légitime cependant, si l'on y réfléchit quelque peu. Les ateliers du centre de la France, et il ne s'agit guère que de ceux-là jusqu'à la fin du XIIIe siècle, ont toujours fait preuve d'un esprit conservateur très développé ; malgré toutes les secousses politiques, il n'y a pour ainsi dire pas eu de rupture entre les traditions purement carolingiennes et le style, nouveau sur certains points, auquel on a donné le nom de roman. C'est là un fait facile à constater, non pas pour les émaux — les exemples trop rares pourraient paraitre peu concluants — mais pour les miniatures des manuscrits, qui offrent une série ininterrompue d'images permettant de suivre les progrès et les développements de l'art. Ce qui a déjà été maintes fois remarqué pour quelques contrées d'Allemagne, pour Trèves par exemple, où les traditions artistiques du IXe siècle nous apparaissent encore pleines de vie à la fin du Xe siècle, peut également être constaté à une époque de complète désorganisation politique, pour le Limousin, en particulier ; et c'est l'art de cette contrée, qui, au point de vue de l'histoire de l'émaillerie française, mérite surtout de fixer l'attention de l'archéologue. Là, point de solution de continuité entre les deux périodes de l'art. Et remarquons tout de suite que cet art roman, comme dans beaucoup des pays situés au sud de la Loire, aura une telle vitalité qu'il y survivra longtemps après que son style aura fait place, dans le nord de la France et dans tous les pays qui en subiront très directement l'influence, à un style nouveau : des monuments créés par les émailleurs limousins du XIIIe siècle montrent encore des formes et un système de décoration depuis de longues années démodés pour les Parisiens de la même époque. Ce n'est point là pure affaire d'appréciation. Quoi de plus propre à démontrer la justesse de la thèse que nous soutenons que cet étonnant spectacle offert par les artistes limousins qui ont pratiqué le même art, avec des fortunes diverses pendant tant de siècles? Car ne voulût-on pas admettre l'hypothèse que nous émettions tout à l'heure, on serait quand même forcé de reconnaître que, depuis le commencement du XIIe siècle jusqu'à la fin du XVIIIe siècle, les émailleurs de Limoges et du centre de la France n'ont pas cessé de montrer une activité surprenante.

Jadis les archéologues ont beaucoup discuté au sujet de l'origine de l'émaillerie française : les uns prétendaient que de tout temps cet art avait été pratiqué dans notre pays, et il faut avouer que les raisons qu'ils donnaient à l'appui de leur affirmation étaient surtout des raisons de sentiment et aussi de bon sens ; les monuments sur lesquels ils fondaient leur dire étaient peu nombreux, quelques-uns fort contestables ; faute d'avoir cherché d'autres monuments ou d'avoir bien examiné ceux qu'ils connaissaient, ils n'ont pu, malgré toute la justesse de leur cause, entraîner la conviction chez tous ceux qui abordaient la question sans parti pris. Ce qu'il faut cependant laisser à leur avoir, ce dont on ne doit pas manquer de leur faire honneur, c'est le flair dont ils ont fait preuve ; et c'est une qualité qui n'est point à dédaigner en archéologie, comme en beaucoup d'autres sciences. Les autres, fortement appuyés sur les nombreux monuments à date et origine certaines que contiennent les musées et les trésors d'Allemagne, soutenaient que c'était à une importation étrangère que l'émaillerie française devait tout son développement, développement qui, selon eux, avait été assez tardif. Il faut avouer que les monuments semblaient leur donner absolument raison; mais, à vrai dire, ils s'en servaient si mal et mêlaient à leur polémique tant d'arguments de nulle valeur, que jamais ils n'ont remporté une victoire complète; ils ne sont même pas parvenus, tant leur répondre était facile, à intimider leurs adversaires, jusqu'au moment où de nouveaux monuments, et ceux-là bien probants, d'une authenticité incontestable, les ont forcés de battre définitivement en retraite. Les plus entêtés se sont montrés quelque peu étonnés qu'un même art, d'une commune origine, eût été pratiqué d'une façon très analogue, aux mêmes époques, dans des contrées très éloignées les unes des autres; mais, en dépit de leur étonnement, cette petite guerre archéologique s'est terminée de la façon la plus pacifique du monde et personne aujourd'hui ne songe à la rallumer. Il est dès maintenant et demeure établi que les vagues ressemblances, les points de contact que l'on peut remarquer entre l'émaillerie rhénane ou mosane et l'émaillerie limousine ne proviennent pas d'influences exercées réciproquement l'une sur l'autre, à l'époque de leur complet développement, mais d'une communauté d'origine qui n'est plus à démontrer. L'une et l'autre, elles ont eu directement ou indirectement les émailleurs ou plutôt les émaux byzantins comme modèles; quoi de surprenant, dès lors, que par la suite des temps, dans l'un comme dans l'autre pays, le même art se soit modifié d'une façon à peu près semblable? Le contraire aurait plutôt lieu d'étonner, puisque les milieux dans lesquels ce germe étranger devait se développer étaient sensiblement les mêmes. Enfin, s'il était question de revendiquer une influence quelconque pour un art au moyen âge, ne serait-on pas en droit de renverser la proportion et de la revendiquer en faveur de l'art français? Personne, que nous sachions, n'a songé à nier l'immense action qu'il a eu dans toute l'Europe sur le développement de l'art gothique; mais nous n'irons pas si loin : il nous suffira de constater que, pendant la période romane, l'émaillerie rhénane et l'émaillerie limousine ont eu toutes deux un développement parallèle et absolument indépendant l'un de l'autre.

Email cloisonné à fond de fer. Travail français. XIe siècle.
(Musée de Guéret.)

Il existe au Musée de la ville de Poitiers une pièce d'émail de fort petite dimension, sorte de rosace à quatre feuilles, composée de lignes se nouant et s'entre-croisant de façon à former la disposition à laquelle, en style d'ornemaniste, on a donné le nom de *nœud gordien*. Les émaux, fondus entre des cloisons de cuivre, sont rouge sombre, bleu lapis nué de blanc et vert sale également nué de blanc. Les cloisons sont rapportées sur un fond de fer. Cet émail a été trouvé aux environs de Poitiers dans une tombe qui, aux yeux de ceux qui l'ouvrirent, parut appartenir à l'époque mérovingienne, mais que l'on a tout lieu de considérer comme d'une période plus moderne.

Au Musée de la ville de Guéret se trouve un disque en émail cloisonné en cuivre, également à fond de fer, offrant la figure d'une croix pattée. Les émaux sont le blanc, le rouge sombre, le bleu lapis, le bleu turquoise et le jaune. Les cloisons sont sensiblement plus épaisses que dans l'émail de Poitiers. Quant à la provenance exacte

Émaux cloisonnés en cuivre à fond de fer. Travail français.
xie siècle.
(Musée du Louvre.)

de la pièce, qui a été trouvée dans des fouilles exécutées dans le pays, elle est inconnue.

Le Musée du Louvre possède deux plaques, fragments provenant d'un même monument, qui offrent bien des points de ressemblance avec les émaux de Poitiers et de Guéret : même fond de fer, même cloisonnage très grossier en cuivre. Dans l'une nous voyons une figure de saint, représenté de face et à mi-corps, et nimbé. Les maux sont le bleu lapis, le rouge sombre et le jaune, vif et sali par place, pour les vêtements; le jaune pour le nimbe, le bleu turquoise pour les cheveux, le noir pour les yeux, le blanc sale pour le visage; le champ de la pièce était recouvert d'émail vert dont une partie a disparu. Dans la seconde plaque, on rencontre un motif très commun dans l'art du moyen âge et que les artistes empruntèrent sans doute à des étoffes orientales : deux oiseaux affrontés; ce sont les mêmes émaux que dans la première plaque et l'on remarquera que ces tons sont sensiblement les mêmes que ceux du disque du Musée de Poitiers.

Ces émaux sont d'une barbarie qui n'échappera à personne, et il semble même que la matière qui les compose n'ait pas été fabriquée exprès pour cette destination. Un passage du moine Théophile parle des débris de mosaïques que l'on rencontre dans les ruines de monuments antiques et dont on peut se servir pour fabriquer des émaux. Il semblerait que notre émailleur ait suivi ce conseil : les nuances, les salissures, les différences de tons que l'on rencontre dans son œuvre rappellent à s'y méprendre les défauts de fabrication que l'on observe dans le verre dont les anciens usaient pour la fabrication des mosaïques. Mais admettons même que ce rapprochement ne soit pas fondé; n'est-on pas autorisé à penser que les quatre émaux de Poitiers, de Guéret et du Louvre représentent une phase du développement de l'industrie de l'émail dans notre pays? Et en outre, l'émail du Louvre figurant un saint ne peut-il nous fournir une date approximative pour cette série de produits qui se présentent tous avec une technique bien particulière? Le fond de fer, les cloisons de cuivre fort épaisses et malhabilement disposées, tout cela ne semble-t-il pas indiquer une époque de transition où l'ouvrier cherche sa voie pour passer des produits coûteux exécutés en métaux précieux aux œuvres qui seront à la portée de toutes les bourses? Pour notre part, nous croyons possible de placer au xie siècle ces essais qui nous montrent les émailleurs français tout près d'arriver au procédé plus expéditif de la taille d'épargne que nous allons pouvoir étudier tout à l'heure sur des monuments fort anciens. Remarquons que ces procédés du cloisonnage en cuivre étaient assez répandus à l'époque romane : la pierre tombale de Frédégonde, conservée aujourd'hui dans l'église de Saint-Denis, ne nous montre-t-elle pas le même système appliqué à des incrustations à froid? Enfin, sans parler d'un petit émail moitié cloisonné,

Émail champlevé et cloisonné en cuivre, Travail français. xie siècle. (Musée des Antiquaires de l'Ouest, à Poitiers.)

moitié champlevé sur cuivre, aux tons vert, bleu et blanc, que possède le Musée des Antiquaires de l'Ouest, à Poitiers, et que l'on peut faire remonter au xie ou au xiie siècle, nous avons une preuve de la persistance de ces procédés techniques, en France, en plein xiiie siècle : un assez grand chaton d'émail cloisonné sur cuivre, bleu et blanc, aux cloisons épaisses, est fixé sur la belle châsse conservée dans l'église de Moissat-Bas (Puy-de-Dôme). Cette châsse offre tous les caractères du plus bel art du xiiie siècle, et l'émail, le seul subsistant aujourd'hui, n'y a point été fixé d'une façon accidentelle : de nombreuses bates, vides aujourd'hui, mais de même forme, indiquent suffisamment que le monument empruntait une part de sa décoration à l'art de l'émailleur.

Voilà donc une technique bien particulière, indiquant l'existence d'ateliers ayant des traditions. On le voit, nous sommes loin du moment où les partisans de l'art limousin en étaient réduits à constater la présence de minces filets d'émail sur l'anneau de Gérard, évêque de Limoges, enterré à l'abbaye de Charroux en 1020. Peu à peu les monuments se groupent et deviennent plus nombreux ; la chaîne se forme qui doit nous conduire jusqu'aux grands monuments à date certaine du xii° siècle.

Si nous examinons les pièces que conserve encore le trésor de l'abbaye de Conques, nous allons trouver matière à de curieuses observations et pouvoir enfin montrer vers quelle date, à peu près, les émailleurs du centre de la France se sont mis à contrefaire les émaux cloisonnés en or, non plus à l'aide de cloisons de cuivre rapportées, mais à l'aide de cloisons ménagées dans la plaque de fond.

A très peu d'années près, on saisit sur le fait le passage du cloisonné à la taille d'épargne. Il est bien entendu, au reste, que les deux procédés ont continué de vivre côte à côte pendant quelque temps, jusqu'au moment où la nouvelle technique a fait totalement oublier l'ancienne.

Le trésor de Conques possède plusieurs œuvres qui ont été exécutées sous le gouvernement de l'abbé Bégon à la fin du xi° et au commencement du xii° siècle.

Parmi ces pièces se trouvent deux autels portatifs en forme de tablettes : l'un, daté de l'an 1100, est à signaler bien qu'il n'offre aucune partie émaillée, à cause de la beauté des nielles qui le décorent; l'autre, qui doit être à peu près contemporain du premier, présente au contraire, tout autour d'une belle plaque d'albâtre oriental, un large bandeau d'orfèvrerie filigrané, orné de cabochons et de petits émaux cloisonnés en or de facture et de provenance indiscutablement byzantines. Cette riche décoration est complétée par dix émaux cloisonnés en cuivre, six circulaires, quatre rectangulaires, que tout le monde s'accorde à considérer comme français. M. Darcel, qui le premier les a signalés et décrits, les a qualifiés avec toute raison d'*émaux limousins*; et, en effet, on peut les compter parmi les plus anciens spécimens de l'émaillerie du centre de la France. Ces émaux, de tons extrêmement doux, représentent le buste du Christ, les symboles des évangélistes, deux bustes de la patronne de Conques, sainte Foy, et deux bustes de saints, enfin l'Agneau mystique. Ces représentations, comme dans certains émaux byzantins, s'enlèvent sur un fond d'or bruni; les cloisons de cuivre sont assez fines; l'aspect général est bon; évidemment l'émailleur n'en était pas à son coup d'essai. Ce qu'il y a de curieux à observer dans ces émaux, c'est le procédé par lequel on les a exécutés. L'émailleur a commencé par tracer sur une plaque de cuivre son sujet, un buste de saint par exemple; puis il a découpé complètement à jour l'intérieur de cette plaque en suivant le contour de son dessin. Il a ainsi obtenu la silhouette du personnage à représenter et, en appliquant, au moyen de la soudure, cette première plaque sur une seconde, il s'est trouvé en présence d'une caisse métallique sur le fond de laquelle il n'a plus eu qu'à fixer les cloisons déterminant les traits du visage, les plis des vêtements, etc. Ces émaux ne sont pas purement cloisonnés, mais ce ne sont pas encore des champlevés. Le procédé de fabrication est toujours facile à reconnaître sur la tranche des émaux : en regardant attentivement, on aperçoit toujours la soudure des deux plaques superposées. Cette observation a sa valeur, car on peut de la sorte restituer à la France, où ce procédé technique paraît avoir été seulement usité, des pièces de provenance douteuse; c'est ainsi qu'un disque du Musée de Rouen, représentant le prophète Osée, dont l'origine a été mainte fois discutée, doit être restitué à un atelier français.

Comme l'a très bien établi M. Rupin, l'autel émaillé de Conques est antérieur à 1107, car cette année Bégon fut remplacé par l'abbé Boniface, qui ne paraît pas avoir eu un goût moins prononcé que son prédécesseur pour l'orfèvrerie polychrome.

Sous Bégon, à Conques, on faisait de l'émail cloisonné; sous Boniface, son successeur on faisait de l'émail champlevé, et ce avant l'année 1135. On voit donc que c'est dans les premières années du xiie siècle que s'est opérée dans l'émaillerie française, on peut dire dès maintenant dans l'émaillerie limousine, cette transformation radicale. Cette appréciation est fondée sur un monument irréfutable, qu'une inscription absolument authentique permet de faire remonter jusqu'à l'époque de l'abbé Boniface. Le coffret qui nous initie à cette transformation est plutôt un

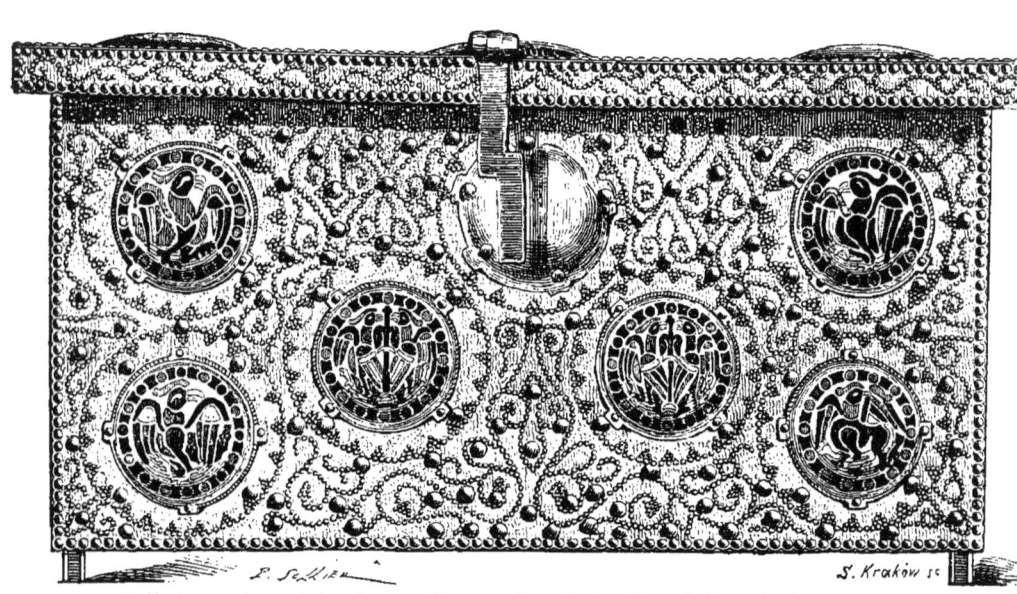

Coffret en cuir orné de plaques d'émaux champlevés. Travail français du XIIe siècle.
(Trésor de Conques.)

objet civil qu'un reliquaire. De forme allongée, à couvercle plat, recouvert de cuir semé de clous d'argent, il est décoré de disques émaillés blanc, bleu lapis, bleu turquoise et vert, offrant des figures de griffons ou d'animaux fantastiques, exécutées en émail sur un fond d'or réservé. On remarquera que l'artiste a partout ménagé dans la plaque de fond des divisions, des cloisons destinées à simuler l'ancien procédé de fabrication. Deux vers léonins, d'une facture peu recommandable, sont gravés sur les bords de deux de ces disques émaillés, dont il existe des similaires, provenant également de Conques, dans diverses collections :

Plaque de cuivre champlevé et émaillé du coffret du Trésor de Conques.
(Commencement du XII° siècle.)

Scrinia Concharum monstrant opus undique clarum.
Hoc ornamentum Bone sit Facii monimentum.

« Les reliquaires de Conques montrent partout un travail éclatant; que cet ornement soit un souvenir de Boniface. » Ce Boniface est l'abbé dont nous parlions tout à l'heure, lequel paraît avoir gouverné Conques jusque vers 1135; du moins, à cette époque, on ne le voit plus figurer dans les chartes de l'abbaye.

Le nom de *limousins* donné aux émaux de Conques est d'autant plus légitime que ce n'est point seulement dans ce riche trésor que l'on trouve des émaux du même genre. L'église de Bellac, dans le département de la Haute-Vienne, possède une curieuse châsse, étudiée depuis peu d'années et que l'on peut considérer comme contemporaine du coffret de Conques, si même elle n'est de quelques années antérieure. Nous en donnons également la représentation, car on ne saurait trop fixer par l'image le caractère des premiers émaux champlevés français. De facture barbare, surtout quand ils représentent autre chose que des animaux symboliques, aux formes tout à fait conventionnelles, tels que des griffons, les émaux de Bellac sont infiniment moins soignés : la palette, qui se borne au vert, de deux tons, au bleu lapis, au bleu turquoise et au blanc, est aussi plus triste et plus lourde que la palette de l'émailleur de Rouergue; mais on sent parfaitement que si les deux monuments ne sortent pas du même atelier, les deux boutiques n'étaient pas éloignées l'une de l'autre; seulement dans l'une, l'émailleur était devenu absolument maître de la fabrication de ses émaux opaques; dan l'autre, l'artisan tâtonnait encore pour substituer de tons opaques bien unis, que l'on voit déjà dans l'aute portatif de l'abbé Bégon, aux émaux encore translucid par place que l'on observe sur les plaques de Poitie de Guéret et du Musée du Louvre.

Dans les fragments d'une autre châsse à peu près même époque que nous nous souvenons d'avoir vue le commerce, tout en suivant les mêmes errements, l'émailleur limousin avait encore augmenté la richesse des tons dont il disposait : un beau rouge vif venait réveiller des rinceaux de feuillages au milieu desquels se jouaient des groupes d'animaux chimériques; il semble que l'artiste ait voulu attester à jamais l'origine bien

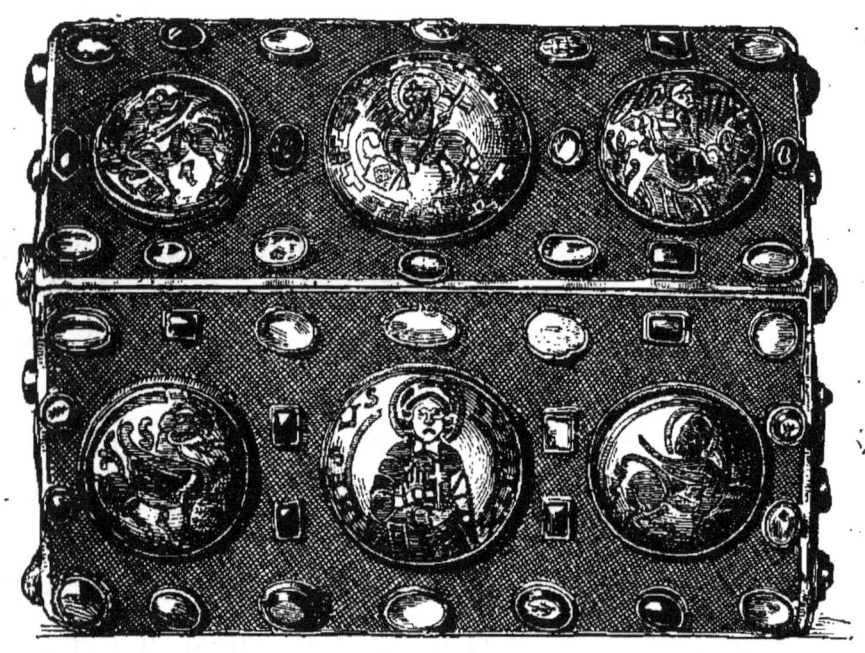

Châsse de Bellac (Haute-Vienne). Travail Limousin.
(Fin du xi° ou commencement du xii° siècle.)

française du monument qu'il créait en plaçant parmi les saints qu'il y figurait le buste de saint Martial, le patron du Limousin.

Les monuments que nous venons de passer rapidement en revue suffisent pour établir d'une manière indiscutable que dans les premières années du xii° siècle, les émailleurs français étaient en possession de tous leurs moyens.

C'est maintenant un point acquis à l'histoire de l'art et sur lequel il n'y a plus à revenir. On pourra préciser plus tard, alors que d'autres monuments viendront s'ajouter à ceux qui sont déjà connus, le centre de telle ou telle fabrication, le moment où elle a commencé, l'instant où elle a pris fin; mais ce que nous venons d'exposer n'en demeurera pas moins établi, parce qu'il n'y a rien là-dedans qui ne s'appuie sur des monuments irréfutables.

Examinons les développements de l'émaillerie que nous appellerons désormais limousine. A partir de l'époque à laquelle nous sommes arrivés, les monuments deviennent si nombreux et si importants qu'on ne doit pas songer à les étudier tous. Nous ne retiendrons donc que les plus saillants, les têtes de série, ceux qui peuvent servir à établir la caractéristique de toute une époque ou de tous les produits sortis d'un même atelier.

On peut formuler, sans crainte d'être contredit, l'axiome suivant : pendant toute la durée du xiie siècle, l'émaillerie champlevée sur cuivre de Limoges, se souvenant de ses origines, n'est que la contrefaçon plus ou moins réussie, plus ou moins grossière de l'émaillerie cloisonnée. Il s'ensuit que pour toute cette période, à de très rares exceptions près, les personnages se présentent entièrement émaillés, aussi bien pour le visage que pour les vêtements. Ils se détachent sur un fond de cuivre doré ou sur un fond recouvert d'émail. Vers le dernier quart du xiie siècle, on tend à substituer à l'émail appliqué à plat l'émail appliqué sur des reliefs qui eux-mêmes participent de l'ancienne tradition en ce qu'ils sont fractionnés par des cloisons épargnées sur ces mêmes personnages en relief. C'est déjà un pas fait vers la décadence de l'émaillerie, puisque l'orfèvre, le fondeur cherchent à se substituer à l'émailleur, et s'y substituent complètement pour tout ce qui est visage ou carnation. Cette prépondérance de l'orfèvrerie sur l'émaillerie — les deux métiers n'étaient pas séparés — engendre à Limoges un parti pris artistique bizarre, qui consiste à appliquer après coup, sur des corps émaillés à plat, des têtes fondues et ciselées en relief. C'est un procédé qui n'a été employé qu'à Limoges, antérieurement peut-être à l'apparition des personnages en relief et émaillés. Enfin jusqu'à la fin du XIIe siècle, sur un petit nombre de monuments incontestablement limousins on rencontre encore parfois réunis les procédés du cloisonnage et de la taille d'épargne.

Voilà autant de propositions que nous allons nous efforcer d'appuyer sur des exemples. Nous étudierons d'abord, sans d'ailleurs entrer dans tous les détails que comporterait une discussion scientifique à leur sujet, discussion qui serait déplacée ici, deux monuments célèbres entre tous : le tombeau de Geoffroy Plantagenet comte d'Anjou, dont la date d'exécution doit être placée entre les années 1151 et 1160, et le tombeau d'Eulger, qui fut élevé, selon la plus grande vraisemblance, entre les années 1156 et 1160. Ce sont, on le voit, deux monuments absolument comtemporains l'un de l'autre et qui en effet présentent à peu de chose près les mêmes caractères.

La plaque qui autrefois, avant 1562, ornait le tombeau de Geoffroy Plantagenet, dans l'église de Saint-Julien du Mans, est un des spécimens les plus grands que nous possédions de l'émaillerie du xii⁰ siècle; elle ne mesure pas moins de 65 centimètres de haut. Sous une arcature en plein cintre surmontée de coupoles et d'édifices de fausse architecture, le prince est debout, en costume de cour et non en costume guerrier. Il porte une robe talaire bleu clair, un bliaud vert sombre, décoré de bandes d'or, et un long manteau bleu de ciel doublé de fourrure et agrafé sur l'épaule droite. Les cheveux et la barbe longs, et frisés, de couleur blonde, les yeux bleus, la tête coiffée d'un bonnet bleu orné d'un lion d'or, Geoffroy tient dans la main droite une longue épée et de l'autre le long bouclier triangulaire en usage de son temps : muni d'une boucle très saillante, ce bouclier est décoré de quatre lions d'or se détachant sur un fond bleu lapis. Les fonds, l'architecture, les bordures, tout cela est émaillé de bleu, de vert, de blanc; quelques tons rouges apparaissent dans l'architecture, mais l'aspect général est un peu triste. A la partie supérieure de la plaque sont gravés deux vers latins en l'honneur du souverain :

> *Ense tuo, princeps, predonum turba fugatur*
> *Ecclesiisque quies, pace vigente, datur.*

« Ton épée, prince, chasse la troupe des brigands, et le repos, par une longue paix, est rendu aux églises. » C'est une allusion assez claire à l'abolition d'une ancienne coutume, que l'église considérait comme déplorable, qui lui avait été accordée par Geoffroy. Quand l'évêque du Mans mourait, le peuple avait le droit de piller ses biens et c'est cette coutume que fit disparaître le comte. En reconnaissance de ce service l'évêque du Mans, Guillaume de Pas-

Geoffroy Plantagenet, comte d'Anjou. Émail champlevé limousin du XIIe siècle.
(Musée du Mans.)

savant, lui fit élever un tombeau dans l'église de Saint-Julien et la plaque que nous possédons aujourd'hui y resta fixée jusqu'en 1562.

De synchronismes que l'on a établis entre différents textes se rapportant à Geoffroy, il résulte clairement que l'émail du Mans représente bien Geoffroy Plantagenet et non Henri II roi d'Angleterre et duc d'Aquitaine († 1189), ainsi que l'ont prétendu certains auteurs, Labarte entre autres, et que ce monument fut exécuté avant 1160. On dirait du reste que l'artiste a représenté le costume que décrit précisément un chroniqueur dans le récit des noces de Geoffroy ; il parle, entre autres, de ces *leonculos aureos*, de ces lions d'or que nous voyons s'étaler sur le bonnet et l'écu du personnage, non pas comme pièces d'armoiries héréditaires, mais comme simples symboles.

On a été très loin, jusqu'en Allemagne, rechercher l'origine de cet important monument que pendant longtemps on s'est refusé à considérer comme français, telle est la force des idées *a priori*. Or, il n'est pas bien difficile d'établir qu'au milieu du XIIe siècle des relations très étroites existaient entre l'Anjou et l'Aquitaine et le Limousin par conséquent. On sait que Henri, fils de Geoffroy, duc de Normandie et comte d'Anjou, était devenu en 1152 duc d'Aquitaine par son mariage avec Éléonore; nous savons aussi, par la chronique de Geoffroy de Vigeois, que ce prince vint souvent à Limoges et en Limousin; toutes les chroniques locales ont conservé le souvenir de ses voyages peu désintéressés, notamment de celui de 1183, pendant lequel il pilla le trésor de l'abbaye de Saint-Martial de Limoges et aussi la célèbre abbaye de Grandmont. Geoffroy de Vigeois estime à 22 000 sous tournois la seule valeur intrinsèque des joyaux enlevés à Saint-Martial par le roi d'Angleterre et ne manque pas de rappeler qu'il poussa le cynisme jusqu'à voler à Grandmont les colombes d'or que l'église devait à la munificence de son père. Voilà, ce semble, des textes assez concluants pour établir les relations des princes angevins avec le Limousin. Comment peut-on dès lors supposer que l'on soit allé s'adresser ailleurs pour commander des monuments qui, ni par leur style ni par leur technique, ne s'écartent en rien des monuments de la même époque dont l'origine française n'a jamais été contestée?

Le monument d'Eulger, évêque d'Angers, appartient sans aucun doute possible au même milieu artistique. Ce qui pendant longtemps a égaré les archéologues sur sa véritable nature, c'est la médiocrité du dessin de Gaignières, qui nous en a conservé l'image, et la très mauvaise interprétation qu'a donné à son tour de ce dessin Viollet Le-Duc. De ce que dans le dessin de Gaignières la figure de l'évêque était ombrée d'un côté, comme il convient à une effigie en relief, on en a conclu que la figure d'Euger était en relief et émaillée, ce qui aurait indiqué l'existence, en plein XIIe siècle, d'une technique dont on ne retrouve nulle part d'autre échantillon.

Mais c'était là une erreur de fait, qu'il a été possible de corriger à l'aide des anciennes descriptions du tombeau, fort nombreuses et fort explicites. Le tombeau d'Eulger, ou plutôt la plaque représentant l'évêque, dont Gaignières nous a conservé l'image, était plate, absolument comme le monument de Geoffroy Plantagenet. Les deux pièces pré-

Plaque en cuivre émaillé provenant du tombeau de l'évêque Eulger
à la cathédrale d'Angers.
(Limoges, xiiᵉ siècle.)

sentent du reste, comme tons, une ressemblance si absolue, comme technique, une telle similitude, qu'il ne peut y avoir doute un moment sur leur origine commune. Le fond bleu lapis sur lequel s'enlève la figure en vert et en blanc, la bordure de feuillages bleu pâle, vert et blanc, ne sont-ce pas toujours les mêmes tons auxquels nous ont déjà habitués les émaux de Conques et de Bellac?

Eulger, élu en 1125 et mort en 1149, fut le premier évêque d'Angers inhumé dans son église cathédrale. Son corps fut placé dans un cercueil de pierre, sous une arcade ouverte dans le mur de l'église, de telle sorte que l'une des faces se trouvait dans la nef et l'autre dans le cloître. En avant du cercueil on avait placé un grand mausolée de bois, sorte de châsse munie d'un toit à un seul rampant, ornée sur la face et sur le toit de quatre rangées d'arcatures en bronze doré. A la partie supérieure se trouvaient des figures d'apôtres et de prophètes entourant le Christ dans sa gloire. Correspondant à ces figures, à la partie inférieure, tout autour de la plaque représentant Eulger, se trouvaient les statuettes de vingt-quatre dignitaires de l'église, accompagnées des noms des personnages. C'est grâce à ces noms, dont quelques-uns sont précédés d'une croix, ce qui indique que leurs possesseurs étaient morts quand fut érigé le monument, que Linas dans une très intéressante dissertation a pu établir que le tombeau d'Eulger avait été exécuté entre les années 1156 et 1160, sous l'épiscopat de Mathieu de Loudun.

Malheureusement l'on n'en possède aujourd'hui que des fragments retrouvés en 1871, et conservés au musée épiscopal d'Angers; la plaque représentant Eulger disparut en

1757, lors de la dernière ouverture du tombeau, et il n'y a guère d'espoir de la retrouver aujourd'hui.

Parmi les fragments qui nous ont été conservés, se trouvent des débris des arcatures décorées, de rinceaux d'or se détachant sur un fond de vernis brun. C'est un genre de décoration que les orfèvres allemands ont souvent employé; mais il ne faudrait pas se hâter d'en tirer un argument en faveur d'une origine étrangère, car ce procédé d'ornementation, décrit par le moine Théophile, n'est pas spécial à l'Allemagne, et le style du dessin s'éloigne très sensiblement des exemples allemands de la même époque que l'on pourrait citer : ceux-là sont toujours beaucoup plus compliqués que ceux que montre le monument d'Eulger, qui, par sa forme, par le parti pris de sa décoration, rappelle quantité de monuments français, notamment la belle châsse de saint Viance, dont nous aurons à dire un mot tout à l'heure. Les pignons, très aigus, ressemblent tout à fait à ceux des châsses limousines. Au surplus, une attribution de ce genre paraîtrait-elle exagérée, qu'on serait contraint d'accepter, ne fût-ce qu'à cause de la présence sur le monument d'une foule de personnages accompagnés d'inscriptions exactes et s'écartant du thème banal qu'un atelier étranger n'aurait pas manqué d'adopter en semblable circonstance, l'opinion de Linas : la carcasse du monument serait angevine et la plaque représentant Eulger limousine.

Si l'on avait quelques doutes à ce sujet, ils seraient assurément levés par l'examen des deux plaques provenant de l'abbaye de Grandmont que possède le Musée de Cluny, pièces bien connues, maintes fois publiées et sur lesquelles cependant on a émis bien souvent des appréciations erronées. Toutes deux proviennent évidemment d'un même

Saint Nicolas et saint Etienne de Muret. Émail champlevé provenant
de Grandmont Limoges xiie siècle
(Musée de Cluny).

monument, car elles sont de mêmes dimensions, de même technique et dans l'une et dans l'autre les sujets sont placés de même manière sous une arcature émaillée surmontée de fausse architecture. Dans l'une comme dans l'autre, les chairs émaillées de blanc ou de blanc rosé, les nombreuses cloisons réservées dans le métal montrent la préoccupation d'imiter les émaux cloisonnés. Les tons employés sont un vert clair, un jaune clair, le bleu, un peu de rouge; toutes les parties exprimées simplement par un travail de gravure sont incrustées d'émail rouge vif.

L'une de ces plaques représente un sujet banal : l'adoration des mages; l'autre, plus intéressante, un sujet particulièrement curieux pour l'histoire de Grandmont : l'apparition de saint Nicolas de Myre à Etienne de Muret, fondateur de l'ordre de Grandmont. Saint Nicolas porte le costume épiscopal, saint Étienne celui des moines. Ce dernier n'étant pas nimbé, on a quelquefois supposé que ce monument est antérieur à la date de la canonisation du saint, arrivée en 1189; il semble aujourd'hui plus probable que ces deux pièces proviennent de la propre châsse du saint, de celle dans laquelle furent renfermés ses restes après sa canonisation. Elles seraient donc postérieures, mais de peu de temps seulement, à 1189. Quant à la fabrication limousine elle est certainement attestée par l'inscription en langue romane gravée au-dessus des deux figures de saints :

† NICOLAS ERT PARLA (N) AM NETEVE DE MURET.

« Nicolas conversait avec le seigneur Etienne de Muret. »
Dans l'une des plaques que nous venons de décrire, celle qui représente l'adoration des mages, la tête de l'enfant Jésus au lieu d'être émaillée, ou réservée sur la plaque de fond, est rapportée après coup, en relief. Cette convention

artistique, d'un goût très contestable, qui consiste à
placer des visages en bosse sur des corps exprimés à plat,
date donc à Limoges de la fin du xɪɪᵉ siècle au moins.
Mais ce système ne fut pas adopté d'une façon générale;
car, au xɪɪɪᵉ siècle encore, dans des émaux qui ne sont pas
antérieurs à 1226, on trouve encore des visages émaillés.
Quoi qu'il en soit, les têtes en relief se retrouvent dans
des échantillons très fins de l'art limousin. Nous n'en
voulons pour exemple qu'une très belle figure de Christ
accompagnée des Symboles des évangélistes, qui fait partie
de la collection Spitzer; on en trouvera ici une reproduction qui ne peut en donner qu'une faible idée, car il
faudrait pour la juger équitablement ne pas en voir seulement le dessin, qui est tout conventionnel et a tous les
défauts du dessin roman, mais la couleur bleu lapis, blanc,
rouge vif, bleu pâle d'une admirable harmonie. Rarement
les Limousins se sont montrés aussi coloristes que dans
ce monument dans lequel de véritables cloisons se mêlent
à des cloisons simulées et épargnées dans la plaque de
fond; on a fait dès longtemps la même observation pour
une pièce fort caractéristique qui provient du trésor de
Grandmont et que l'on conserve aujourd'hui dans l'église
de Saint-Sulpice-les-Feuilles (Haute-Vienne) : cet ange-
reliquaire en bronze ciselé et doré, portant sur sa tête un
petit vase de cristal, a une paire d'ailes, émaillées des plus
riches couleurs, munies de véritables cloisons. La similitude des tons laisserait même croire que ce bel objet
sort du même atelier que le Christ de la collection Spitzer.

Si nous n'avons point jusqu'ici parlé d'une crosse qui
fait partie de la collection Carrand, au Musée du Bargello,

à Florence, et que la signature qu'elle porte a rendue célèbre : *Frater Willelmus me fecit*, « Frère Guillaume m'a faite », ce n'est point que nous doutions de sa nationalité française; mainte fois contestée, elle nous paraît maintenant définitivement établie, surtout quand on la rapproche d'un coffret du trésor de la cathédrale de Troyes représentant les mêmes sujets, les Vices et les Vertus; ce coffret est sorti à la même époque, le milieu du xiie siècle, du même atelier. Nous voulions seulement rapprocher le plus ancien émail français portant un nom d'artiste du plus ancien émail portant une signature limousine. Les Limousins, au moyen âge du moins, n'ont guère abusé de leur signature; on en peut citer seulement quelques exemples : l'inscription *Petrus Mauziacus abbas fecit capsam precio*, qui se lit sur la châsse de saint Calmine conservée dans l'église de Mozac (Puy-de-Dôme), a un sens trop ambigu pour que l'on puisse considérer l'abbé de Mozac, Pierre, (vers 1172) comme l'auteur du monument. Il n'en est pas de même de la signature de l'orfèvre Garnier de Limoges, tracée sur un Christ qui fait partie de la collection Victor Gay. Ce monument rappelle, dans des proportions plus modestes, certains grands crucifix limousins tels que ceux des collections Dzialynska, Spitzer, Davillier, et des Musées du Louvre et de Cluny, dans lesquels toute la figure du Christ, carnations et vêtements, sont émaillés. C'est le système que nous avons déjà observé dans les plaques provenant de Grandmont, ou que l'on remarque dans une plaque en forme d'amande représentant la Vierge et l'enfant Jésus qui fait partie la collection Dzialynska. Ce n'est donc pas, au point d

Le Christ de majesté. Émail cloisonné et champlevé de fabrication limousine. Fin du XIIe siècle.
(Collection Spitzer.)

vue de la fabrication, une pièce exceptionnelle ; mais elle présente, pour l'histoire de l'art, un intérêt très réel ; elle nous permet d'attribuer, sans chance d'erreur possible, à des ateliers de Limoges, une série très importante de monuments. C'est à l'aide de points de repère semblables qu'on arrive en archéologie, comme en toute autre science, à une absolue certitude. Sur cette croix de la collection Gay, au-dessus du *titulus* ou inscription, qui est de style dans les représentations du Christ, se développe la légende suivante sur plusieurs lignes : *Johannis Garnerius Lemovicensis me fesis* (sic) *fratris mei.* On remarquera

Crucifix en émail champlevé, par Garnier de Limoges. XIIe siècle.
(Collection Victor Gay.)

l'incorrection de l'inscription; au point de vue du sens, elle est visiblement incomplète et devait se continuer sur le revers de la croix, perdu aujourd'hui selon toute probabilité. Mais telle qu'elle est, elle offre un intérêt considérable, car c'est le premier texte, tracé sur un monument d'orfèvrerie, qui nous fasse connaître le nom d'un émailleur limousin. Que ne possédons-nous aussi les noms de ceux qui ont créé les tombeaux de Geoffroy Plantagenet et de l'évêque Eulger! Nous avons là un émailleur de la fin du xii° siècle, dont il faut sans doute rapprocher aussi Frère Raynaud ou Regnaud (*Frater Réginaldus me fecit*), dont le nom se lisait sur l'une des châsses de l'abbaye de Grandmont. Tandis que ce dernier était un moine orfèvre, Jean Garnier paraît avoir été un ouvrier laïque : ce sont en effet des ateliers laïques qui donnaient déjà à cette époque tant d'extension au commerce de Limoges, qui bientôt allait alimenter d'émaux à bon marché toute l'Europe.

En même temps que les Limousins fabriquaient des émaux complètement plats et des émaux avec têtes en relief, ils faisaient aussi des pièces où, sur un fond de cuivre, orné de fausses pierres ou grossièrement décoré de rosaces estampées, on appliquait des personnages en relief; tous les vêtements divisés par des cloisons parallèles étaient entièrement émaillés; le visage lui-même n'échappait pas complètement à cette polychromie, car des perles d'émail venaient former la prunelle des yeux et donner au regard une singulière fixité. Le même travail se rencontre sur des figures de Christ, souvent détachées des crucifix qui leur servaient de support, auxquelles on serait tenté d'assigner une date très ancienne, en raison de leur costume, un jupon fort long ou même une tunique à manches : c'est un type traditionnel qui a été fabriqué au XIIe et au XIIIe siècle sans modifications notables ni dans l'attitude du Christ, généralement couronné, ni dans son vêtement.

Cet émaillage sur relief, qui pourrait presque passer pour un perfectionnement, si la recherche de la difficulté est un progrès, coïncide avec d'autres modifications dans la fabrication ; celle qui consiste notamment à réserver complètement les personnages qui ne sont plus que gravés, avec ou sans têtes en relief, et à les faire se détacher sur un fond recouvert d'une teinte unie semée de rosaces polychromes. Ces divers procédés ont tous été employés concurremment ; on peut les observer tous sur la châsse de Chamberet (Corrèze), destinée à renfermer les reliques de saint Dulcide d'Agen : figures en relief émaillées, architecture également en relief et émaillée, figures épargnées à têtes en relief sur fond d'émail, figures tout à fait épargnées, sans têtes en relief, tout s'y trouve et y est contemporain de la construction primitive de la châsse.

On ne peut nier qu'une semblable façon de procéder ne soit, de la part de l'émailleur, un commencement d'abdication. De plus en plus l'orfèvre l'emporte sur lui ; il est relégué au second plan. Si on peut le regretter parce que dès lors la polychromie de l'orfèvrerie n'est plus aussi franche, aussi largement pratiquée, il n'en faut pas moins avouer que c'est de l'époque de cette transformation définitive que datent les plus belles pièces de Limoges; c'est à ce moment que les tons chauds de l'or s'allient mieux avec la gamme très riche et très colorée des émaux. Au reste, dans les monuments de ce genre, la surface occupée par les personnages étant toujours moins considérable que les fonds, par le fait la surface émaillée n'a pas diminué; seulement l'émail n'a plus qu'un rôle secondaire et accessoire.

Dès le commencement du xiiie siècle, dans les produits les plus soignés sortis des ateliers de Limoges, on ne se contentait plus de graver les personnages ou de leur ajouter des visages en relief; la surface de ces mêmes personnages était entièrement ciselée, de façon à accentuer le dessin, à lui donner plus de fermeté et un commencement de modelé. Cela pour les châsses de petites dimensions; car, lorsqu'il s'agissait de grands monuments, nous savons de reste comment les Limousins procédaient : ils appliquaient sur un fond d'émail bleu semé de rinceaux terminés par de gros fleurons largement épanouis, bleu rouge et blanc, des figures de haut style exécutées en cuivre battu et ciselé, traitées avec autant de soin que les pièces exécutées en métal précieux. Nous ne possédons plus de grand monument de ce genre; mais de nombreuses figures d'apôtres ou de saints éparses dans les collections Basilewsky, Dutuit, au Louvre, etc., permettent de reconstituer ces grandes châsses ou ces autels en cuivre dont des œuvres plus modestes, telles que la châsse de Saint Viance ou la châsse de Chamberet, nous fournissent en réduction la disposition exacte.

A côté de ces ateliers tout à fait novateurs, il en a

existé d'autres, dans le dernier quart du xii⁰ siècle et pendant la première moitié du xiii⁰ siècle, qui, fort respectueux des traditions, ont tenté de les conserver entièrement, tout en admettant certaines modifications. De ces ateliers ou de cet atelier, car il est possible

Châsse de Chamberet. (Corrèze.)
(Limoges. Fin du xii⁰ siècle.)

qu'il n'y en ait eu qu'un, sont sorties des pièces extrêmement soignées et fort caractéristiques, dont les meilleurs types à citer sont la châsse de saint Étienne, conservée à Gimel dans la Corrèze, la châsse de Nantouillet et enfin la châsse représentant un sujet bien limousin, le martyre de sainte Valérie, dans la collection Basilewsky, au Musée de l'Ermitage, à Saint-Pétersbourg.

Voici quelle est la caractéristique de cet atelier : Tous les personnages sont émaillés, sauf les visages et les mains qui sont soigneusement réservés et gravés ou bien remplacés par des têtes en relief. Mais au lieu de laisser les fonds d'or sur lesquels se détachent les personnages

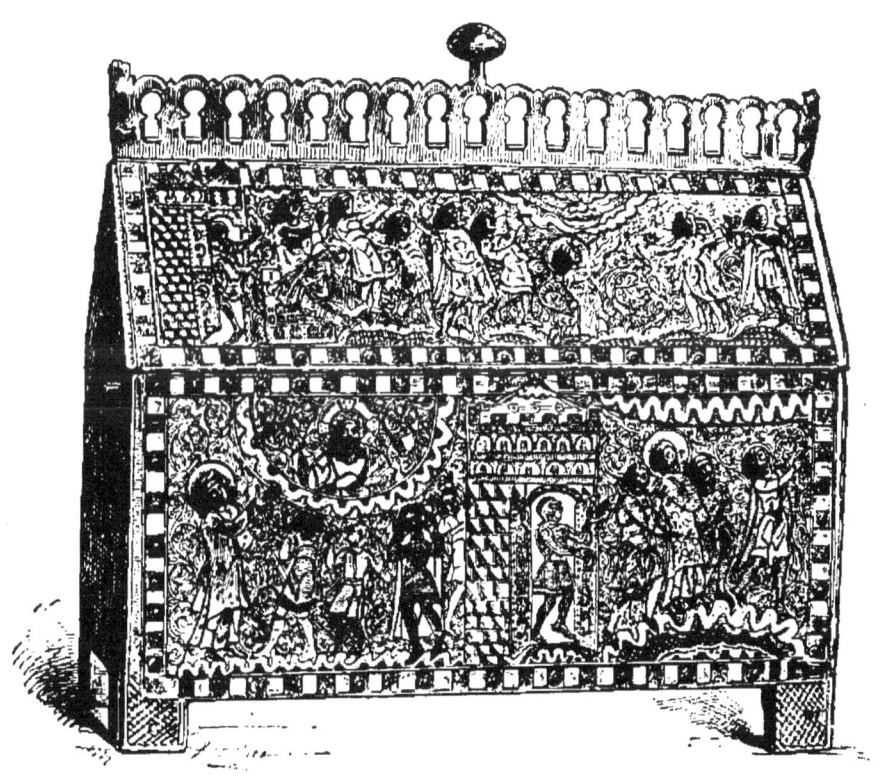

Châsse de Gimel. (Corrèze.)
(Limoges. Fin du xiiᵉ siècle.)

complètement unis, ces fonds sont entièrement gravés de menus rinceaux d'un style très particulier, qui par moment ressemblent plutôt à des entrelacs ou à des dessins géométriques qu'à la reproduction de tiges végétales. Cet atelier emploie volontiers des tons assez particuliers : le vert éclairé de jaune, le bleu semé de pois blancs et enfin, à côté du rouge opaque, dont on rencontre toujours quelques traces dans tous les émaux, un rouge lie de vin translucide; cette couleur lui est absolument propre et sert à teinter certaines parties de costume ou certains accessoires, ou bien encore à accentuer quelques détails de cette architecture tout à fait fantaisiste dont les émailleurs limousins accompagnent si souvent leurs œuvres.

C'est dans cet atelier qu'on a poussé certainement le plus loin le fini dans la ciselure et l'exécution générale; et ce travail de gravure ne s'appliquait pas seulement à des œuvres de cuivre : c'est ainsi qu'au Musée de la ville de Poitiers on peut voir une charmante crosse dont le crosseron, de cuivre émaillé, est interrompu de distance en distance par de larges anneaux d'argent sur lesquels sont gravés et niellés les rinceaux caractéristiques dont nous parlions tout à l'heure.

A l'aide de comparaisons très minutieuses, en examinant soigneusement les têtes rapportées sur les châsses, on arrive à reconstituer assez facilement des ateliers. Ces têtes, qui recevaient leur fini d'un travail de ciselure, en général très sommaire, étaient d'abord fondues; il s'ensuit que dans chaque atelier d'orfèvre il y avait un certain nombre de modèles, peu nombreux en général, qui fournissaient à l'infini des visages pour toutes les œuvres créées : un ou deux modèles de têtes de femmes, un ou deux modèles de têtes d'hommes sans barbe, autant avec barbe, enfin des modèles de têtes avec des couronnes, qui servaient particulièrement pour représenter l'adoration des mages.

Les mêmes têtes, comme bien on pense, reparaissent fort souvent ; en comparant, par exemple, les têtes fixées sur le beau vase que possède le Musée du Louvre, connu sous le nom de *ciboire d'Alpais*, avec d'autres monuments limousins du xiiie siècle, il est aisé de reconnaître que cet atelier était l'un des plus actifs de Limoges.

Ce beau vase, une des plus belles pièces d'orfèvrerie limousine aujourd'hui connues, passe pour provenir d'un tombeau de l'abbaye de Montmajour ; on le nomme ciboire généralement, bien que ce terme ne soit pas très exact en ce qui le concerne : en réalité c'est un *scyphus* destiné à contenir le vin pour la communion sous les deux espèces, ainsi qu'elle se pratiquait encore au xiiie siècle. Mais, peu importe sa destination exacte. Ce vase se compose de deux coupes hémisphériques de cuivre martelé, doré, champlevé, émaillé, semé de pierres fausses, le tout exécuté avec une habileté et une précision étonnantes. Le travail préparatoire d'un tel monument n'est à tout prendre qu'une œuvre de chaudronnerie, mais la chaudronnerie, élevée à ce degré de perfection, devient de l'art pur. Quand les coupes, l'une pour le vase, l'autre pour le couvercle ont été fabriquées, il a fallu faire le pied et là l'orfèvre s'est donné libre carrière en créant d'élégants rinceaux au milieu desquels courent des personnages tels qu'on en trouve sur les chapiteaux de l'époque romane, dans la France méridionale. Puis il a exécuté une belle pomme ou fleuron, qui sert de poignée au couvercle et a

Vase en cuivre émaillé par G. Alpaïs de Limoges.
(Commencement du xiiie siècle.)

tracé sur les lèvres de la coupe des imitations d'inscriptions coufiques empruntées à quelque étoffe orientale. A l'intérieur du vase tout autour d'un disque inscrivant une figure d'ange bénissant, l'artiste a tracé son nom : *Magiter* (sic) *G. Alpais me fecit Lemovicarum*, « Maître G. Alpais de Limoges m'a fait. » Il fut un temps où on discuta beaucoup sur la nationalité de cet Alpais; il n'y a pas à insister sur des interprétations tout à fait erronées et les connaissances philologiques très imparfaites dont plus d'un archéologue fit preuve en cette occasion, en prenant Alpais pour un Grec. Il n'y a rien de grec dans ce nom et nous possédons maintenant un certain nombre de renseignements sur la famille Alpais de Limoges; au commencement du XIIIe siècle, elle paraît avoir occupé une situation assez florissante. Grâce aux recherches d'un savant limousin estimé, M. L. Guibert, il est définitivement interdit de prendre l'auteur du vase du Louvre pour un Grec émigré de Constantinople. Ajoutons du reste, pour être absolument juste, que, bien avant la découverte de ces documents, le bon sens avait fait justice de cette opinion et il n'existe plus aujourd'hui aucun archéologue qui ait été, dans sa jeunesse, le champion de cette prétendue invasion d'artistes grecs en France. Il ne faut pas jurer du reste qu'il ne se retrouve quelque jour quelqu'un pour soutenir à nouveau cette thèse; n'a-t-on pas publié, il y a fort peu de temps, plusieurs brochures pour expliquer des caractères sans signification tracés sur la châsse de Saint-Viance? Mais laissons ces amateurs de rébus à leurs chers travaux et reprenons l'histoire de l'émaillerie limousine.

On peut voir par la pénurie de noms d'artistes inscrits sur des œuvres, que, si l'on s'en tenait à ces seules indications, le bagage des artistes limousins ne serait pas fort considérable. Les dates même sont rares : mentionnons en dehors des tombeaux en orfèvrerie, qui sont forcément datés, et sur lesquels nous reviendrons tout à l'heure, la plaque commémorative de la consécration d'un autel de l'église de Torcillac (Creuse), datée de 1267 (collection Dzialynska), et enfin, beaucoup plus tard, en plein xive siècle, la date de 1346 inscrite sur le chef de saint Ferréol, conservé dans l'église de Nexon (Haute-Vienne). Cette pièce d'orfèvrerie de cuivre, décorée d'émaux, d'un caractère bien particulier, d'un faire absolument limousin et dont on retrouve les analogues dans la sculpture monumentale de la même époque, porte au revers une longue inscription émaillée qui nous apprend la date de son exécution et le nom de l'orfèvre qui l'a faite : Aimeri Chrétien, *Aymiricus Christiani*, qui travaillait dans le Château de Limoges. On sait qu'il faut entendre ici par *Château* la partie de la ville où s'élevait l'abbaye de Saint-Martial, la ville des vicomtes, par opposition à la *Cité* ou ville de l'évêque. A partir de cette époque, si nous connaissons par des textes les noms de certains orfèvres limousins, sur quelques-uns desquels nous aurons à revenir tout à l'heure, les Chatard, les Chatelas, les Vidal, nous ne retrouvons plus que de très rares signatures sur des œuvres. Une des plus récentes qui aient été signalées, à notre connaissance, est celle de P. Vidal, orfèvre qui inscrivit son nom en 1378 sur le reliquaire d'or offert par le pape Grégoire XI à

Saint Martial de Limoges pour renfermer le chef de son saint patron.

Nous venons d'examiner quelques-unes des pièces qui, au point de vue chronologique, fixent absolument l'état de la fabrication limousine à différentes époques : au XIIe, au XIIIe et au XIVe siècle. Disons un mot maintenant, avant de passer en revue un certain nombre d'autres monuments et d'essayer de déterminer les caractères qui distinguent leur fabrication, des noms sous lesquels, dès une époque ancienne, on a désigné dans toute l'Europe les produits exportés par les Limousins.

Dès le milieu du XIIe siècle, l'émaillerie limousine est désignée dans les textes, aussi bien à l'étranger qu'en France, sous le nom « d'œuvre de Limoges » *opus Limogie* ou *lemovicense, opus de Limogia*, ce qui indique déjà un commerce remontant à de longues années. On est tant de fois revenu sur ce point, établi par de nombreux textes irréfutables, qu'il ne nous paraît pas fort utile de nous y appesantir à notre tour. Il faut plutôt insister sur l'influence qu'a eue sur la production limousine cette exportation, cette production exagérée : au point de vue artistique elle a certainement nui aux émaux, parce qu'elle a forcé les émailleurs à produire dans bien des cas des œuvres d'un caractère banal; en effet, il ne pouvait être question, du moment que l'on fabriquait des pièces religieuses ou des ustensiles de toilette à la grosse, de faire quelque chose sortant de l'ordinaire. Ce n'est que par exception, pour quelques châsses très rares, telles que celle que l'on conserve à Saint-Sernin, à Toulouse, ou pour les tombeaux, par exemple, que des commandes ont été faites directement à Limoges. Cette production hâtive a eu une autre conséquence : celle de maintenir pendant très longtemps dans les ateliers les mêmes modèles, de créer, d'une façon inconsciente, un art archaïsant pour ainsi dire. Cette remarque est absolument nécessaire si l'on veut essayer de dater avec exactitude quelques-uns des monuments de l'émaillerie limousine. Ces produits sont, à partir du commencement du xiiie siècle, en retard de quelque vingt ou trente ans sur la fabrication artistique du reste de la France. Limoges a conservé longtemps le style roman, et l'on est frappé de rencontrer parfois sur des objets exécutés en plein xive siècle des motifs de décoration qui sont de plus de cent ans antérieurs. C'est à l'excès de la production, et surtout de la production à bon marché, que l'on doit attribuer ce phénomène bizarre, bien plus qu'au peu d'empressement que pouvaient montrer les habitants des pays situés au sud de la Loire à adopter les formes créées par les Français du nord.

Toute cette fabrication étant très considérable, nous allons passer en revue les différents objets qu'elle a créés; nous signalerons les principaux échantillons qui subsistent, et en même temps nous tâcherons de déterminer les caractères les plus saillants qui peuvent servir à les reconnaître.

Dans cette étude rapide, une division s'impose tout d'abord : les monuments religieux et les monuments civils. Nous commencerons par les premiers, de beaucoup les plus nombreux.

Les crucifix nous arrêteront peu : nous en avons déjà mentionné dans lesquels la figure du Christ est complètement émaillée à plat, ou bien émaillée en relief et

Crucifix (Revers) appartenant à M. Bonnay, à Brive.
(Fin du xii° siècle.)

rapportée. Dans ce dernier cas les figures de la Vierge et
de saint Jean, des apôtres ou de la Madeleine, les symboles

des évangélistes sont également en relief et rapportés ; ou bien le système de décoration prend un caractère mixte : en relief sur la face, il est plat au revers de la croix. Les crucifix des Musées du Louvre et de Cluny, des collections Dzialynska et Spitzer, de M. Bonnay, à Brive rentrent dans la première catégorie qui, généralement, compte des échantillons plus anciens que la seconde, dont une croix du Musée diocésain de Liège peut donner une idée très exacte.

Ces crucifix servaient à la fois de croix processionnelles ou de croix stationnales. Dans ce dernier cas, il fallait les placer sur un pied de croix qui lui-même était émaillé : ces supports (Louvre, église d'Obazine) affectent la forme d'un tronc de cône reposant sur des pieds en forme de griffes ; ils sont décorés de rinceaux émaillés et de figures de dragons en bronze ciselé rapportés après coup.

Nous ne possédons aucun calice du XIIe au XIVe siècle que l'on puisse rattacher à un atelier de Limoges ; on ne s'en étonnera pas si l'on songe combien peu il subsiste en France de ces vases liturgiques, toujours fabriqués, en partie tout au moins, en métal précieux. Mais en revanche nous avons un certain nombre de vases sacrés du même genre. Sans parler du *scyphus* du Louvre, que nous avons décrit plus haut, ni d'une pièce analogue, mais moins somptueuse, qui fait partie du Musée de l'Ermitage (collection Basilewsky), il existe encore en France un très grand nombre de ciboires ou plutôt de pyxides en cuivre doré et émaillé. Elles offrent presque toutes une coupe hémisphérique, surmontée d'un couvercle de pareil galbe, sommé d'une longue tige terminée par une croix. Le pied, circulaire ou à pans coupés, supporte une tige très élevée interrompue par un nœud. Ces pièces, qui appartiennent toutes à la seconde moitié du xiii⁰ siècle ou au xiv⁰ siècle, sont de fabrication assez grossière; les ornements (sainte Face, monogramme du Christ, etc.) sont réservés et gravés et s'enlèvent sur un fond alternativement bleu ou rouge; ces émaux, d'un ton très cru, n'ont plus l'harmonie des produits de la première moitié du xiii⁰ siècle et sont absolument caractéristiques de la décadence de l'art limousin.

De ces ciboires il faut rapprocher d'abord les petites boîtes cylindriques à couvercle conique auxquelles on donne le nom de pyxides et

Pyxide en cuivre émaillé. Limoges.
xiii⁰ siècle.
(Musée du Louvre.)

qui servaient à contenir, comme les colombes émaillées, la réserve eucharistique. La décoration de ces pièces varie peu : rinceaux, médaillons renfermant un monogramme, plus rarement des figures d'animaux. Ces monuments existent en trop grand nombre dans tous les musées pour qu'il soit utile d'y insister. Quant aux colombes, beaucoup plus rares, elles étaient suspendues, au moyen d'une crosse de métal ou de bois, au-dessus de l'autel, sur lequel on pouvait les faire descendre par une chaînette et une poulie. L'oiseau, généralement dressé sur ses pattes, plus rarement prêt à prendre son vol et les pattes réunies sous le ventre, a les ailes émaillées, ainsi que la queue, de bleu, de rouge et de blanc ou de bleu, de rouge, de jaune et de vert; entre les ailes s'ouvre une petite cavité destinée à contenir les hosties. Le mode de suspension était quelquefois assez compliqué. L'oiseau posait sur un plateau ou sur un disque entouré d'une série de tours; une ou plusieurs couronnes servaient, à la partie supérieure de l'ensemble, à réunir les chaînes. D'assez nombreux exemples de cette gracieuse décoration subsistent encore aujourd'hui dans les musées publics ou les collections privées. Nous ne connaissons plus en France que celle de l'église de Laguenne (Corrèze) qui soit encore en place.

Les flambeaux limousins sont de trois sortes : ou fixes, ou pliants ou rentrant les uns dans les autres : dans le premier cas, leur pied triangulaire pose sur des griffes gravées de têtes de monstres; les faces de ce pied, sont émaillées, comme les nœuds, généralement sphériques et au nombre de deux, qui fractionnent la tige cylindrique, gravée dans toute sa hauteur, de dessins imitant des imbrications. Sur ces nœuds sont représentés des oiseaux fantastiques dans des médaillons. La bobêche, fort large, est également émaillée sur ses bords. Dans le second cas, le pied est composé de trois branches arquées composées d'écussons émaillés, réunies, à l'une de leurs extrémités, par la tige qui forme axe et se termine par une pointe. Ces flambeaux, qui, une fois que les pieds sont pliés, tiennent fort peu de place, paraissent avoir été, à l'encontre des premiers, des meubles civils. C'est dans cette dernière catégorie qu'il faut également classer les flambeaux composés d'un disque émaillé, légèrement bombé, supportant en son centre une longue tige creuse. Ces pièces se rencontrent généralement par ensemble de cinq ou six, de grandeurs différentes et pouvant s'emboîter les unes dans les autres. On peut voir une série de flambeaux de ce genre, destinés à pouvoir être portés en voyage, au Musée du Louvre. Mentionnons enfin les flambeaux dont le pied est à six pans, décoré d'écussons émaillés ou de têtes de monstres s'enlevant sur un fond vert, bleu ou rouge vif.

Les encensoirs (Musée de Nuremberg, collection Dzialynska), beaucoup plus rares que les navettes à encens, ont aussi reçu une décoration émaillée, qui dans la plupart des cas a disparu (Trésor de la cathédrale d'Auxerre) par suite des chocs qu'avait continuellement à subir ce genre de récipient. Les navettes portent rarement sur leur couvercle des figures ; le plus souvent leur décoration consiste en rinceaux épargnés sur un fond d'émail encadrant un bouton en relief, en cuivre repoussé, et représentant des dragons, ou des cabochons, pierres fausses serties dans des bates plus ou moins volumineuses. Chacune des extrémités du couvercle est terminée par une tête de dragon ciselée et sur la panse du vase on rencontre quelquefois un bandeau ondé ou profilé en dent de scie et décoré d'émail ; mais le plus souvent de simples gravures font tous les frais de cette décoration.

Les burettes, encore plus rares que les encensoirs (Cabinet des Médailles, à la bibliothèque Nationale; collection Dzialynska), ont la forme d'une buire à panse piriforme munie d'un long col recourbé et d'une anse en volute. Des bustes de saints, décoration banale à Limoges, disposés dans des médaillons, et des rinceaux décorent la panse de ces vases de galbe quelque peu oriental.

Crosse en cuivre émaillé. L'Annonciation. Limoges, xiiie siècle.
(Musée du Louvre.)

Les crosses limousines ne sont pas très variées : les plus anciennes consistent en un serpent qui forme à la fois la douille et le crosseron, entièrement recouvert d'imbrications émaillées de bleu lapis (crosse provenant de l'abbaye de Tiron, au Musée de Chartres); mais le type généralement adopté au xiiie et au xive siècle consiste en une douille émaillée sur laquelle se relèvent des serpents en cuivre doré, un nœud repercé à jour composé de serpents entrelacés, ou bien un nœud plein, orné de bustes d'anges, et enfin une volute émaillée de bleu encadrant un sujet en cuivre fondu et doré : l'Annonciation, le Couronnement de la Vierge, le serpent tentant Adam et Ève, Saint Michel terrassant le démon, etc. etc. Un type très commun, mais l'un des plus gracieux certainement, est celui dans lequel le crosseron se termine par un large fleuron polychrome sur lequel l'émailleur limousin a placé les plus vigoureuses colorations de sa palette, le rouge, le bleu et le blanc (Musée du Louvre, Musée de Poitiers, trésor de Saint-Maurice d'Agaune, Musée de Cluny, etc.). Ces crosses, dont le crosseron est, soit à section circulaire, soit plus rarement à section rectangulaire, se rencontrent dans toute l'Europe, et il n'est pour ainsi dire pas d'année où l'ouverture de quelque tombeau d'évêque ou d'abbé n'en mette une au jour. Tous les types qu'elles peuvent présenter sont aujourd'hui connus; et les crosses du genre de la crosse dite de Ragenfroid, provenant de Saint-Père de Chartres (Musée de Bargello, à Florence), complètement émaillée, à sujets fort compliqués, constituent une très rare exception. Mentionnons enfin un type peu commun dans lequel une figure d'ange est interposée entre le nœud et la volute.

Les bustes ou chefs de saints en cuivre émaillé sont extrêmement rares, et l'on ne peut guère citer que celui de saint Féréol (église de Nexon) dont nous avons déjà dit un mot. Les Limousins en ont fait beaucoup, soit en cuivre gravé, soit en argent, mais de ceux-là nous n'avons point à nous occuper ici. Nous passerons aussi rapidement sur les boîtes aux saintes huiles, dont il existe plusieurs échantillons, pour arriver aux châsses, les pièces les plus importantes parmi toutes celles qu'a créées l'industrie limousine.

Du xii⁰ au ʌ‚ xi siècle, la châsse limousine est une

Châsse d'Ambazac (Haute-Vienne)
Limoges. Fin du xii⁰ siècle. (Face)

boîte en forme de sarcophage ou de maison surmontée d'un toit très aigu. Cette construction, jusque vers la fin du xiii⁰ siècle, se fait en bois recouvert de plaques de cuivre, assemblées fort grossièrement sur ce bâti. Dans la seconde moitié du xiii⁰ siècle apparaît la coutume de supprimer la construction en bois : les châsses, de forme plus allongée, plus hautes sur pieds, sont alors composées de simples plaques de cuivre réunies aux angles par tenons et mortaises. L'ouverture de la châsse, au lieu d'être pratiquée dessous ou à l'une de ses extrémités, est placée sur le dessus; le toit forme couvercle; il est muni de charnières et d'une serrure à moraillon.

Châsse d'Ambazac (Haute-Vienne)
Limoges. Fin du xiie siècle. (Revers)

Par exception la châsse limousine peut comporter une imitation lointaine d'un édifice d'architecture, d'une église dont la nef serait sectionnée dans la longueur par un ou plusieurs transepts. L'exemple le plus compliqué que l'on puisse citer en ce genre est la belle châsse provenant de Grandmont et conservée aujourd'hui à Ambazac (Haute-Vienne) avec la dalmatique de saint Étienne de Muret.

Cette châsse, une des grandes œuvres limousines connues aujourd'hui (longueur 0 m. 75; hauteur 0 m. 65), se compose d'une nef flanquée de bas côtés peu saillants. La nef principale est sectionnée dans sa longueur par trois transepts qui, du reste, ne débordent point sur les bas côtés. C'est à tort que l'on a voulu voir dans cette disposition une imitation de la grande châsse des rois, à Cologne, avec laquelle elle ne présente aucune ressem-

Châsse de Mozac (Puy de Dôme)
(Limoges. Fin du xii⁰ siècle.)

blance, ni sous le rapport de la construction ni sous le rapport de la décoration; elle est du reste, très probablement, de quelques années plus ancienne que la châsse de Cologne, qui ne fut pas commencée avant 1198. La châsse d'Ambazac s'éloigne d'ailleurs, sur certains points, du thème banal des monuments limousins du même genre. Au lieu de se composer uniquement de plaques émaillées, sa décoration consiste surtout en une plaque de cuivre repoussé que l'émail vient ensuite décorer. De grands rinceaux hardiment dessinés entourent des plaques émaillées sertissant des cabochons, et se terminent eux-mêmes par des fleurons émaillés de la plus grande beauté; des filigranes, une quantité de pierreries, complètent la déco-

Châsse de Laguenne. Limoges, xiii° siècle.
(Ancienne collection Soltykoff.)

ration des flancs de la châsse, dont le toit est sommé d'une crête ciselée et repercée à jour, formée de rinceaux, de fleurons émaillés, de cabochons. Cette crête est la seule dans toute l'orfèvrerie limousine, qui ait cette importance. En somme la châsse d'Ambazac est l'une des plus belles qui subsiste ; elle peut lutter avec celle de Mozac (Puy-de-Dôme) dont nous avons déjà dit un mot. De même époque, à peu près, si elle n'offre point comme cette dernière de sujets émaillés, du moins elle nous révèle chez les émailleurs limousins un sens très pur de la décoration.

Comme exemple de châsse à un seul transept on peut citer la châsse de saint Calmine, qui de l'église de Laguenne passa autrefois dans la collection Soltykoff, et dont on a perdu la trace aujourd'hui ; une châsse de la collection Spitzer, une châsse à la cathédrale de Tulle et une autre à Saint-Pantaléon de Lapleau (Corrèze) ; mais, en somme, cette disposition est rare et la forme la plus fréquente est de beaucoup la forme d'une maison. Une autre exception, fort peu commune également, est un type de châsse carrée, couvert par un toit à quatre rampants, dont on peut voir de bons exemples au Musée National bavarois de Munich et dans la collection Spitzer.

On peut poser comme un principe absolu et comme une marque distinctive qui peuvent faire discerner facilement les châsses limousines, la forme et la structure des pieds qui leur servent de supports. Ces pieds en cuivre sont pris dans les plaques des côtés qui forment la châsse et comportent une décoration de gravure, un dessin quadrillé ou des rinceaux. Ce n'est qu'à Limoges, qu'on a adopté ce système de construction très simple, mais bien fait pour plaire à des artisans qui recherchaient surtout la fabrication à bon marché.

Un autre signe distinctif des châsses limousines et qui ne peut tromper aucunement, c'est la présence de crêtes composées d'une plaque de cuivre, munie ou non d'épis de faîtage, mais repercée d'ouvertures que l'on a comparées avec raison à des entrées de serrure. Ce dessin n'est en somme qu'une simplification dans la disposition des petites arcatures en plein cintre qu'à l'origine on avait voulu figurer sur cet ornement de faîtage.

Enfin la présence de têtes en relief sur un monument émaillé indique, à coup sûr, une provenance limousine. Voilà donc trois signes, la forme des pieds, celle de la crête, la présence de têtes en relief, auxquels on peut certainement reconnaître une châsse limousine.

Il serait plus malaisé, en l'absence de représentations en couleur, de donner des règles fixes pour reconnaître les tons d'émaux qui sont particuliers aux ateliers limousins. Les signes de reconnaissance que nous venons d'indiquer une fois examinés, il s'agit de se familiariser avec la gamme des couleurs de chaque atelier; c'est là un diagnostic que l'on acquiert à la longue, mais qui ne saurait s'enseigner; il est clair que, même avec un nombre très restreint de tons, on peut arriver à produire des combinaisons très différentes; dès lors, les règles que l'on pourrait donner subiraient des exceptions tellement nombreuses qu'il serait fort long de les indiquer toutes.

Nous avons déjà eu l'occasion de mentionner en passant la plupart des genres de travaux que l'on rencontre sur les châsses. Il nous reste à signaler les pièces, fort modestes assurément mais très nombreuses, dans lesquelles les personnages proprement dits sont remplacés par des figurines toutes semblables, en relief, maquettes grossières obtenues par la fonte et qu'un travail sommaire de champlevage a permis de décorer d'émail. Ces espèces de poupées, sans bras ni jambes, fabriquées par centaines, ont servi à décorer des châsses de peu de valeur, recouvertes de plaques de cuivre gravé semées de cabochons. Ce genre d'ornementation, si c'en est une, est généralement complété, au revers de la châsse, par des plaques grossièrement quadrillées et émaillées. Une telle fabrication n'a absolument rien d'artistique. On ne saurait passer non plus sous silence toute une série de châsses en cuivre estampé ornées de médaillons émaillés rapportés après coup et fort grossiers.

À Limoges, comme ailleurs du reste, on a fabriqué des reliquaires de toutes formes, des monstrances en façon de tour, ou d'amande, ou de quatre-feuille, des plaques de reliure; mais il nous est impossible d'entrer dans le détail de ces pièces, qui d'ailleurs sont facilement reconnaissables. Signalons toutefois les figures de Vierges-reliquaires, en cuivre émaillé, fabrication absolument spéciale à Limoges, et enfin les triptyques du genre de celui que l'on conserve à la cathédrale de Chartres sous le nom de châsse de saint Aignan, grande niche, surmontée d'un toit à deux rampants, somptueusement décorée à l'intérieur, et fermée par des panneaux sur lesquels l'art de l'émailleur et du fondeur s'est donné libre cours. N'oublions point non plus les devants d'autel, tels que celui qui, de l'abbaye de Silos, est passé au Musée provincial de Burgos (xiie siècle), ni les émaux appliqués à la décoration du costume épiscopal, tels que les plaques destinées à orner des gants que l'on conserve à la cathédrale de Cahors.

Nous sommes loin de posséder un aussi grand nombre de monuments civils en orfèvrerie émaillée : beaucoup de ces pièces, menus bijoux ou objets de toilette, nous sont parvenues isolément et, il nous est fort difficile aujourd'hui de déterminer sûrement leur usage. Mais il est évident que l'émail s'est appliqué indistinctement aux agrafes, aux pommeaux d'épée, aux manches de couteaux, aux plaques de baudrier, à des boîtes de toutes formes et de toutes dimensions. La collection Victor Gay renferme deux objets de ce genre fort curieux et remontant à la fin du xiiie ou au commencement du xive siècle : ce sont une boîte de miroir à deux valves, et une petite boîte à fard, fort analogue comme forme aux vases du même genre dont faisaient usage les anciens. Le harnachement des chevaux pouvait aussi être du domaine de l'émailleur, et le Musée de Cluny possède un fort beau mors de cheval de ce genre; mais ces monuments sont de la plus grande rareté. Il n'y a, dans cette série civile, de réellement communs que les bassins à laver, auxquels on a donné le nom de *gémellions*, parce qu'ils vont par paire. Ces pièces, sortes de plats d'une médiocre profondeur, sont décorés généralement d'une série d'écussons émaillés, les uns conformes aux règles du blason, les autres absolument de fantaisie, ou bien de représentations empruntées à la vie civile : scènes de chasse ou de danse, jongleurs et ménestrels, etc. Tous les personnages, souvent assez bien dessinés, sont réservés et gravés sur un fond d'émail. Au revers se voient presque toujours des ornements gravés : une fleur de lis, un griffon ou tout autre motif de décoration formant le centre d'une rosace dont les extrémités viennent mourir sur les bords du plat. Dans chaque paire de gémellions s'en trouve un qui est muni d'une so[rte] de goulot ou gargouille en forme de tête de dragon. C'[est] ce goulot qui permettait de verser de ce bassin, que l'o[n] tenait dans la main droite, l'eau qu'il contenait, et que l'[on] recevait dans le second bassin que l'on tenait horizontal[e]ment dans la main gauche. De nombreuses miniatures maintes fois signalées, nous renseignent à merveille sur ce usage. On sait qu'au moyen âge, époque à laquelle les soins de la toilette tenaient cependant une place assez modeste dans la vie journalière, on ne se serait point mis à tab[le] dans une maison de quelque importance, sans s'être au préalable lavé les mains. Cet usage suffit à expliquer la quantité de gémellions existant encore aujourd'hui. Le jour où la mode des cuillers et plus tard des fourchettes, a fait tomber ce louable usage en désuétude, les gémellions ont servi dans les églises à recevoir les offrandes des fidèles ; de meubles civils ils sont devenus religieux, et voilà pourquoi le plus grand nombre d'entre eux a perdu son ornementation d'émail ; les monnaies, sans cesse remuées ou jetées sans précaution, n'ont pas tardé à a faire disparaître.

Les coffrets, presque sans exception, n'ont été à l'or[i]gine que des meubles civils ; par la suite des temps, i[ls] ont pu être transformés en reliquaires ; mais l'absence tout symbole religieux dans leur décoration, indique ass[ez] à quel usage ils étaient destinés. Nous avons déjà pa[rlé] du coffret du trésor de Conques, qui remonte au comme[n]cement du xii[e] siècle. Une décoration analogue de disqu[es] ou d'écussons de cuivre émaillé et doré a été appliqu[ée]

Gémellions en cuivre émaillé. Limoges, xiiie siècle.
(Musée de Cluny.)

au XIIIe et au XIVe siècle à des boîtes de bois, de cuir ou d'ivoire. On connaît l'un de ceux que possède le Musée du Louvre; il provient de l'abbaye du Lys, et comme il contenait une relique de saint Louis, le nom de ce roi lui est resté attaché, bien que d'après les synchronismes que l'on peut établir à l'aide des écussons qui le décorent, il soit quelque peu postérieur au règne de Louis IX, très probablement de l'époque de Philippe le Bel. Un coffret analogue figure dans le trésor du Dôme d'Aix-la-Chapelle; un autre est possédé par l'église de Longpont; des fragments d'un quatrième se voient au musée de Turin; ils proviennent de la cathédrale de Verceil, où ce coffret a servi pendant longtemps à contenir la dépouille mortelle d'un cardinal; enfin une autre décoration de médaillons de ce genre, très complète, fait aussi partie de la collection Dzialynska. Dans presque toutes ces pièces, les disques émaillés, écussons d'armoiries polychromes ou médaillons à fond bleu, offrant des personnages ou des animaux gravés ou réservés, n'étaient pas appliqués directement sur le bois. La boîte était d'abord recouverte d'une épaisse couche de peinture à la colle par dessus laquelle on posait une feuille d'étain. Cet étain était ensuite teinté au moyen d'un vernis léger soit vert, soit rouge, très transparent, ce qui donnait à toute la pièce un grand éclat que venaient encore rehausser les dorures des plaques émaillées. Tous ces coffrets sont munis de couvercles plats, montés à charnières, fermés par des serrures en cuivre, d'un bon dessin, dans lesquelles viennent s'engager des moraillons ou simples ou doubles. Les dragons que nous avons déjà vus figurer sur les crosses se retrouvent ici; ils servent à former soit les moraillons, soit les points d'attaches des charnières. Des cabochons de cristal, teintés diversement au moyen de paillons, des clous de cuivre disposés symétriquement sur le fond, complètent cette décoration d'un goût excellent.

D'autres fois, quand il s'agit de la monture de coffrets en ivoire, la décoration en émail a pu se borner à des bandeaux contournant la caisse ou le couvercle, à des encoignures destinées à assujettir les ais du coffret; mais dans d'autres cas, la boîte elle-même est complètement en cuivre, composée de plaques de métal assez épaisses, et entièrement recouvertes d'un riche décor émaillé : tels sont par exemple un beau coffret aux armes d'Aymar de Valence, comte de Pembroke (xive siècle), au Musée de South Kensington, à Londres; ou un coffret beaucoup plus grand, du commencement du xive siècle, que possède le Musée du Louvre. Ce dernier particulièrement remarquable, semble être, à en juger par les scènes de fiançailles figurées sur le couvercle, un présent de mariage. Il porte sur les flancs les armes de France et d'Angleterre et un troisième écusson dont le possesseur n'a pu jusqu'ici être identifié. Sur la tranche du couvercle sont gravés quatre vers français, auxquels l'émailleur limousin a mis des terminaisons romanes :

> † *Dosse dame je vos aym lealmant.*
> *Por Die vos prie que ne m'oblié mia.*
> *Vet si mon cors a vos comandemant.*
> *Sans mauvesté et sans nulhe folia.*

Les tons bleus, rouges et verts employés par l'émailleur

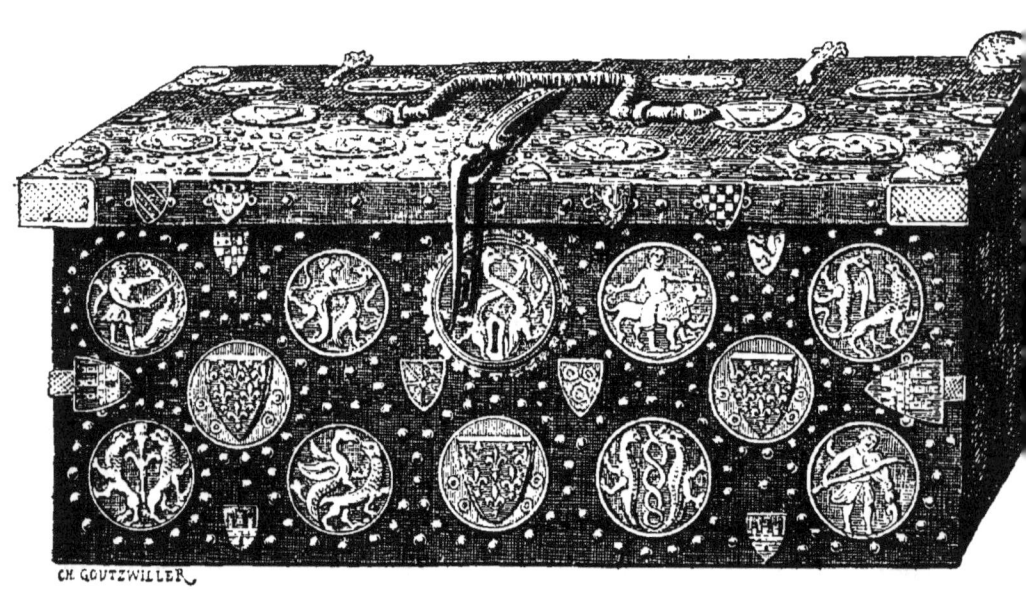

Coffret dit de saint Louis. Travail Limousin. Époque de Philippe-le-Bel.
(Musée du Louvre.)

pour la décoration de ce coffret suffiraient, en l'absence des costumes des personnages qui sont assez caractéristiques, à indiquer la date approximative de ce coffret. Les armoiries d'Angleterre ne sont point écartelées de celles de France, comme elles le furent plus tard, dans le courant du xive siècle.

Dès le milieu du xiie siècle, les plaques des monuments de Geoffroy Plantagenet et de l'évêque d'Angers Eulger nous le prouvent, l'émaillerie avait été employée avec succès pour la décoration des tombeaux. Les Limousins ne semblent du reste pas avoir eu, à l'origine, le monopole de cette fabrication, car, nous l'avons déjà dit, le tombeau de Henri, comte de Champagne, élevé à Troyes, avait été fait par des orfèvres allemands ou lorrains. Quoi qu'il en soit, dans le courant du xiiie siècle, les Limousins développèrent si bien cette branche de leur industrie qu'ils exportèrent des tombeaux tout faits, exactement comme des châsses; c'est ce qui fait qu'il subsiste encore, à l'étranger, en Angleterre et en Espagne, quelques-uns de ces monuments dont l'origine française n'est pas douteuse. On a cité souvent à l'appui de cette opinion un texte du compte des exécuteurs testamentaires de Gautier de Merton, évêque de Rochester, mentionnant un paiement fait à Jean de Limoges pour le tombeau de l'évêque qu'il alla, avec un aide, mettre lui-même en place. Le fait remonte à 1276. La tombe de Gautier de Merton a disparu, mais il subsiste encore en Angleterre, à Westminster, dans le tombeau d'Aymar de Valence, comte de Pembroke, un témoin irrécusable de l'importation limousine. Un tombeau d'évêque, conservé dans la cathédrale de Burgos, nous fournit la preuve du même fait pour l'Espagne.

Dans toutes ces effigies funéraires, la part du sculpteur est au moins aussi grande que celle de l'émailleur. Sur un bloc de bois, préalablement dégrossi suivant les contours généraux de la statue, on a appliqué des plaques de cuivre martelées et repoussées, ciselées même dans certains cas. L'émail intervient dans les bordures, les ornements des vêtements, la décoration des coussins et du fond sur lesquels reposent la statue. Quelquefois, il est vrai, cette décoration en émail est fort considérable. Nous n'en voulons pour exemple que le tombeau des enfants de saint Louis, autrefois conservé dans l'abbaye de Royaumont, maintenant dans l'église de Saint-Denis.

Le nombre de ces tombes émaillées, fabriquées à Limoges a été fort grand, et Gaignières nous a heureusement conservé le dessin de plusieurs d'entre elles qui par la suite ont été livrées, au poids du cuivre, à des chaudronniers, sans que ce vandalisme ait jamais profité ni à ceux qui l'ordonnaient ni à ceux qui, en véritables brutes, n'y voyaient que matière à fabriquer des casseroles. La tombe des enfants de saint Louis, dont le fond est orné de grands rinceaux et de figures d'anges et de moines en prière, date de 1248; celle de Blanche de Champagne, femme de Jean Ier, duc de Bretagne, date de la fin du xiiie ou du commencement du xive siècle; elle était terminée en 1306; on la conserve au Musée du Louvre. Le monument du cœur de Thibaut V de Champagne, à Provins, est postérieur à 1270, date de la mort de ce prince.

Voilà celles qui subsistent aujourd'hui en France ; mais nous n'avons plus ni celle de Philippe de Dreux, à la cathédrale de Beauvais (1210), ni ceux de Géraud, évêque de Cahors, et d'Aymeri Guerrut, archevêque de Lyon, enterrés à Grandmont en 1250 et 1245, ni ceux que Jean Chatelas, bourgeois de Limoges, avait, avant 1267, fait pour les comtes de Champagne, Thibaut III et Thibaut IV. Tout cela a été fondu. Perte d'autant plus regrettable que si nous en jugeons par la description du tombeau du cardinal de Taillefer, inhumé à La Chapelle-Taillefer en 1312, ou par les dessins de celui de Marie de Bourbon († 1274), dans l'abbaye de Saint-Yved-de-Braine, ces monuments étaient parfois très somptueux ; ce dernier notamment offrait sur son pourtour trente-six figures de cuivre, en ronde bosse, placées sous des arcatures, qui, à en juger par les inscriptions, étaient des portraits de personnages contemporains.

Même au xive siècle, les monuments funèbres exécutés par les émailleurs de Limoges pouvaient n'être que de simples plaques commémoratives : nous n'en voulons pour exemple qu'un très curieux émail que possède M. Gaillard de la Dionnerie, à Poitiers. C'est l'épitaphe d'un clerc, nommé Gui de Mevios, qui donne la date de la mort du défunt et rappelle en même temps qu'il a fondé la chapelle où est sa sépulture. Dans le haut de la plaque sont représentés deux personnages en robe : l'un est un roi, peut-être saint Louis, devant lequel est agenouillé un personnage les mains jointes ; le monument date de 1307.

Nous laisserons, pour le moment, les Limousins de

côté pour nous occuper un peu de l'Italie et de quelques pièces françaises, qu'il faut sans doute attribuer à des ateliers du nord de la France, sur lesquels nous n'avons que peu de renseignements. Mais, on a pu voir, par ce rapide exposé combien Limoges avait joué un rôle important pendant une partie du moyen âge dans l'histoire de l'orfèvrerie émaillée. Et au xiv® siècle, contrairement à ce que l'on a dit, cette activité ne paraît pas du tout s'être ralentie : l'art limousin a suivi la mode, s'est modifié, mais il n'est point mort. On sait par les registres de la taille de Paris, en 1292, que plusieurs orfèvres limousins étaient dès cette époque fixés à Paris; les statuts de la corporation des argentiers de Limoges, rédigés définitivement en 1595, ne témoignent nullement de la décadence de l'art dans un pays pour qui l'émail allait être encore, pendant de longs siècles, une véritable source de richesse.

Nous serons très brefs au sujet des monuments italiens de la période que nous étudions. Peu nombreux et, en général, d'un degré artistique peu élevé, ils ne présentent guère d'autre intérêt que de nous aider à constater la persistance dans la péninsule des procédés que nous avons vu pratiquer à l'époque carolingienne. Au dire du moine Théophile, les Italiens, et surtout les Toscans, passaient pour être de bons émailleurs; et en effet nous possédons un monument très important que la tradition, d'accord en cela avec l'archéologie, attribue au xi® siècle ; il donne une assez bonne opinion des émailleurs italiens de l'époque romane. L'Évangéliaire qui passe pour avoir été donné à la cathédrale de Milan par l'archevêque Aribert d'Intimiano

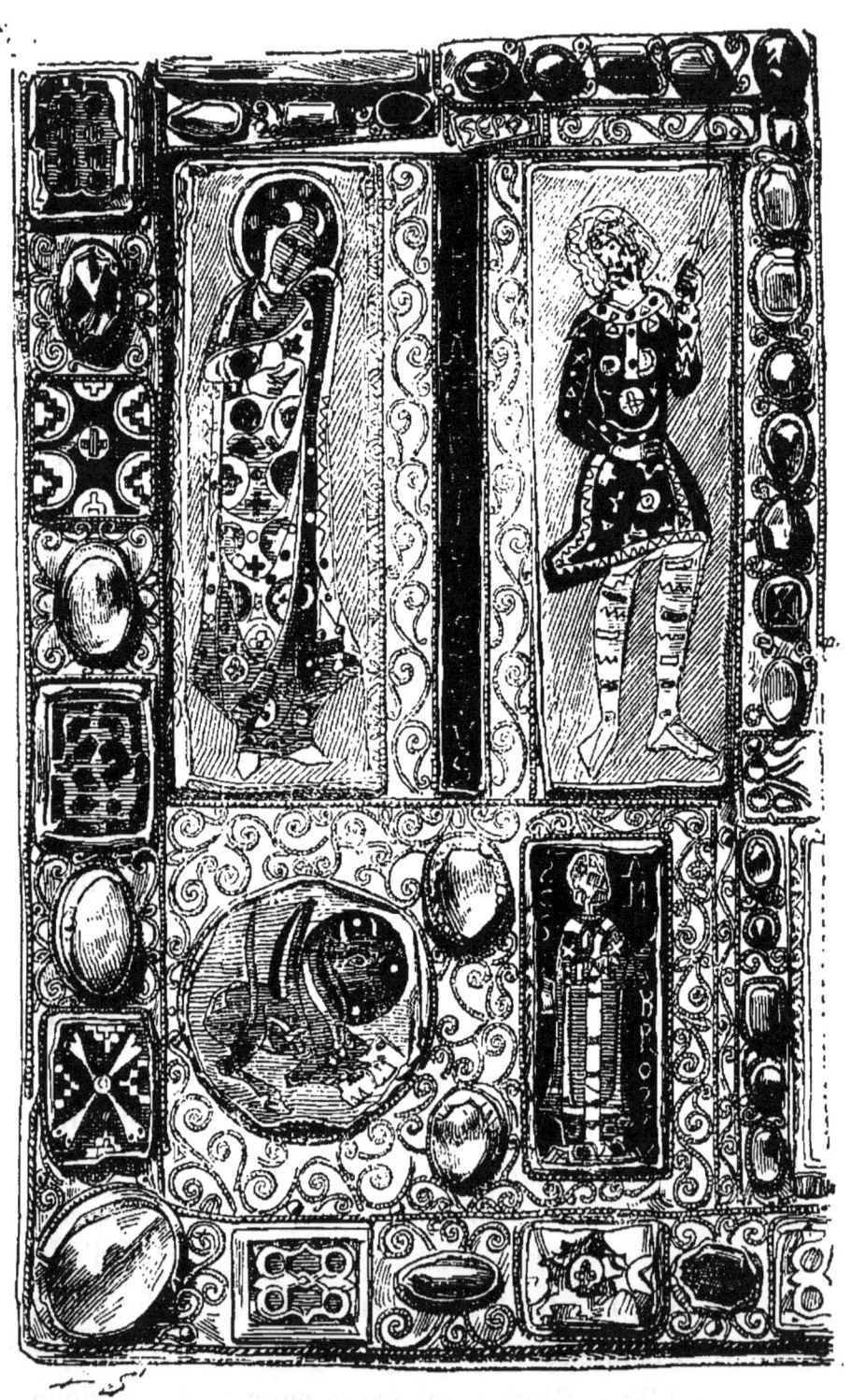

Fragment de la couverture en or émaillé de l'Évangéliaire de l'archevêque Aribert. xi⁰ siècle.
(Trésor du dôme de Milan.)

(1018-1045) ne saurait être considéré comme une œuvre byzantine, puisque toutes les inscriptions qui expliquent les sujets représentés sur la couverture sont en latin. Mais c'est cependant une œuvre qui a exigé de celui qui l'a composée presque autant d'habileté qu'on pouvait s'attendre à en rencontrer chez un émailleur grec. Tout y est exécuté en émail cloisonné sur or, sauf quelques chatons qui garnissent la bordure et qui sont peut-être traités en taille d'épargne. Le Christ dans sa gloire, entouré des apôtres, les groupes de la Vierge et de saint Jean, accompagnés de Longin et de Stéphaton, la descente du Christ aux limbes, les symboles des évangélistes, les figures de saint Ambroise et de saint Satyre et enfin, au centre, un grand crucifix, se détachant sur un fond d'émail vert foncé translucide, tels sont les éléments qui composent cette très riche décoration. Malheureusement tous les émaux ne sont pas également bien venus à la cuisson et, malgré sa perfection relative, cette pièce est loin d'atteindre le fini irréprochable du *paliotto* de Saint-Ambroise. Le dessin aussi laisse infiniment à désirer ; les personnages sont gauches et mal posés, leurs gestes imparfaitement traduits ou tout à fait ridicules. Mais ce sont là des défauts qui sont inhérents à presque toutes les œuvres de cette époque. La seule chose qu'on y peut juger équitablement, c'est la façon dont l'orfèvre a agencé son œuvre, et il faut avouer qu'il s'en est tiré à son honneur.

Après ce monument, en Italie, on se trouve en face de longues lacunes. On a dit que les Italiens n'avaient point pratiqué l'émaillerie champlevée et qu'ils étaient passés, presque sans transition des cloisonnés aux émaux transparents sur relief. Nous verrons tout à l'heure que cette proposition renferme une part de vérité et que partout les choses se sont ainsi passées. Mais il y a loin de là à dire qu'en Italie on n'a pas éprouvé le besoin de décorer les objets de cuivre au moyen d'une peinture durable. Si, en effet, les traditions de l'émaillerie cloisonnée se sont très longtemps conservées en Italie, et un beau disque du XIII° siècle représentant la crucifixion, que possède le Cabinet des médailles, à la Bibliothèque Nationale, en est un exemple, il n'en est pas moins vrai qu'il existe certains émaux champlevés, peu nombreux, il est vrai, qu'il est bien difficile de rattacher à un autre pays qu'à l'Italie. L'inventaire de ces pièces n'a pas encore été fait avec soin et de là vient cette pénurie apparente. L'émail représentant Saint Nicolas couronnant le roi Roger, à la cathédrale de Bari, pour le XII° siècle; des disques, des pendeloques décoratives, décorés d'une végétation bizarre, de devises ou de symboles, aux tons bleu, vert, blanc, noir, rouge vif, pour le XIV° siècle, sont des jalons qui permettront de déterminer dans quels centres et à quelle époque exacte les Italiens ont fait concurrence aux Limousins. Quoi qu'il en soit, il est impossible que ce genre d'émaillerie champlevée n'ait pas été pratiqué dans certains centres, à Florence et à Sienne par exemple, alors que nous le retrouvons encore en usage au XV° siècle, c'est-à-dire à une époque où ailleurs il était tombé en désuétude. Certains orfèvres, certains sculpteurs siennois du XV° siècle, tels que Giovanni Turini, ont fait usage d'émail champlevé pour rehausser les fonds de quelques unes de leurs sculptures, et le célèbre architecte et sculpteur Averulino dit Filaréte a introduit l'émail, sous cette forme, dans la décoration de la porte de bronze de la basilique de Saint-Pierre, à Rome. Pour qu'un pareil procédé fût encore en usage en plein xv⁰ siècle, il fallait qu'une longue pratique l'eût fait entrer profondément dans les habitudes des orfèvres italiens. Mais, malgré ce que toutes ces considérations peuvent avoir de probable, il faut bien avouer que l'émail champlevé proprement italien, au xiii⁰ et au xiv⁰ siècle, est fort rare.

Serrés d'un côté par les écoles allemandes et lorraines, de l'autre par l'école limousine, les ateliers d'émailleurs de la France proprement dite n'ont pu à l'époque romane prendre un bien grand essor. L'art de l'émail a continué certainement à y être pratiqué, mais dans une mesure assez timide sans doute; et nous ne connaissons que deux monuments, d'époques assez différentes, que l'on peut attribuer à des orfèvres de cette partie de notre pays. Tous deux, du reste, nous permettent de constater que l'émaillerie cloisonnée a continué à être exécutée quand n appliquait cette décoration à des métaux précieux; et 'l ne faut pas oublier ce fait, si l'on veut s'expliquer omment plus tard on a pu être amené à fabriquer les émaux ranslucides sur relief. Nous y reviendrons tout à l'heure.

Le Musée du Louvre possède une somptueuse couverre d'évangéliaire ou plutôt une boîte en orfèvrerie estinée à contenir un évangéliaire que l'on a, à tort 'oyons-nous, souvent considérée comme de travail yzantin; rien dans l'iconographie de ce monument ne ppelle les monuments exécutés par les Grecs au xi⁰ siècle. Cette pièce d'orfèvrerie, qui provient de l'abbaye de Saint-Denis, est datée d'une façon approximative par l'inscription qu'elle porte : *Beatrix me in honore Dei omnipotentis et omnium sanctorum ejus fieri precepit*, « Béatrix ordonna de me faire en l'honneur de Dieu tout-puissant et de tous ses saints ». Étant donné le style de l'œuvre, il ne peut s'agir ici, comme l'a très bien remarqué M. Darcel, que de Béatrix, petite-fille de Hugues Capet et sœur de Robert, roi de France, femme d'Ebles Iᵉʳ, comte de Reims. Cette couverture date donc de la première moitié du xiᵉ siècle. Le centre de la boîte, composé d'une feuille d'or repoussée, représente la scène de la crucifixion, placée sous une arcature en plein cintre dont l'archivolte est ornée de petits émaux cloisonnés alternativement circulaires et rectangulaires, enchâssés de façon à affleurer le niveau de la plaque d'or. Aux angles sont fixés les symboles des évangélistes et, sur les côtés, des fleurons émaillés entourés de filigranes et de pierreries. La technique de ces émaux, dans deux desquels les sujets se détachent sur un fond bruni, tandis que dans les deux autres l'émail recouvre la plaque tout entière, est sensiblement différente de la technique grecque elle est surtout plus grossière, les tons des émaux so plus sombres et se rapprochent beaucoup de ceux q décorent l'Évangéliaire d'Aribert, au dôme de Milan. l'on considère surtout l'Ange, symbole de saint Mathie on acquiert promptement la conviction qu'un ouvri grec n'a jamais dessiné cette figure qui a tout le carac des miniatures romanes de la même époque.

Nous ne savons pas au juste, bien entendu, où a

exécutée cette reliure. Mais y aurait-il grande difficulté à admettre qu'elle a pu être faite soit à Reims, soit à Saint-Denis même, où les orfèvres, au xie siècle, ne devaient point manquer? Dans tous les cas, il faut la rayer de la liste des monuments byzantins, et la restituer à la France.

Alors même que l'émaillerie champlevée sur cuivre prenait de jour en jour une plus grande importance, à cause de son prix de revient relativement minime, il faut bien admettre que l'on a continué, pour les monuments les plus riches et aussi pour certaines pièces que des règles liturgiques empêchaient d'exécuter en d'autres matières qu'en un métal précieux, à fabriquer des émaux cloisonnés. C'est un fait que l'on n'a pas suffisamment jusqu'ici, croyons-nous, mis en lumière, et qui nous servira à expliquer comment, dans le courant du xiiie siècle, les orfèvres n'eurent aucune difficulté à fabriquer les premiers émaux translucides sur relief. Ces derniers ne sont à proprement parler, au moins pour les plus anciens échantillons que nous possédons, que les émaux en taille d'épargne exécutés sur argent ou sur or, non plus à l'aide d'émaux opaques mais d'émaux transparents. En admettant notre hypothèse, il n'est point nécessaire d'attribuer la découverte des émaux translucides sur relief à un effet du hasard, et la succession chronologique de ces différentes techniques devient absolument claire.

Mais cette hypothèse peut heureusement s'appuyer sur autre chose que sur des inductions. Si la technique des émaux cloisonnés, et par conséquent translucides, avait été abandonnée en Occident au moment de la plus grande expansion du procédé de la taille d'épargne, comment se ferait-il que nous trouvions encore des émaux cloisonnés, fabriqués en France, au XIII² siècle ou tout au moins à la fin du XII²? Et pourtant le fait est indéniable et nous pouvons produire à l'appui de notre dire un monument fort connu. Tout le monde a vu ou du moins entendu parler du calice dit de saint Rémi, conservé à la cathédrale de Reims. Ce vase, d'une rare élégance de forme, à coupe hémisphérique, porte tous les caractères de l'orfèvrerie de la fin du XII² ou du commencement du XIII² siècle. Or les émaux en forme de bandeaux, de losanges ou de triangles, qui en décorent le pied, le nœud et la coupe, sont des émaux cloisonnés en partie translucides : certains de ces triangles, décorés d'un motif cordiforme, présentent même une grande analogie avec quelques-uns des émaux de la reliure du Louvre dont nous parlions tout à l'heure.

Voilà donc un monument français, d'une date relativement récente, qui nous atteste la persistance de la technique de l'émaillerie cloisonnée; si l'on en rapproche cette plaque représentant la crucifixion que possède le Cabinet des Médailles, à la Bibliothèque Nationale, et dont nous avons déjà dit un mot, œuvre probablement italienne, du XIII² siècle, nous aurons, pour deux des pays où fleurit surtout l'émaillerie translucide sur relief, deux monuments qui nous conduisent presque jusqu'au moment où nous voyons adopter ce dernier genre de travail.

Maintenant que nous en avons fini avec l'émaillerie champlevée qui, à la fin du XIV² siècle, agonise, sauf en quelques contrées d'Europe, en Espagne notamment où

L'ÉMAILLERIE EN FRANCE ET EN ITALIE. 199

on la rencontre au xve siècle et même encore au xviie siècle, nous allons tâcher de déterminer à quelle époque environ les orfèvres ont généralisé l'application de l'émail trans-

Calice dit de saint Remi. France. Fin du xiie siècle.
(Cathédrale de Reims.)

lucide sur les monuments d'or et d'argent. Nous ne pensons pas que l'on puisse savoir exactement lequel des deux pays, de la France ou de l'Italie, a mis le premier ce système en pratique; mais il est peut-être possible de montrer que, dans ces deux contrées, la même révolution s'est opérée presque à la même époque dans l'art de l'émaillerie. Les textes et les monuments semblent être absolument d'accord sur ce point.

CHAPITRE VI

Les émaux translucides en Italie, en France et en Allemagne au XIV° et au XV° siècle.

Les termes d'émaux de *plite*, *d'oplite*, *d'applique*, (xiv° et xv° siècle), de *basse-taille* (xvi° siècle), d'émaux *vitres* (Inventaire du Trésor de Pau, en 1561) désignent une seule et même chose, les émaux translucides sur relief. Nous admettons l'opinion émise par le marquis de Laborde à ce sujet; les émaux de *plite* ne peuvent désigner les émaux cloisonnés par la raison qu'ils figurent en trop grand nombre sur des pièces fabriquées au xiv° siècle, c'est-à-dire à une époque où le procédé du cloisonnage était presque totalement tombé en désuétude. Les nombreux textes que l'on a réunis, pour discuter la question, ne peuvent laisser subsister aucun doute à cet égard.

Ainsi que nous l'avons dit au précédent chapitre, l'émail translucide ou, plus exactement, transparent, dût être employé dès le milieu du xiii° siècle pour les pièces d'orfèvrerie en métaux précieux, mais d'abord seulement pour recouvrir les fonds sur lesquels se détachaient les personnages réservés dans le métal. C'est ainsi que les émaux cloisonnés se sont trouvés définitivement supplantés encore une fois par les émaux champlevés. Cette marche était d'ailleurs logique : dans les pièces en taille d'épargne fabriquées sur cuivre à cette époque, les fonds seuls étaient émaillés, les personnages étant simplement gravés et incrustés d'émail rouge ou noir.

C'est sous cette forme que nous apparaissent les plus anciens émaux translucides. Plus tard l'orfèvre se risque à ciseler les vêtements, à les recouvrir d'émail, et ce n'est que vers la seconde moitié du xiv° siècle qu'on arrive à émailler de véritables bas-reliefs. L'expression d'émail *vitré*, employée en 1561 pour décrire un émail représentant Charles V et Jeanne de Bourbon, devient alors absolument juste ; le bas-relief est comme recouvert d'un verre diversement coloré ; la lumière frappant avec plus ou moins d'intensité les parties du métal plus ou moins profondément ciselées, se charge d'exécuter le modelé.

Un tel procédé, d'une exécution fort compliquée, est susceptible dans son application de bien des variantes. C'est ainsi qu'à la fin du xiv° siècle nous trouvons des monuments où tous les vêtements des personnages sont émaillés, tandis que les têtes sont simplement gravées et que le tout se détache sur un fond de métal bruni. C'est là une pratique reprise plus tard par les orfèvres du xvi° et du xvii° siècle, en particulier par les Allemands.

Dans les plus anciens textes qui permettent de constater la nature des monuments décrits, ces émaux sont appelés *esmalta clara*, « émaux clairs ou transparents » (1295, *Inventaire du Trésor du Saint Siège*), qu'il faut probablement identifier avec les « émaux de Paris » mentionnés dans le même document. Dans quel pays ce procédé a-t-il été pour la première fois employé? Les textes que l'on vient de citer pourraient faire pencher la balance en faveur de la France ; mais comme l'Italie peut présenter, elle aussi, des textes et des monuments, c'est dans ce pays que l'on s'accorde généralement à placer le berceau de l'émaillerie translucide. Il faut toutefois remarquer que cette opinion est tout à fait hypothétique : pour l'orfèvrerie, au XIIIe siècle, l'Italie n'était nullement en avance sur le reste de l'Europe. Quoi qu'il en soit, ce procédé fut très promptement répandu partout; dès le premier tiers du XIVe siècle, on le voit mis en pratique, en France et en Allemagne aussi bien qu'en Italie.

Au dire de Vasari, en 1286, Jean de Pise fit pour le maître-autel du Dôme d'Arezzo un retable de marbre orné de mosaïques et d'émaux sur argent. Ce texte pourrait être, à la rigueur, considéré comme peu concluant, si, en 1290, nous ne trouvions sur le pied d'un calice, donné par le pape Nicolas IV au couvent d'Assise, et exécuté par l'orfèvre siennois Guccio, des échantillons bien caractérisés d'émaux translucides. Dans les médaillons, cernés d'un galon d'orfèvrerie, qui décorent le pied de cette coupe, nous voyons des personnages réservés s'enlevant sur un fond d'émail bleu transparent. Le monument est donc assez explicite. Après ce moment nous tombons dans une pénurie extrême de pièces datées et de textes; car pour ce qui est des émaux de Montpellier, dont on a cru trouver une mention en 1317, il est aujourd'hui démontré qu'il ne s'agit nullement d'émaux dans le texte en question, mais des droits d'affinage (*esmerum* et non *esmaltum* ou *smaltum*) de l'or et de l'argent.

En dehors d'œuvres d'orfèvrerie où, de-ci de-là, apparaît parfois la pratique de l'émaillerie translucide, il faut arriver jusqu'en 1335 pour trouver un monument exactement daté; c'est une patène en argent doré portant en son centre la représentation du Christ, exécutée en émaux translucides. Cette patène, qui provient de l'église Sainte-Marie d'Elsenör, fait maintenant partie du Musée de Copenhague. Une longue inscription, disposée sur ses bords en quatre lignes concentriques, nous fait connaître la date de son exécution et le nom de la personne pour laquelle elle a été faite. De quel pays provient ce monument? Il est impossible de répondre à cette question d'une façon précise, mais il y a cependant de grandes vraisemblances pour qu'il soit allemand.

Dans l'ordre chronologique, nous nous trouvons en face d'un *pied-fort* émaillé possédé par le Musée Britannique, pièce dont la fabrication est limitée entre le mois de novembre 1338 et le mois de juin 1339. Cette pièce, comme tous les objets que l'on désigne sous le nom de *pied-fort*, n'est que la reproduction en argent d'une pièce d'or, un *lion*, émise par le roi de France, Philippe VI. Au droit de cette pièce est figuré le roi revêtu des insignes de la majesté, assis dans une chaire, les pieds appuyés sur un lion : au revers se trouve la croix accompagnée de la légende traditionnelle : *Christus vincit, Christus regnat, Christus imperat*. La pièce, avant de recevoir l'émail, a été reciselée afin de donner plus de saillie aux reliefs qui se détachent sur un fond vert, rouge ou bleu. Les reliefs, sauf le manteau du roi, ne sont pas émaillés.

La belle Vierge en argent doré que possède le Musée du

Louvre, l'une des plus belles œuvres de la sculpture française du xive siècle, offerte par la reine Jeanne d'Évreux à l'abbaye de Saint-Denis, en 1359, nous montre une technique fort analogue. Tous les sujets, disposés dans des compartiments sur la base de cette statue, s'enlèvent sur un fond d'émail bleu translucide très foncé ou vert. Le métal est complètement guilloché sous l'émail; quant aux traits de gravure qui dessinent les personnages, ils sont incrustés d'émail opaque. Il n'est guère douteux que ce monument, d'une exquise finesse, n'ait été exécuté dans le nord de la France vers 1359, et très probablement un peu avant cette date, un peu avant la donation faite par la reine Jeanne. Il est fort probable que ce morceau d'orfèvrerie sort de quelque atelier parisien, et que les *esmalta parisina* mentionnés dans l'inventaire du Saint-Siège, en 1295,

La fuite en Égypte. Fragment de la décoration émaillée du socle de la Vierge donnée par la reine Jeanne d'Évreux à Saint-Denis.
(Musée du Louvre.)

étaient ainsi fabriqués. En tout cas, la Vierge de Jeanne d'Évreux nous offre une technique parfaite, et témoigne déjà d'une longue pratique de ce procédé.

C'est vers la même époque que l'Italie rentre en scène avec des monuments tout à fait hors ligne dus à des orfèvres siennois ou florentins.

Le reliquaire du corporal de Bolsène, exécuté en 1338 par Ugolino, fils de Veri, de Sienne et d'autres orfèvres siennois ses compagnons, *per magistrum Ugholinum et socios aurifices de Senis*, comme le dit l'inscription gravée sur le monument, est un tabernacle de un mètre quatre-vingts centimètres de haut. Il est tout en argent doré, et émaillé. Chacune de ses grandes faces se compose de trois séries de compartiments, séparées par des contreforts de style gothique, abritées par trois gables encadrant eux-mêmes des panneaux émaillés. Des clochetons surmontés de figures d'anges, un crucifix accosté de la Vierge et de saint Jean terminent le monument, dont la base, en forme de scotie, est également émaillée et accompagnée de huit figures assises, exécutées en ronde bosse. Chacune de ces grandes faces comporte douze compartiments principaux, retraçant l'histoire de la Passion et l'histoire du corporal de Bolsène. On ne peut mieux définir ces émaux qu'en disant que ce sont des bas-reliefs entièrement recouverts d'émaux translucides. Les nombreuses détériorations qu'a subies le reliquaire permettent de se rendre compte aisément de son mode de fabrication. On peut dire que pour les orfèvres qui ont exécuté ce monument, l'un des plus somptueux qui existe, l'émaillerie translucide n'avait plus de secret. Jusqu'ici cependant on n'en a pu tirer tous les renseignements qu'il nous pourrait fournir sur l'art siennois de la première moitié du xive siècle, tellement l'étude en est difficile. Rarement exposé, et dans des cérémonies où il n'y a guère de place pour un archéologue, pendant longtemps on a dû se contenter de faire mille conjectures à son sujet. Heureusement qu'il existe au Musée d'Orvieto un autre monument dû au même artiste qui permet de se rendre mieux compte de son travail. C'est un grand reliquaire de forme architecturale, en cuivre doré, de un mètre de hauteur, qui provient de l'église Saint-Juvénal. Son soubassement hexagone est décoré de plaques d'argent émaillées, de tous points conformes à celles du reliquaire du corporal. Ugolino, ainsi que l'atteste une inscription, s'était fait aider dans cette besogne par un autre orfèvre siennois, nommé Viva. A propos de ces pièces, nous répéterons l'observation déjà faite à propos de la Vierge de Jeanne d'Évreux : ce n'est certainement qu'après de longues années de tâtonnements que les orfèvres italiens avaient pu obtenir ce degré de perfection, ce qui permet de faire remonter assez avant dans le xiiie siècle les origines de cette technique.

En même temps que travaillaient les Siennois, dont nous possédons de très nombreuses œuvres, calices, reliquaires de toutes formes, sur lesquels nous avons beaucoup de renseignements, grâce aux documents précieux publiés par M. Milanesi, les Florentins ne restaient pas en arrière.

Parmi les orfèvres les plus connus de cette époque, il convient de citer Andrea Arditi, dont il subsiste encore plusieurs ouvrages. Un ancien inventaire de l'église Santa Reparata, à Florence, décrit deux objets sortis des mains de cet orfèvre, deux calices datés, l'un de 1331, ce qui permet de croire qu'il était né au xiiie siècle. Ces deux calices étaient accompagnés de patènes émaillées; il n'est guère douteux, d'après les œuvres du même orfèvre que nous possédons, qu'elles étaient décorées suivant le nouveau procédé. Un calice, qui a fait autrefois partie de la collection Soltykoff avant d'entrer dans la collection Spitzer, est signé : *Andreas Arditi de Florentia me fecit*, « Andrea Arditi de Florence m'a fait ». Sa patte, sa tige ainsi que sa fausse coupe, sont décorées d'émaux translucides d'un très grand éclat. Mais l'œuvre capitale d'Arditi est le buste de Saint Zanobi, que l'on conserve au Dôme de Florence. Au point de vue de la plastique, ce buste est des plus médiocres et prouve surabondamment que si notre artiste était bon orfèvre, bon ciseleur et bon émailleur, ses maîtres avaient oublié de lui faire étudier la figure humaine. Quand on compare la Vierge de Jeanne d'Évreux avec cet épouvantail florentin, on ne fait pas des réflexions très favorables à l'art italien du XIVe siècle.

Quoi qu'il en soit, il faut louer les médaillons d'émail qui décorent le vêtement et la mitre du saint; ils sont de bon goût et d'une finesse d'exécution très remarquable. Néanmoins si on les compare à des émaux fixés sur une pièce française tout à fait analogue, le chef de saint Martin conservé à Soudeilles (Corrèze), on s'aperçoit vite que les émailleurs limousins, au fond de leur province, avaient conservé plus d'habileté de main que les orfèvres des bords de l'Arno. Le Limousin, plus modeste que son confrère Italien, s'est dispensé de placer sa signature sur la poitrine du saint, comme une véritable affiche, et c'est vraiment dommage; on aimerait à connaître le nom de l'artiste qui a ciselé avec tant de finesse, et recouvert entièrement d'émaux translucides, ces plaques d'argent qui épousent parfaitement la forme de la mitre. Au lieu des

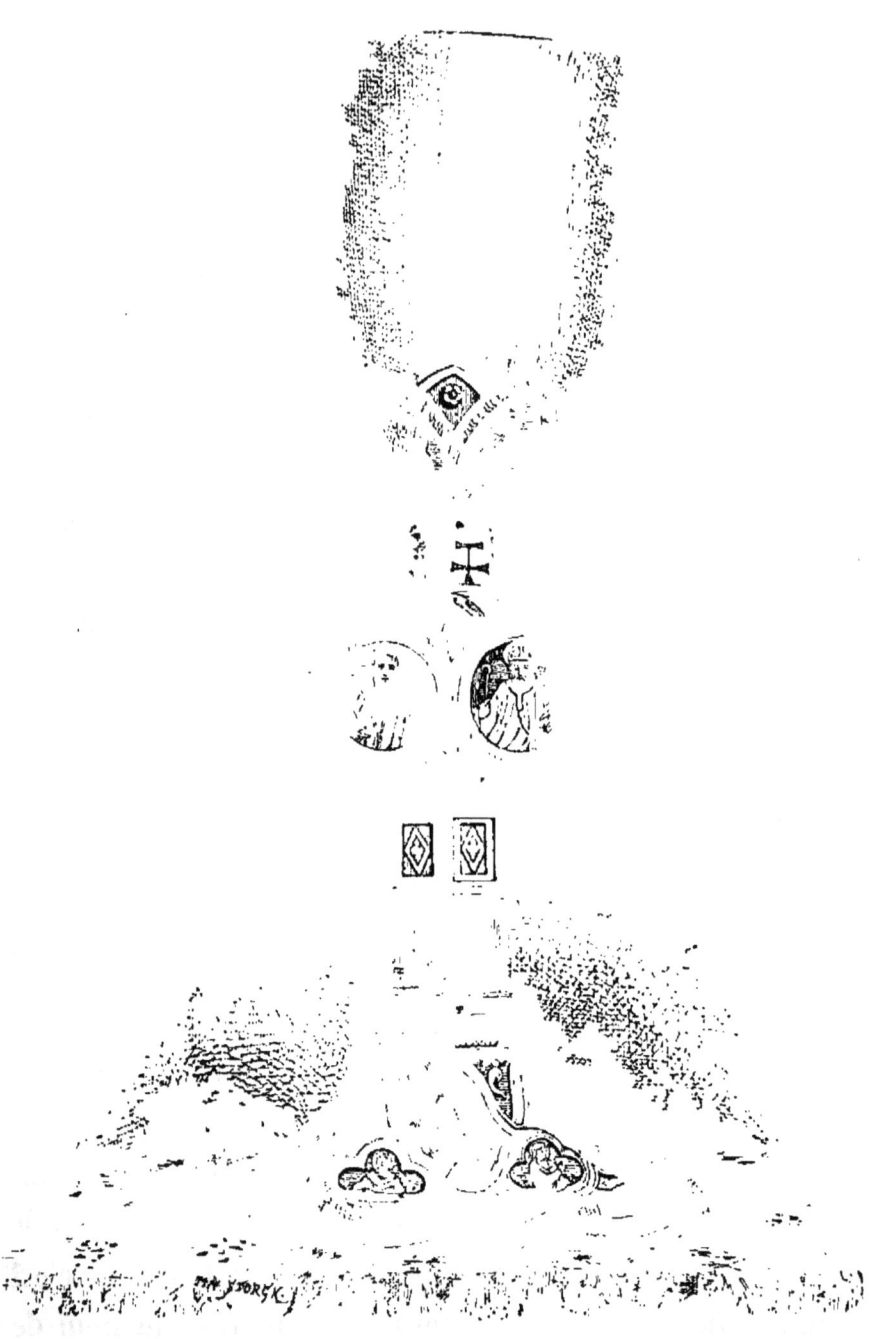

Calice par Andrea Arditi. Florence. Commencement du xive siècle.
(Collection Spitzer.)

LES ÉMAUX TRANSLUCIDES.   211

banales figures de saints qu'Andrea Arditi a employées dans cette décoration, le Français a mieux aimé ne dessiner que des oiseaux, mais il l'a fait avec esprit et aussi avec une grande sûreté de main. Ce chef de saint Martin de

Émaux translucides du chef de Saint-Martin de Soudeilles (Corrèze.)
Limoges, xiv° siècle.

Soudeilles, dont la tête a malheureusement souffert, est aussi bien meilleur que l'autre au point de vue de la sculpture. Bref la supériorité de l'orfèvrerie française du xiv° siècle éclate là dans toute sa force. Il ne faut pas s'étonner si nous croyons devoir attribuer cette œuvre d'une réelle valeur à un orfèvre provincial; car les statuts des orfèvres de Limoges, rédigés en 1595, nous font connaître positivement qu'eux aussi pratiquaient l'émaillerie translucide sur relief : un passage de ces statuts prohibe l'usage du paillon dans la décoration de la vaisselle d'argent émaillé.

Si nous mentionnons une crosse qui, de la collection Soltykoff, est passée au Musée de South Kensington, œuvre de la Suisse allemande et du milieu du XIV° siècle, — elle a été faite pour l'abbé d'un couvent de Bâle en 1351 — c'est seulement pour rappeler, avant de parler de pièces françaises ou flamandes importantes, que l'Allemagne ne restait pas en arrière pour ce genre de travail. Une monstrance de saint Henri et un reliquaire de sainte Cunégonde, de même provenance, dans la collection Basilewsky, au Musée de l'Ermitage, viennent encore confirmer cette opinion. Mais il est évident que pour la seconde moitié du XIV° siècle, la palme demeure à la France et à la Flandre. Rien d'étonnant du reste, puisque, pour les arts mineurs, tout au moins pour les objets de luxe, l'époque de Charles V et de Charles VI, avec ses princes dépensant sans compter, a été un véritable âge d'or.

Les inventaires de cette époque nous font connaître une foule d'ustensiles civils décorés avec le plus grand luxe et dans lesquels l'émail jouait un rôle décoratif tout à fait prédominant. Voici quelques exemples qui pourront donner une idée de ces pièces : « Ung hanap d'or à couvercle, a ung esmail rond ou fond de France (aux arm de France) et est au milieu la teste Dieu sur rouge cle (Charles V, n° 585) . » — « Un hanap d'or couvert o buvoit le roy cotidiennement a ung esmail ou fons dedans d'un paon faisant la roue et taillé par dehors tout autour de gens d'armes (Charles VI). » On pourrait multiplier à l'infini de tels exemples. Malheureusement ces pièces, qui dans bien des cas représentaient une grande partie de la fortune de leurs possesseurs, n'ont pu échapper à la

Émail translucide. Fragment du reliquaire de Saint Henri.
Allemagne. xive siècle.
(Musée de l'Ermitage, à Saint Pétersbourg.)

fonte; aussi est-il extrêmement rare d'en rencontrer. Le Musée de Copenhague possède une aiguière en argent, à six pans, de galbe légèrement piriforme, entièrement émaillée. Les sujets qui la décorent sont disposés sous des gables et des arcatures de style gothique; ils se détachent sur un fond d'émail bleu translucide, rouge lie de vin ou rouge opaque : des grotesques et des monstres, tels qu'on en rencontre si fréquemment dans les miniatures du xiv⁰ siècle, décorent les écoinçons des arcatures; une tête de dragon forme le goulot. Ce monument, d'un bon dessin et d'un bon style, qui date environ du milieu du xiv⁰ siècle, est surpassé de beaucoup par une belle coupe d'or, aujourd'hui fort célèbre, qui appartient à M. le baron Jérôme Pichon. De forme évasée, placée sur un pied bas, elle est entièrement décorée de sujets empruntés à la légende de sainte Agnès; cette décoration envahit aussi l'intérieur du vase, ce qui contribue à faire de ce monument une pièce d'une richesse exceptionnelle, tout à fait conforme aux descriptions des inventaires. Ce n'est pas sans vraisemblance que M. Léon Palustre a cru y reconnaître une coupe que décrit l'inventaire de Charles V (n°592) qui, elle aussi, représentait l'histoire de sainte Agnès. Après avoir été transporté en Angleterre, puis en Espagne, ce monument français, d'un charme exquis de décor et de dessin, est, espérons-le, revenu pour toujours dans son pays d'origine. Car c'est une œuvre française entre toutes que cet objet dans lequel les personnages entièrement émaillés se détachent sur un fond d'or bruni ou gravé au pointillé de délicats rinceaux. L'émailleur n'a pas reculé du reste, et avec raison, devant l'emploi des tons les plus voyants, le rouge par exemple; car la violence de ces tons est singulièrement diminuée par l'éclat de l'or qui leur sert de cadre. Bref, c'est là une œuvre unique qui nous doit faire d'autant plus vivement regretter la perte de celles dont nous n'avons que les descriptions.

Un très beau triptyque conservé à la cathédrale de Liège, un autre, plus petit, à la Riche Chapelle de Munich, sont également des pièces fort somptueuses en leur genre, mais qui, tout naturellement, méritent moins d'attention que les objets civils, parce qu'ils sont loin d'être aussi rares et nous apprennent par conséquent beaucoup moins que les premiers. Le triptyque de Liège est d'argent doré, émaillé aussi bien sur sa face que sur son revers. A l'intérieur est représentée la crucifixion, sur un fond à compartiments rappelant un peu l'ornementation des manuscrits du xiv° siècle. A l'extérieur, sur un fond guilloché, sont figurés le Christ dans sa gloire, le couronnement de la Vierge, l'annonciation, la visitation, sainte Catherine et sainte Marguerite. Dans toutes ces scènes les figures sont réservées, gravées et incrustées d'émail sur un fond d'émail. Le dessin est assez fin, mais souvent incorrect, et les poses des personnages, comme dans beaucoup de monuments du xiv° siècle, sont forcées et exagérées.

Un calice en argent doré, provenant d'Espagne, mais de style absolument flamand, que contient la collection Spitzer, va nous mener tout à fait à la fin du xiv° siècle. De grande dimension, ce calice présente ceci de curieux que toute la coupe, décorée de grands rinceaux de pampres, réservés et gravés, est entièrement émaillée de vert translucide. C'est un exemple fort rare qui nous explique parfaitement certains textes qui parlent de monuments tout recouverts d'émail. La tige est décorée de fausse architecture et enfin le pied, à six lobes, est orné de scènes émaillées complètement, sauf pour les têtes des personnages, qui sont simplement gravées et réservées sur le fond d'émail. Au milieu de ces tableaux, parmi lesquels on distingue l'entrée du Christ à Jérusalem, le portement de croix, la crucifixion, etc. se trouvent les armoiries du donateur, un membre de la famille de Lara, très probablement don Pedro Nuñez de Lara, comte de Majorque en 1381.

Toute cette décoration est des plus somptueuses, mais est loin d'atteindre cependant à l'éclat d'une série de disques en émail translucide que possède le Louvre. Ces disques, d'assez grandes dimensions, ont sans doute servi à la décoration de pièces du vêtement ecclésiastique; on en plaçait de ce genre notamment sur les mitres. Ils sont en or et ciselés avec une habileté surprenante. On y voit Dieu le Père entre saint Jean et saint Charlemagne, le baptême du Christ, la Vierge portant l'enfant Jésus, entre sainte Catherine et un martyr, le Christ à la colonne, Jésus cloué sur la croix, la crucifixion, saint Jean Baptiste prêchant. Le style est le style franco-flamand adopté en France à la fin du XIVe et au commencement du XVe siècle. Mais, outre la finesse du dessin, qui est fort grande dans ces pièces, ce qu'il y a de surtout remarquable ce sont les tons des émaux, d'une vivacité extraordinaire, qui recouvrent complètement, comme d'un verre, toute l'étendue de ces petits bas-reliefs, dont tous les fonds sont gravés de délicats rinceaux ou guillochés. Les émaux rouge, vert, gris bleuâtre, jaune, bleu vif, incolore, parviennent à modeler admirablement, grâce aux jeux de lumière savamment calculés, tous les personnages qui se détachent bien chacun à son plan. D'un atelier tout à fait analogue sont sortis cinq disques plus petits que poss le Musée de Dijon; ils représentent la purification de la Vierge, Jésus au milieu des docteurs, le baptême du Christ, la cène, la Sibylle montrant la Vierge à l'empereur

Calice en argent doré recouvert d'émaux translucides. Travail hispano-flamand. Fin du xive siècle.
(Collection Spitzer.)

Auguste. Les tons employés dans ces petits monuments sont absolument les mêmes et tout aussi éclatants que dans les émaux du Louvre ; il ne serait pas impossible qu'ils provinssent les uns et les autres du même ensemble.

Pour continuer à faire marcher parallèlement les trois pays dont nous faisons en ce moment l'histoire au point de vue de l'émaillerie, nous devons mentionner le reliquaire du bras de saint Georges, conservé au trésor de Saint-Marc à Venise, sorte de vase en forme de cône renversé, décoré sur ses flancs de figures de saints émaillées, placées sous des arcatures. Cette œuvre, qui n'est pas, au point de vue de la forme, exempte de mauvais goût, est très probablement vénitienne et de la fin du XIVe ou du commencement du XVe siècle ; à ce propos, rappelons qu'à Venise même, en plein XIVe siècle, en 1342, on a fait encore des émaux cloisonnés ; mais il convient d'ajouter que c'était simplement pour réparer la *Pala doro*, et que l'orfèvre qui les a exécutés ne paraît pas être un Vénitien, mais un Siennois ; du moins son nom, Boninsegna, semble indiquer cette dernière origine.

On sait l'extension que prit l'industrie des orfèvres en Italie et particulièrement en Toscane à la fin du XIVe siècle et au XVe siècle. La boutique des orfèvres est en quelque sorte l'atelier d'où sont sortis tous les grands artistes de la Renaissance italienne. Sculpteurs et peintres se sont presque tous formés à l'étude d'un métier qui demande des connaissances très étendues, une science du dessin très approfondie, une habileté de main très considérable. Ce fut surtout à Florence que l'orfèvrerie eut de l'influence sur le développement de tous les autres arts et, pendant tout le xve siècle, les églises ou les riches particuliers rivalisèrent entre eux pour commander les œuvres les plus somptueuses. Malheureusement ces ouvrages sont aujourd'hui peu nombreux, pour l'émaillerie du moins; car, en ce qui concerne l'orfèvrerie proprement dite, les églises de Toscane renferment encore une foule de chefs-d'œuvre. Parmi les pièces émaillées il faut citer en première ligne la belle croix en argent dorée et émaillée, exécutée entre les années 1456 et 1459, pour le Baptistère de Florence par trois orfèvres célèbres : Antonio del Pollajuolo, Miliano Dei, et Bettodi Francesco Betti. Comme dans beaucoup de ces pièces faites en collaboration, n'eût-on sur celle-ci aucun document, il ne serait pas difficile de reconnaître qu'elle a été fabriquée par des mains différentes. La base de la croix du Baptistère atteste des tendances tout à fait nouvelles en orfèvrerie, tandis que la partie supérieure montre un artiste encore attaché aux traditions gothiques. C'est à Pollajuolo qu'est due la base accompagnée de figures de chimères, d'un style admirable; c'est à Betto que l'on doit la croix dont les médaillons émaillés, bordés d'une fine dentelle de métal, témoignent de l'attachement de cet orfèvre pour les formes traditionnelles de l'art gothique. Malheureusement la croix de Florence a beaucoup souffert; nombre des plaques ciselées qui la décorent sont aujourd'hui privées de leur émail, et le monument ne produit certainement plus, pris dans son ensemble, la même impression qu'au sortir des mains des orfèvres.

Dès le commencement du xive siècle, nous voyons l'émail appliqué sur des pièces d'orfèvrerie d'une façon un peu différente de ce que comportait la technique des émaux translucides proprement dits. Nous savons par des monuments tels que le sceptre d'or du roi Charles V, conservé au Musée du Louvre, que l'on n'appliquait plus seulement l'émail sur des surfaces planes préparées à le recevoir par un travail de ciselure; on l'appliquait aussi directement sur des pièces d'orfèvrerie de formes compliquées. Le lis, qui dans le sceptre de Charles V soutient une figure assise de Charlemagne, était émaillé de blanc. Dans un autre monument fort célèbre qui provient du trésor de Charles VI, pièce dérobée avec plusieurs autres par le frère de la trop célèbre Isabeau de Bavière, nous trouvons l'émaillerie sur relief pratiquée avec une habileté consommée. Dans ce monument, conservé à Altœting, en Bavière, et auquel les Allemands ont donné le nom de *Rössel*, « petit cheval », à cause du cheval tenu en main par un écuyer qui y figure au premier plan, toutes les figures de haut-relief, en or repoussé, sont recouvertes d'émail soit opaque soit translucide : la Vierge, le roi Charles VI, le personnage agenouillé qui porte le heaume du roi, le cheval, tout cela est recouvert d'émail. Or cette pièce date au plus tard de l'an 1403, puisqu'elle fut offerte au roi par Isabeau au 1er de l'an 1404. Quelques archéologues ont même pensé qu'elle était un peu plus ancienne. De ce que le roi y est représenté jeune, on a inféré que ce monument somptueux avait été fait à l'occasion de l'union de Charles VI et de la princesse allemande. On a aussi appuyé cette hypothèse sur ce fait que la couronne de la Vierge, de teinte blanche et bleue, rappelle les couleurs des armoiries de Bavière. Quoi qu'il en soit, le

Rössel est un monument antérieur à 1404. Quant à savoir de quelles mains il est sorti, cela est impossible à l'heure qu'il est; de nombreux orfèvres, dont les noms nous ont été conservés dans les comptes royaux, peuvent prétendre à l'honneur de l'avoir créé : Claux de Fribourg ou Simonnet Lebec, Herman Roussel, Hans Croist ou Jean du Vivier, les uns ou les autres peuvent presque également passer pour en être les auteurs; il ne serait cependant pas impossible, d'après le style général, d'en attribuer la paternité à quelqu'artiste allemand travaillant pour la cour de France au commencement du xve siècle.

En France nous ne possédons plus de monument de ce genre d'une telle importance. On peut cependant voir, au Musée du Louvre, un reliquaire à plusieurs étages, sorte de monument gothique semé d'une profusion de pierreries, dont toutes les niches renferment des personnages de haut relief, exécutés au repoussé et recouverts d'une couche d'émail plus ou moins épaisse, blanc, bleu, rouge. Cette pièce a fait partie de l'ornementation de la chapelle de l'ordre du Saint-Esprit, mais nous ne connaissons point son origine exacte. Cependant il est permis de supposer qu'elle appartenait depuis de longues années au trésor royal, quand Henri III l'en tira pour la donner à la chapelle de son nouvel ordre de chevalerie; et il y a tout lieu de croire qu'elle est de fabrication française. Il faut remarquer, en passant, que la technique des pièces de ce genre, dans lesquelles les émaux n'étaient point polis après la cuisson, a pu influer dans une certaine mesure sur la découverte de l'émaillerie peinte.

Laissant de côté les grandes pièces d'orfèvrerie italiennes

Le « Rössel » d'or d'Altœting. France.
(Commencement du xv° siècle.

telles que l'autel de Saint-Jean de Florence, de Saint-Jacques de Pistoie, de Monza, etc., monuments dans la décoration desquels l'émail entre toujours pour une assez large part, nous dirons un mot de quelques monuments dans lesquels il joue un rôle plus important.

L'émaillerie sur relief telle que nous l'observons sur le *Rössel* d'Altœting, nous la retrouvons pratiquée en Italie à une époque fort avancée du xve siècle, mais avant toutefois l'an 1490. L'église primatiale de Gran, en Hongrie, conserve un grand crucifix d'or, don du roi Matthias Corvin, dans la décoration duquel l'émail joue un rôle prépondérant. Sur une base triangulaire se dressent trois énormes figures de sphinx en or émaillé soutenant les armoiries du roi de Hongrie. Entre elles s'élève un balustre également émaillé sur lequel repose un monument à deux étages, de style gothique. Au premier étage se voit un Christ lié à la colonne; au second étage une crucifixion. Les personnages, de haut relief, sont entièrement recouverts d'émail. Comme dans la croix de Saint-Jean de Florence, il est facile de reconnaître que l'ensemble de l'ouvrage a été exécuté par deux maîtres de tendances très différentes. L'un était encore attaché aux anciennes traditions, l'autre avait rompu complètement avec elles. Il est malheureusement impossible de savoir au juste de quelle ville provient la croix de Matthias Corvin, le roi de Hongrie, amateur passionné des beaux-arts, étant en relation avec des artistes de toutes les parties de l'Italie; tout au plus peut-on conjecturer que quelque Florentin a pu donner le *patron* ou modèle qui a servi à l'exécution de cette œuvre, l'une des plus belles et des plus riches qui existent.

Pour une période plus avancée de l'art italien nous possédons en France, au Musée du Louvre, un monument qui, pour n'être pas aussi somptueux que le calvaire de Gran, n'en est pas moins une œuvre d'art de premier ordre, un objet d'un goût exquis. Nous voulons parler du grand Baiser de paix en argent doré et émaillé offert par Henri III à la chapelle de l'ordre du Saint-Esprit. Ce beau tableau d'orfèvrerie, sur lequel du reste nous aurons à revenir en parlant des émaux peints, ne date pas, comme bien on pense, de l'époque du dernier roi de la branche des Valois. Il fut trouvé par lui dans le trésor royal et lui donna simplement une nouvelle destination. D'où cet objet, aussi bien que les flambeaux, le bénitier, les burettes qui l'accompagnent, venait-il? il n'est pas aisé de le dire. Fabriqués en Italie, à la fin du xve siècle ou au commencement du xvie siècle, peut-être furent-ils apportés en France par Catherine de Médicis et, dans ce cas, une origine florentine paraîtrait probable; mais on ne peut rien affirmer à cet égard. Quoi qu'il en soit, la face du Baiser de paix est décorée d'émaux peints et d'un tableau en verre dit verre églomisé, le revers est orné d'émaux translucides sur relief d'un genre particulier. Les plaques d'argent qui lui servent d'excipient ont été profondément creusées et c'est dans ces cavités, qui figurent des rinceaux, des dragons et des ornements de tout genre, que l'émail a été déposé, le champ de métal tout autour de cette décoration restant absolument uni. C'est un procédé qui a été employé fréquemment au xvie siècle par les bijoutiers de tous les pays, et ils en ont tiré des effets excellents. Nous y reviendrons en parlant des émaux appliqués, à la Renaissance, à la décoration des pièces d'orfèvrerie, particulièrement par les orfèvres allemands.

De même provenance, comme nous venons de le dire,

Pied de la croix en or émaillé donnée par Matthias Corvin à l'église de Gran.
(Italie, xv° siècle.)

sont deux burettes en cristal de roche, sortes de petites buires d'une forme charmante, montées en argent émaillé. Si nous en parlons ici, c'est que ces pièces nous révèlent chez les orfèvres italiens de la Renaissance une technique particulière qu'il est bon de signaler. Le pied et le col de ces burettes sont d'argent recouvert d'émail bleu translucide ; mais sur ces émaux bleus se détachent de menues guirlandes de feuillages dorés qu'au premier abord on croirait ciselées et épargnées dans le métal ; mais, grâce aux accidents qu'ont subis ces gracieux objets, on peut s'assurer sans peine que ces guirlandes sont de minces feuilles d'or découpées et rapportées sur le fond avant l'émaillage. Une fois la pièce terminée, elles semblent faire absolument corps avec elle. C'est un petit détail, de fabrication, si l'on veut, mais il convenait, croyons-nous, de le signaler. Nous ne pensons pas qu'on l'ait observé jusqu'ici sur des pièces aussi anciennes.

Ce n'est guère qu'à partir du xiv° siècle que l'émaillerie joue réellement un rôle dans le costume. Jusque-là on avait bien porté, à la vérité, des bijoux émaillés, mais jamais en aussi grand nombre. Des modes particulières au xiv° et au xv° siècle, telles que celles des ceintures en orfèvrerie, l'application d'ornements de métal, et en très grande quantité, aux vêtements, à ces vastes houppelandes dont s'affublaient les seigneurs de la cour de Charles VI, eurent une influence décisive sur l'usage de l'émail dans le costume.

Nous avons déjà dit en tête de cet ouvrage un mot de émaux à jour ; c'est au xiv° siècle qu'ils entrent en ligne nous les voyons briller, au trésor de Vienne, en compagnie des émaux translucides sur relief, sur l'étole impériale, décoration d'orfèvrerie qui rappelle les plaques émaillées plus anciennement fixées sur les gants épis copaux. Nous donnons ici une charmante agrafe, qui appartient à M. Piet-Lataudrie, composée d'un émail à jour serti dans une monture en argent doré, ornée de cabochons. Les tons de cet émail vert, lie de vin, jaune, lui donnent l'aspect d'un véritable vitrail; et de la présence de trous percés à certains endroits dans l'émail on peut inférer que les pièces de ce genre pouvaient soit être serties en orfèvrerie, soit aussi être cousues sur des étoffes, former une décoration continue et produire à peu près le même effet que des boutons. Les émaux à jour sont d'une excessive rareté; celui que nous reproduisons ici appartient à la fin du xiv° siècle; et c'est encore à cette époque, ou au commencement du xv° siècle, qu'il faut rapporter une belle ceinture en orfèvrerie qui est fixée sur l'image de sainte Foy,

Agrafe ou bouton orné d'un émail à jour. xiv° siècle.
(Collection Piet-Lataudrie.)

au trésor de Conques. Sur cet ornement du costume civil les chatons décorés d'émaux à jour alternent avec des émaux translucides sur relief qui ne peuvent laisser aucun doute, quant à l'âge du monument. Malheureusement ce bijou a été fragmenté, sans quoi ce serait très probablement la plus belle ceinture du moyen âge aujourd'hui existante. Des chatons d'émail du même genre sont fixés sur la couronne qui ceint le front du buste de sainte Valérie, à Chambon (Creuse). Ils sont également du xv° siècle.

Nous savons par des textes tirés d'inventaires de trésors, et aussi par Benvenuto Cellini, qu'il a existé des vases en orfèvrerie décorés de cette manière ; mais aujourd'hui nous ne connaissons aucune pièce qui corresponde exactement à ces descriptions. On peut voir au Musée de South Kensington, à Londres, une coupe couverte dont les flancs sont décorés d'émaux à jour imitant de véritables vitraux enchâssés entre les meneaux de fenêtres de style gothique. Mais à vrai dire, cette pièce, qui intrigue fort tous les archéologues, a éveillé chez plus d'un d'entre eux de tels doutes que nous n'oserions certifier son authenticité, en faveur de laquelle cependant militent de nombreux arguments. Il faut pourtant la rapprocher, comme l'a fait M. Darcel, d'un monument décrit dans l'inventaire du duc de Berry, oncle de Charles VI :

« Un gobelet d'argent doré, couvert, orné de tabernacles et fenestrages d'argent blanc et d'esmail et de plusieurs couleurs en manière de voirrières, seant sur trois ours d'argent doré, et sur le fretelet a un ours. »

On retrouve peut-être une imitation de ces émaux à jour dans les médaillons ovales à fond vert, d'une si délicate exécution, qui bordent le bouclier en or émaillé que possède le Musée du Louvre. Cette pièce d'armure de parade, qui a appartenu au roi Charles IX, pourrait à la rigueur passer pour une œuvre française ; mais elle a été fabriquée à une époque où la vulgarisation de modèles gravés, répandus dans toute l'Europe, avait imprimé à l'orfèvrerie un caractère trop international pour que l'on puisse énoncer cette attribution sans faire des réserves. Quoi qu'il en soit, ces émaux, d'une rare perfection, sont ou des émaux cloisonnés proprement dits, ou des émaux à jour. Il ne serait guère possible de s'en assurer qu'en les démontant; l'archéologie pourrait gagner quelque chose à une semblable opération, mais l'art y risquerait trop pour qu'on doive la tenter.

Nous terminerons ce chapitre sur l'émaillerie translucide en disant quelques mots d'un monument français qui fait aujourd'hui partie de la collection de Sir Richard Wallace, et de pièces d'orfèvrerie allemande dans lesquelles l'application de ce procédé s'est perpétué jusqu'au xviie siècle.

Le diptyque en or, autrefois sans doute un triptyque, qui fait partie de la collection Wallace se compose de deux petites plaques cintrées par le haut, émaillées sur leurs deux faces. D'un côté on voit Charlemagne et saint Louis; de l'autre Pierre de Bourbon et sa femme Anne de Beaujeu, fille de Louis XI, accompagnés de saint Pierre et de sainte Anne. Le travail est des plus délicats et les tons vifs des couleurs n'ont rien à envier aux émaux plus anciens. Bien que Labarte ait cru devoir reconnaître dans ce monument une œuvre italienne parce qu'il est à peu près exécuté d'après les procédés que décrit Benvenuto Cellini, on ne doit pas hésiter à en faire honneur à quelque artiste français, ainsi que l'indiquent suffisamment et le style du dessin et le costume des personnages. Il ne faut pas oublier que Cellini n'indique pas toujours dans ses ouvrages des procédés de fabrication qui lui étaient propres et inventés par lui; il décrit bien souvent aussi une technique commune à tous les orfèvres du xvie siècle, qu'ils fussent français ou italiens. Dans l'espèce, il serait d'autant plus invraisemblable d'attribuer ce petit monument à l'Italie, que bien que l'orfèvre florentin parle d'émaux de ce genre, nous ne connaissons pour cette époque aucun monument italien qui lui ressemble même de loin.

C'est encore à des artistes italiens qu'on attribuait autrefois quelques œuvres allemandes dont il nous reste à parler; et même parmi celles-là il s'en trouve qui ont été décorées d'une attribution à Cellini lui-même, tant ce nom avait autrefois de prestige. M. Plon a restitué, avec toute raison, à l'Allemagne quatre belles coupes et un flacon en or que l'on conserve à Florence, au palais Pitti. De ce que ces pièces du xvie siècle ont fait partie du trésor des Médicis, on en avait conclu, un peu à la légère, qu'elles étaient italiennes. Recouvertes d'une riche décoration en émail translucide, rinceaux, guirlandes, volutes et armoiries formant un réseau multicolore qui se détache sur le fond bruni du métal, elles offrent, comme technique, une certaine analogie avec le revers du Baiser de paix de la chapelle du Saint-Esprit, dont nous parlions tout à l'heure; mais là s'arrêtent les ressemblances. Ces pièces font du reste le plus grand honneur aux orfèvres allemands; leur histoire a été refaite complètement à l'aide des armoiries qui les décorent; elles proviennent sans contestation possible d'Allemagne : l'une porte les armes de Salzbourg, les quatre autres les armes de deux archevêques de la même ville, Wolf-Dietrich de Reitenau et Max Sittich de Hohen-Embs. De nombreuses pièces allemandes présentent avec ces bijoux du palais Pitti tant de ressemblance qu'en dehors même de toute considération historique, il ne faudrait pas en faire honneur à Cellini. Enfin il est un

Calice décoré d'émaux translucides, par Christophe Ulrich Eberl.
Allemagne, XVIIe siècle.
Riche-Chapelle, à Munich

autre argument qui à lui seul serait suffisant pour terminer le débat : c'est qu'à l'époque où elles furent faites Cellini était mort. D'après les dates fixées par les armoiries, elles ont été fabriquées au commencement du xviie siècle.

Au même temps il faut rapporter un certain nombre de calices et de gobelets que conservent les trésors et les musées d'Allemagne : en particulier, on peut citer un beau calice de la Riche-Chapelle de Munich, ici reproduit. C'est toujours le même système d'ornementation que nous retrouvons encore sur mille objets du même genre, manches de couteaux, cuillers, médaillons fabriqués en grande majorité en Bavière, à la fin du xvie et au commencement du xviie siècle. Les meubles mêmes n'ont pas échappé à ce genre de décoration et il existe des cabinets en ébène et même des clavecins, décorés de plaques d'argent recouvertes d'émaux translucides. Les cadrans d'horloges ont aussi été émaillés, et au trésor impérial de Vienne on peut voir un objet de ce genre dont le cadran porte le monogramme d'un émailleur d'Augsbourg, l'un des plus connus de la seconde moitié du xvie siècle, David Attemsteter, mort en 1591. Mais à ce moment il faut s'arrêter, car faire l'histoire des artistes qui ont employé l'émail pour égayer les pièces d'orfèvrerie sorties de leurs mains, ce serait refaire l'histoire de l'orfèvrerie tout entière, sans que nous ayons chance de voir mettre en œuvre un procédé nouveau et digne d'être noté.

Nous en dirons autant de la bijouterie du xvie siècle. Bien entendu, tous les artistes qui ont fabriqué des bijoux, depuis la Renaissance comme antérieurement, ont pu se servir et se sont servis de l'émail; ils l'ont employé sous toutes ses formes : champlevé, cloisonné, sur relief ou même peint ; et ces différents procédés peuvent se trouver parfois réunis sur la même pièce ; nous n'avons pas à nous occuper ici des monuments qu'ils ont créés parce qu'il faudrait beaucoup plus insister sur leur style, sur leur forme, que sur des modes de décoration qui nous sont maintenant tous connus. Nous ne ferons qu'une exception en faveur des émaux qu'on a nommés jusqu'ici *émaux en résille sur verre*, faute d'appellation plus convenable. Et d'abord nous proposerons de ne plus les appeler qu'*émaux en résille* ; car, ainsi que nous l'avons dit au commencement de cet ouvrage, une plaque de verre ne sert point à les appliquer.

Nous ne savons au juste s'il en existe hors de France des échantillons que l'on puisse rattacher à d'autres ateliers qu'à des ateliers français. Mais toujours est-il qu'un des plus beaux objets de ce genre que l'on possède est un revers de miroir ovale qui fait partie des collections du Louvre ; et celui-là est de fabrication française. Le champ est violet clair, mais il est possible que cette coloration ne soit qu'accidentellement donnée par la plaque de fond, un paillon, qui ne fait point corps avec l'émail. Une tige de lis émaillé de vert, de blanc et de rouge, occupe toute la pièce et autour de cette tige végétale se développe une banderole sur laquelle on lit : GRACE DEDANS LE LIS HA (sic) ; cette inscription équivaut à une signature française. Signalons enfin, dans la même collection, une montre du xvie siècle, décorée de la même manière ; elle aussi est française, peut-être de Rouen, si du moins on s'en fie à la signature tracée sur le mouvement.

CHAPITRE VII

Les origines de la peinture en émail en France et en Italie.

Si le passage de l'émaillerie champlevée à l'émaillerie translucide sur relief nous a paru relativement facile à expliquer, il n'en est pas de même du passage de cette dernière forme à l'émail peint ou *émail sur apprêt*. Il est même permis de se demander si les verriers n'ont pas précédé les émailleurs dans cette transformation; si ce n'est pas dans leurs ateliers que s'est opérée dans les procédés une révolution qui allait mettre entre les mains des artistes de la Renaissance un nouveau moyen de traduire leur pensée.

Quand on ne connaissait encore, parmi les plus anciens émaux peints, que des émaux sur apprêt, on pouvait, avec une grande vraisemblance, dire que la nouvelle méthode n'était que le résultat d'un effort pour simplifier l'émaillerie translucide sur relief. M. Darcel, qui, avec juste raison, a fait une part aux verriers dans l'adoption de ce procédé nouveau, a parfaitement expliqué comment avait pu s'opérer ce passage à une autre technique : « Dans les émaux translucides sur relief, le modelé étant obtenu par le plus ou moins d'épaisseur de la couche d'émail, l'ombre apparente semble sous-jacente à la surface de la pièce. Quoi de plus simple, alors, que de dessiner un sujet au moyen d'émaux ombrants sur la surface brillante du métal, puis de recouvrir ce dessin monochrome d'émaux translucides diversement colorés? C'est cette préparation inférieure, vue à travers les émaux qui la recouvrent, qui forme le modelé. Puis, comme dans les émaux translucides sur relief, le brillant du métal apparaît dans les parties où l'émail est le moins épais, c'est-à-dire dans les clairs, on exprime les parties lumineuses par de l'or appliqué au pinceau. »

On ne peut donner une explication plus claire des émaux sur apprêt, et c'est pour cela que nous l'avons empruntée à l'éminent archéologue. Mais à vrai dire, cette explication ne nous satisfait qu'en partie; car, nous allons le voir, les plus anciens spécimens d'émaux peints que nous possédons ne sont pas traités de cette manière. Ce sont des peintures exécutées au moyen de couleurs vitrifiables, d'émaux, sur un émail qui, étendu sur une plaque de cuivre, sert de matière subjective; c'est en somme de la peinture sur verre.

Par une coïncidence au moins singulière, en France comme en Italie, nous retrouvons, à l'origine de l'émail peint, les verriers : en Italie, les verriers de Murano, en France, les peintres de vitraux de Limoges : ce sont des artistes limousins qui ont exécuté les verrières de Solignac, d'Eymoutiers et de l'église Saint-Pierre du Queyroix, à Limoges. Les Pénicaud, qui figurent en tête de la liste des peintres émailleurs limousins, étaient des verriers.

Une autre coïncidence également digne de remarque, c'est que dans les deux pays, le procédé de l'émaillerie peinte apparaît à peu près à la même époque. Faut-il conclure qu'il y a eu influence de l'Italie sur la France, ou de la France sur l'Italie, échange et imitation de recettes techniques? Il serait peut-être téméraire à l'heure qu'il est de décider cette question. On a toujours parlé de l'influence possible qu'ont pu avoir sur l'art limousin les importations faites par les Vénitiens; ouvrez n'importe quel ouvrage d'archéologie et vous trouverez mentionnés les comptoirs commerciaux que les Vénitiens avaient à Limoges, comptoirs dont il ne subsiste d'autre trace qu'un nom donné encore aujourd'hui à une rue, la « rue des Vénitiens ». On a certes abusé, au moins pour le moyen âge, de cet argument; peut-être est-il cependant, pour le xve siècle, prudent de ne pas trop le négliger; ces relations pour cette époque sont certaines; et, parfois, les Vénitiens ont pu apporter à Limoges un nombre d'œuvres d'art assez considérable. Une inscription qui se trouvait autrefois tracée sur une image de la Vierge, dans l'église de l'abbaye de Saint-Martial, semble à cet égard fournir une preuve décisive. Cette inscription était ainsi conçue : *Laçarus de Franceschis incensit, Franciscus Piloxus fecit.* 1455. Sous ce latin barbare, tous ceux qui ont quelque habitude de l'art vénitien reconnaîtront sans peine une de ces signatures telles qu'on en voit si fréquemment sur certains tableaux de l'École de Murano, dans lesquels la peinture et le cadre sculpté sont le résultat de la collaboration de deux artistes; nous n'en voulons pour exemple que ces deux signatures relevées sur des monuments conservés au Musée Correr, à Venise : *Bartholomeus magistri Pauli pinxit; Chatarinus filius magistri Andree incixit hoc opus* (fin du XIVe siècle); — 1404. *Nicholaus Paradixi, miles de Veneciis, pinxit et Chatarinus sancti Luce incixit*. De ce que les Vénitiens transportaient des tableaux ou des statues à Limoges, on peut conclure sans invraisemblance qu'ils apportaient aussi des verreries; et n'est-il pas légitime de supposer que leurs beaux verres émaillés, fabriqués d'après des procédés dont ils venaient de retrouver le secret, ont pu exercer quelque influence sur les verriers de Limoges? En une terre si bien préparée par une longue pratique de l'art de l'émailleur, rien d'étonnant que de semblables germes aient amplement fructifié; enfin, et c'est une remarque faite depuis longtemps, si certains émaux peints du XVe siècle peuvent passer pour des imitations des émaux translucides sur relief, ils ont bien plus l'aspect de verrières dont la mise en plomb cerne d'un trait noir tous les personnages. Bien entendu, ce n'est point sans des tâtonnements fort nombreux qu'on a dû adopter définitivement le nouveau procédé, au moyen duquel on a cherché aussi pendant quelque temps à imiter un genre de décor qui avait la vogue et un passé pour lui. Cela est si vrai, qu'en Italie, où l'émail peint n'a jamais fait de progrès et est resté jusqu'à la fin à peu de chose près ce qu'il était à son origine, on n'a que très rarement renoncé complètement aux vieux procédés de l'émaillerie translucide sur relief. Beaucoup d'émaux peints italiens prouvent qu'il s'est établi un véritable compromis entre les deux fabrications : les fonds ont été traités suivant l'ancienne méthode, le métal guilloché et recouvert d'émail, tandis que les personnages ou les ornements ont été réellement peints.

Les Limousins, en gens plus pratiques, du jour où ils ont été en possession de ce nouveau mode d'application de l'émail, qu'ils l'aient découvert tout seuls de leur côté ou que les procédés leur en aient été suggérés, ont vu tout de suite le parti qu'on en pouvait tirer en le perfectionnant. Au lieu de peindre leurs émaux sur argent, comme beaucoup des artistes italiens, ce qui rendait déjà les émaux coûteux, en faisait des objets de luxe destinés à décorer des pièces d'orfèvrerie en métal précieux ou tout au moins réclamait de belles montures, ils ont tout de suite adopté le cuivre. Ce métal, qui leur avait servi à faire des châsses alors passées de mode, réduit en minces feuilles allait leur servir à fabriquer des images de piété, les unes soignées, les autres fort grossières, en tout cas faciles à fabriquer en grand nombre, peu coûteuses et partant aisées à vendre. Le caractère commercial est très accentué dans les premiers produits de Limoges et il faut venir jusqu'au xvie siècle pour trouver des artistes qui se sont élevés réellement au-dessus du niveau de simples fabricants de menus objets de piété. Nous ne songeons pas à leur reprocher, au point de vue de la composition et du dessin, leur manque d'originalité : sans doute, tous, même les plus habiles, ont passé leur vie à copier des estampes; mais, s'ils ne savaient eux-mêmes créer, ils savaient admirablement choisir leurs modèles, les varier, les mélanger, les combiner, en faire un ensemble qui leur appartient bien. C'est le propre des époques auxquelles les arts mineurs atteignent un grand développement que de faire tourner au profit de ce que l'on appelle si improprement aujourd'hui les arts industriels tout ce que créent les grands artistes. On ne doit pas plus songer à reprocher aux émailleurs d'avoir copié les estampes d'Albert Dürer ou de Marc-Antoine Raimondi qu'à critiquer les emprunts que les potiers italiens ont faits aux mêmes maîtres. Les uns et les autres, grâce à ces emprunts, ont créé un art original et cela suffit pour leur assigner dans l'histoire de l'art une place des plus honorables. Mais revenons à nos émailleurs du xve siècle.

Emaux peints. France, xve siècle.
(Musée de la Société des Antiquaires de l'Ouest, à Poitiers.)

Pour la France nous possédons des spécimens d'émail peint plus anciens qu'on ne le pense généralement; on peut maintenant faire remonter l'origine de ce procédé jusqu'au milieu du xve siècle environ. M. Courajod a trouvé au Musée des Antiquaires de l'Ouest, à Poitiers, deux petites pièces d'émail peint fort curieuses, qui proviennent peut-être de la décoration d'une ceinture. Toutes deux sont émaillées sur cuivre et les personnages qui y sont représentés sont vêtus suivant la mode adoptée généralement en France vers 1450. Sur l'une, nous voyons un personnage en buste, imberbe, les cheveux ras, coiffé d'un chapeau, vêtu d'un pourpoint formant de gros plis droits sur la poitrine et muni de manches à épaulières volumineuses. Sur l'autre, aujourd'hui fort endommagée, on distingue parfaitement toutefois une femme coiffée des hauts atours contemporains de la mode masculine que l'on vient de décrire. Chose curieuse, cette dernière pièce est émaillée aussi sur son revers où s'étale une tige de fleur. Les tons bleu, blanc, rouge sombre, vert, sont appliqués en épaisseur assez considérable sur un fond d'émail noir. Il semble que, déjà à cette époque, les émailleurs français aient fait usage du procédé qui consiste à redessiner les traits à la pointe après application d'une première couche d'émail de teinte claire sur un champ foncé; la fabrication des émaux par enlevage remonterait donc assez loin. Nous donnons ici la reproduction de ces petites pièces d'émail, de dimensions bien modestes assurément, mais qui cependant méritent quelque attention : ce sont, jusqu'ici, les monuments les plus anciens de la peinture en émail en France.

De ces petits émaux de Poitiers, il convient de rapprocher, au point de vue de la date et sans doute aussi de la facture, une belle pièce d'orfèvrerie émaillée, dessinée dans le recueil de Gaignières. Le monument original a disparu, mais cependant peut-être n'est-il pas impossible, à l'aide de ce croquis colorié, de nous en faire une idée assez juste. Ce hanap, ou coupe couverte, de forme légèrement conique, surmonté d'un couvercle également conique, est serti en argent doré ou en or, et toute la monture est décorée de pierreries. Sur la panse qui ne fait point corps avec le pied, — les traces de monture se voient très clairement sur le dessin — sont représentés des seigneurs et des dames chassant, au milieu d'un paysage; une scène analogue se déroule sur le couvercle surmonté d'un bouton émaillé.

Là encore les costumes nous fournissent une date à peu près certaine : l'accoutrement que nous y voyons est celui du temps de Charles VII; et même en admettant que Gaignières en ait quelque peu modifié le dessin, il n'en est pas moins vrai que le monument devait être fort joli. Au-dessus du paysage s'étend un ciel uniformément bleu, semé d'étoiles d'or, licence artistique qui n'est guère tolérable qu'en se plaçant au point de vue de la décoration. Sur ce ciel volent aussi de grands oiseaux blancs, des hérons sans doute.

Mais, dira-t-on, cette coupe était peut-être en argent recouvert d'émail translucide sur reliefs, et qu'est-ce qui vous autorise, en l'absence de l'original, à la classer parmi les émaux peints? L'objection est sérieuse, en vérité, et mérite d'être examinée.

Les émaux de Poitiers, dont nous parlions tout à l'heure, nous prouvent qu'à l'époque à laquelle remonte la coupe la peinture en émail était connue en France; le fait n'est pas douteux. En dehors des difficultés très grandes d'exécution que présenterait une pièce de ce genre en émail translucide sur relief, il faut remarquer que le tronc de cône qui forme la coupe ne fait pas corps avec le pied, ce qui serait déjà un peu étonnant si le monument n'avait pas été fabriqué en deux métaux différents; enfin, il convient aussi de remarquer le parti pris décoratif ado

Coupe couverte en émail peint montée en orfèvrerie.
Travail français, xve siècle.
(D'après un dessin de Gaignières.)

par notre émailleur, parti pris très analogue à celui qui fut de mode à Limoges cinquante ans plus tard ; il n'est pas jusqu'au ciel étoilé d'or, que l'on rencontre fréquemment dans les émaux des Pénicaud, qui ne rende très probable notre hypothèse ; enfin ajoutons qu'au point de vue de l'émaillerie translucide, telle qu'on la pratiquait au XVe siècle, la présence de ces grands oiseaux blancs opaques sur le ciel eût produit un singulier effet. Nous ne connaissons, pour notre part, aucun émail translucide dans lequel le blanc ne soit représenté par le fond d'argent recouvert d'un émail incolore. Les tons des émaux, autant qu'on en peut juger par le coloris du dessin de Gaignières, sont très variés : bleu, violet, vert, rouge, rouge lie de vin, jaune, blanc et enfin des rehauts d'or. Nous avons là toute la gamme des tons qu'emploient les émailleurs d'une époque plus avancée.

En résumé, la coupe dessinée par Gaignières et dont nous donnons ici la représentation était, à notre avis une coupe en émail peint. Jointe aux émaux de Poitiers, elle permet de reculer jusqu'au milieu du XVe siècle environ les commencements de l'émaillerie peinte en France et même, nous le dirons dès maintenant, à Limoges. Car ces émaux sont bien limousins ; à quelle contrée de notre pays pourrait-on les attribuer, alors que quelques années plus tard, c'est bien dans le centre de la France que se cantonne une industrie qui devait briller pendant plusieurs siècles d'un si grand éclat ?

Il nous faut descendre maintenant jusqu'à la fin du XVe siècle pour retrouver, à Limoges, un émail peint à date certaine. Parmi les pièces provenant du trésor de l'ordre de Grandmont se trouve, dans l'église de Saint-Sulpice-les-Feuilles (Haute-Vienne) un petit reliquaire de saint Sébastien, qui porte les armoiries de Guillaume Lallemand, évêque de Cahors et abbé général de Grandmont de 1477 à 1495. Le reliquaire se compose d'une figurine en argent, d'un faire assez grossier, et d'une base décorée d'émaux peints parmi lesquels on distingue une Pietà. L'œuvre, peu recommandable en elle-même, n'emprunte son intérêt qu'à la date qu'on peut lui assigner. Elle ne peut, nous venons de le voir, être postérieure à 1495, et il est fort probable qu'elle est antérieure de plusieurs années. La facture, sur apprêt, est la même que dans les plus anciens émaux peints que l'on attribue à Nardon Pénicaud ou à son atelier. Même dessin incorrect inspiré par des œuvres flamandes d'un art très rudimentaire, même trait noir ou bistre très foncé dessinant vigoureusement la silhouette des personnages, mêmes tons légèrement violacés dans les chairs. Bref, une œuvre de troisième ordre.

Une autre pièce, conservée au Musée céramique de Limoges, a également des titres sérieux à être considérée comme une œuvre du xve siècle. C'est une plaque représentant l'Adoration des Mages, qui porte les armoiries de Jean Barton de Montbas, évêque de Limoges de 1486 à 1510. A gauche, on voit la Vierge assise portant sur ses genoux l'Enfant Jésus auquel les rois mages apportent des présents. A droite, est agenouillé l'évêque que son saint patron prend sous sa protection. Le dessin, très imparfait, est de style absolument flamand et il n'est guère douteux que pour la composition principale, l'émailleur n'ait eu à sa disposition quelque estampe gravée dans le nord de la

France et en Flandre. Les tons sont ceux qui sont habituels au plus ancien émailleur de la famille Pénicaud : le ciel bleu est semé d'étoiles d'or, suivant le système que nous avons déjà signalé.

A cette période du xve siècle, le dernier quart environ, il convient aussi d'attribuer toute une série d'émaux peints dont quelques-uns sont signés, mais d'un nom ou tronqué ou imparfaitement orthographié. L'émailleur désigné ordinairement sous le nom de Monvaerni a bien une personnalité tout à fait tranchée, et ses émaux, une fois qu'on a pris connaissance d'une des œuvres signées, sont assez facilement reconnaissables. Mais la signature *Monvaer* (collection Dzialynska) ou *Monvaerni*, tracée sur un triptyque, qui a fait partie de la collection Ernest Odiot, ne saurait être considérée comme correcte. Ce nom est, ou abrégé incorrectement, ou incorrectement orthographié. Les émaux de Limoges, même en plein xvie siècle, ne sont pas faits pour nous donner une haute idée de leurs auteurs au point de vue littéraire. Les inscriptions, que quelques émailleurs ont tracées à profusion, sont neuf fois sur dix ou incompréhensibles ou totalement incorrectes : moitié françaises, moitié latines ou en patois limousin ; le tout produit une langue tout à fait barbare. Quoi d'étonnant alors que de retrouver au xve siècle les mêmes incorrections? Quoi qu'il en soit, le maître que l'on désigne sous le nom de Monvaerni n'était ni un peintre ni un dessinateur remarquable ; néanmoins les amateurs et les musées recueillent ses œuvres avec soin, et avec juste raison, parce qu'elles marquent une étape très intéressante dans l'histoire de l'émaillerie peinte. Les personnages dessinés par un large trait noir sur fond blanc sont ensuite recouverts d'émaux translucides ou même simplement d'émaux blancs ou jaunes, très épais, formant relief, aussi péniblement appliqués que pénible est le dessin. Par leur style, leur costume, leur attitude, tous les bonshommes fabriqués par Monvaerni appartiennent au xve siècle et plutôt au milieu qu'à la fin ; mais comme on doit admettre qu'il a travaillé d'après des *patrons*, il est à supposer que ces patrons étaient quelque peu antérieurs au moment où il peignait ; le même fait s'est passé pour tous les émailleurs. Signalons enfin comme une caractéristique des émaux de Monvaerni la façon dont les premiers plans du terrain sont traités : on y voit toujours de grosses pierres, de grosses mottes de terre entre lesquelles poussent des plantes fantaisistes telles qu'on en rencontre dans les tapisseries du xve siècle. N'était que Monvaerni fait usage des rehauts d'or, ses émaux pourraient être assimilés, comme l'a fait avec juste raison M. Darcel, à de grossiers vitraux du xve siècle.

Nous ne dirons rien pour le moment de Nardon Pénicaud, dont une partie de l'existence a dû s'écouler au xve siècle. Il nous reste à signaler parmi les émaux français qui montrent les tâtonnements d'un art qui cherche sa voie, deux petits émaux qui font partie des collections du Musée du Louvre. Bien qu'ils appartiennent au xvie siècle, ils sont si différents des autres émaux de cette époque, qu'il faut les classer à part. On doit les considérer comme les œuvres d'un artiste influencé fortement par la technique italienne, mais doué cependant d'une certaine originalité.

Au lieu de se servir de l'émail blanc comme d'un fond pour y appliquer des émaux translucides, notre émailleur s'est contenté d'y tracer très délicatement son dessin à l'aide d'un émail brunâtre. La finesse du trait contraste agréablement avec les contours lourds et pâteux que nous rencontrons sur tant d'œuvres du début du xvie siècle. Le dessin est élégant, et contrairement à ses confrères, qui, à cette époque, cherchaient presque exclusivement leur inspiration dans des modèles flamands, dans l'une des deux pièces, une plaque rectangulaire représentant un triomphe, il a copié un modèle italien; dans l'autre, une enseigne de chapeau ovale représentant une dame offrant une fleur à un seigneur, en costume du temps de Louis XII; le style est franchement français. L'inscription *Prenes an gré* vient compléter l'indication que nous fournit déjà le style au sujet de la patrie de cet émailleur. Par-dessus ces dessins délicats, l'artiste a étendu ensuite des teintes plates très légères, bleues ou vertes, qui laissent transparaître le dessin. C'est en somme de la peinture à l'aquarelle, un lavis exécuté avec des couleurs vitrifiables. Enfin, sur un autre point aussi, l'auteur de ces charmantes pièces s'écarte de ses contemporains : le contre-émail est composé de fondant ou d'émail violacé au lieu d'être opaque et formé de déchets de fabrication comme dans beaucoup d'émaux primitifs.

Cet émailleur est-il limousin? Nous ne saurions le dire. Il est français à coup sûr; mais la lettre M tracée en noir au revers de la plaque représentant un triomphe ne constitue pas une indication suffisante pour lui créer un état civil certain.

Pour revenir aux émaux peints en Italie au xvᵉ siècle, nous nous servirons d'un autre émail que possède le Louvre, émail de facture absolument française, mais de style italien. Cette pièce est fort connue; c'est le portrait du peintre Jean Fouquet (né vers 1415, † vers 1480), l'un des plus grands artistes qu'ait vu naître la France du xvᵉ siècle. Ce portrait consiste en un médaillon de cuivre fort épais, de forme circulaire, entièrement recouvert d'émail noir sur l'une de ses faces; il n'y a point de contre-émail. Sur le fond noir, le personnage est représenté à mi-corps, imberbe, la tête coiffée d'un bonnet. La légende *Joh*(ann)*es Fouquet*, tracée en capitales de la Renaissance, donne le nom du modèle et peut-être, comme nous allons le voir, le nom de l'auteur. Tout le dessin et le modelé, très ressentis, très poussés, sont exécutés en or, au pinceau. C'est une véritable miniature qui ne participe en rien des procédés de l'émaillerie française de la seconde moitié du xvᵉ siècle. Elle offre au contraire, au point de vue de la technique, une ressemblance frappante avec les émaux italiens du xvᵉ siècle. Nous allons voir s'il n'est pas possible d'expliquer cette analogie.

On sait que le peintre Jean Fouquet séjourna à Rome vers 1440 et y fit le portrait du pape Eugène IV. Rentré en France, il travailla successivement pour Charles VII, Louis XI et Étienne Chevallier. Fouquet, curieux très probablement de tout ce qui se faisait de nouveau de son temps, fit-il des émaux? on serait tenté de le croire; car l'émail du Musée du Louvre paraît être bien plus l'œuvre d'un miniaturiste que d'un émailleur de profession. On est donc tenté de lui attribuer ce portrait;

et si l'on considère que cet émail a été exécuté précisément d'après le procédé très simple que nous montrent les premiers émaux peints italiens, et qu'en Italie Fouquet s'est trouvé en relation avec des artistes qui ont fait des émaux, cette hypothèse devient très séduisante.

Ce contact d'un peintre français avec des artistes italiens

Le peintre Jean Fouquet; portrait peint sur émail, peut-être par lui-même. France, XVᵉ siècle.
(Musée du Louvre.)

connaissant la technique de la peinture en émail est maintenant un fait définitivement établi, non seulement par des textes, mais encore par un monument à date certaine. M. Courajod a retrouvé, au Musée de Dresde, un bronze du XVᵉ siècle italien qui reproduit la fameuse statue équestre de Marc-Aurèle, qui existe encore à Rome et a servit tant de fois de modèle aux artistes de la Renaissance. Or une inscription contemporaine gravée sur la base de ce bronze donne la date de son exécution, 1465, et en nomme l'auteur qui n'est autre qu'Antonio Averulino, dit Filarète, bon architecte et sculpteur médiocre, Florentin de nation, surtout célèbre par sa construction si originale de l'hôpital de Milan et la fonte des portes de bronze de la basilique de Saint-Pierre, à Rome. Sur le poitrail du cheval de Marc-Aurèle est fixée une bossette en émail peint représentant une tête de chérubin. Ce camaïeu est, à vrai dire, de petites dimensions et constituerait un document insuffisant si nous ne savions par ailleurs que Filarète avait fait des émaux. Dans les bas-reliefs si faibles, d'un faire si lourd, qui décorent la porte de Saint Pierre, à Rome, certains détails sont accentués au moyen d'émaux champlevés rouges et blancs ; et enfin Filarète, d ansses *Commentaires*, parle des émaux que faisaient au xve siècle les Vénitiens, et en particulier Angelo Beroviero, l'un des plus célèbres verriers de Murano. Ces émaux de Beroviero étaient, à vrai dire, appliqués sur verre, mais nous allons voir tout à l'heure que les Vénitiens les ont aussi, et indistinctement, appliqués sur métal. Il y a là, comme l'a très bien remarqué M. Courajod, un faisceau de preuves qui laissent soupçonner que c'est précisément à Filarète, avec lequel Fouquet avait été en rapport d'amitié, que le peintre français aurait emprunté le secret de la confection des émaux. Hâtons-nous d'ajouter que rien ne nous autorise à considérer Fouquet comme le véritable importateur de l'émaillerie peinte en France. Mais n'est-il pas curieux de retrouver, en France et en Italie, à Venise comme à Limoges, l'émail employé tout d'abord par des verriers, et suivant la même technique? Il y a là une coïncidence que l'avenir expliquera peut-être, mais que dès maintenant il convient de noter.

L'histoire des découvertes qui firent d'un simple verrier, Beroviero, un artiste célèbre au xve siècle, en Italie et dans les pays voisins, est trop connue maintenant pour que nous y insistions longtemps. Il nous suffira de rappeler qu'Angelo Beroviero paraît avoir appris d'un certain Paolo Godi, curé de San Giovanni du Rialto, à Venise, dans la première moitié du xve siècle, l'art, non point de teindre le verre dans la masse, art qui a été connu pendant tout le moyen âge, mais l'art de le peindre de diverses couleurs. C'était, en somme, pour les Vénitiens, pénétrer le secret de la fabrication des verres fabriqués en Syrie et en Égypte, recouverts d'un décor émaillé. Il y a lieu de croire que certains verres antiques ou byzantins, entre autres une très belle coupe émaillée que possède le trésor de Saint-Marc, durent aussi servir de point de départ à leurs recherches. Quoi qu'il en soit, comme le dit Filarète, Beroviero devint vers le milieu du xve siècle possesseur d'un véritable secret qui lui permettait d'exécuter en émail, sur verre, des compositions compliquées, d'une tonalité très variée. Ce secret était même considéré comme si précieux qu'il lui fut dérobé par un ouvrier peu scrupuleux, qui, à son tour, devint le chef d'une famille d'illustres verriers de Murano.

Nous ne connaissons aucun verre que l'on puisse avec certitude attribuer à Beroviero, mais on en compte plusieurs de l'époque à laquelle il travaillait. Dans ces pièces les émaux sont appliqués sur un fond de verre bleu foncé ou vert sombre, de la même manière que dans les plus anciens émaux italiens. Les procédés sont identiquement les mêmes, ceux de la peinture en somme, si l'excipient diffère quelque peu. Et au fond cette différence est plus apparente que réelle : l'émail bleu qui recouvre les plaques de cuivre n'est pas très différent du verre; il a la même teinte et se prête admirablement au même genre de décor.

Ces émaux italiens du xve siècle nous apparaissent d'abord sous deux formes : le camaïeu d'or sur fond bleu foncé, ou le camaïeu en blanc sur bleu, auquel viennent parfois se joindre une couleur tannée, et aussi des rehauts d'or. Ces deux systèmes de peinture se rencontrent à la fois sur les émaux peints sur cuivre et sur les émaux peints sur argent. Mais pour ces derniers, au lieu d'employer pour le fond un émail bleu trop foncé, trop opaque, et d'un aspect terne, on a mis en œuvre des émaux d'une parfaite translucidité. Afin d'en augmenter l'éclat, la surface du métal, sous cet émail, a été travaillé à l'échoppe d'une façon plus ou moins régulière, exactement comme dans les émaux translucides sur relief. Dans certains cas même, par exemple dans les émaux peints qui décorent le baiser de paix de la chapelle du Saint-Esprit, au Musée du Louvre, on ne s'est pas contenté de guillocher les fonds; le dessin même des personnages a été indiqué sommairement de quelques coups de burin. Mais c'est là une fabrication très avancée, qui confine à la fin du xve siècle, à une époque où l'émailleur italien ne se contentait plus du camaïeu, mais où chaque personnage était teinté d'un émail particulier, sur lequel des rehauts d'or et de blanc venaient éclairer les draperies et les modeler. Considéré sous ce dernier aspect l'émail peint italien participe beaucoup de l'émail translucide sur relief; mais nous venons de voir que le premier procédé a vraisemblablement été inventé par des verriers; le second ne doit donc point être considéré comme un point de départ, mais comme un point où les deux techniques sont venues se rejoindre par la force des choses.

Nous verrons tout à l'heure comment les Italiens du xve et du commencement du xvie siècle, ont appliqué l'émail à la vaisselle de cuivre, mais nous tenons d'abord à fournir une nouvelle preuve de la similitude complète des émaux employés sur verre et sur métal par les verriers de Murano. Un certain nombre de pièces de verrerie, rehaussées de dessins en or et en émail, portent des cercles d'argent formant montures sur lesquels nous retrouvons les mêmes motifs d'ornement que sur le verre, exécutés dans les mêmes teintes et de la même manière. Il y a là une nouvelle preuve d'un fait qui avait été soupçonné, à savoir que les verriers de Murano étaient aussi émailleurs.

Maintenant que nous avons indiqué les rapports possibles entre des émailleurs français et italiens du xve siècle et que nous avons sommairement indiqué les procédés employés par ces derniers, signalons quelques-unes de leurs œuvres.

Parmi les plus anciennes pièces d'orfèvrerie de style purement vénitien décorées de la sorte, il convient de citer en première ligne une monstrance de la **collection Spitzer** (ancienne collection Soltykoff) et une monstrance de la **collection Basilewsky**, au Musée de l'Ermitage. La première est une sorte de tour coiffée d'une coupole, sur le pied de laquelle sont fixées six plaques d'émaux en camaïeu d'or sur fond bleu lapis. Les figures de saints sont exécutées très finement, à la pointe du pinceau, comme une miniature. La date approximative de l'objet est 1450 ou 1460. C'est aussi la date que l'on peut attribuer à la seconde monstrance, dont le décor émaillé est beaucoup plus compliqué. De même forme que la première, son pied, sa tige et la calotte, sorte de coupole à pans coupés qui surmonte le corps de la monstrance, sont entièrement recouverts de camaïeux blanc et or sur fond bleu lapis. Ces émaux sont exécutés sur argent avec contre-émail vert et violacé : sur le pied sont peintes des figures de saints, des rinceaux et des scènes du Nouveau Testament; sur la coupole sont figurés les instruments de la passion. Deux tiges de métal cannelées en spirales qui relient la base et le sommet de la monstrance, sont également émaillées; mais ici les couleurs sont plus variées, et le rouge joint au vert et au blanc rappellent le décor des beaux verres de couleurs peints à la même époque à Murano.

Le même système de décoration en camaïeu d'or ou de blanc sur fond bleu se remarque encore sur deux plaques rectangulaires provenant de la décoration d'une croix et représentant des figures de saints, que possède le Louvre; sur deux émaux, de même provenance et de même facture, qui font partie du Musée de Cluny; sur une autre grande plaque, du Musée du Louvre, offrant un sujet allégorique, une femme sur un vaisseau ballotté par les flots. Tous ces émaux appartiennent au xve siècle et sont exécutés sur cuivre. Le dernier a seul un contre-émail, ce qui en vérité paraît un luxe inutile, car le métal employé est assez épais pour n'avoir rien à craindre du feu. Dans a même série, il faudrait encore mentionner au Louvre une enseigne de chapeau représentant la Fortune et un enfant, un baiser de paix de la collection Davillier, etc.

Une Présentation au temple munie d'un contre-émail très grossier, le Christ dans le tombeau entre la Vierge et saint Jean (collection Davillier), un baiser de paix représentant la Nativité, les émaux si délicats qui décorent la paix de la chapelle du Saint-Esprit, au Musée du Louvre, sont des œuvres exécutées sur argent, à fonds translucides, dans lesquelles la palette de l'émailleur se montre d'une richesse incroyable. La technique est sensiblement la même dans toutes ces pièces : un travail de peinture en or ou en blanc intervient toujours par dessus les émaux translucides pour opérer le modelé et compléter le dessin. Nous retrouvons le même procédé dans deux disques conservés au Musée de Vienne, dans un petit monument fort gracieux que possède le Musée Poldi-Pezzoli, à Milan, enfin dans un superbe médaillon orné de trois plaques d'émaux peints, d'une conservation et d'un éclat admirables, qui fait partie de la collection de M. le comte de Valencia de Don Juan, à Madrid. Ce dernier bijou mériterait à lui seul une longue description. Nous en reproduisons ici un fragment.

Ces émaux italiens sont relativement rares, et il ne semble pas qu'on en ait fabriqué au-delà du premier tiers du xviᵉ siècle. Les émaux des orfèvres, les émaux français exportés en Italie, et surtout les verres dits verres églomisés leur ont fait, à partir de ce moment, une concurrence tout à fait victorieuse. Ils ont disparu. Comment les nommait-on au xviᵉ siècle, nous ne le savons pas au juste et il ne paraît pas que les rédacteurs d'inventaires aient éprouvé le besoin de leur donner une qualification distincte; à moins toutefois qu'il ne faille leur appliquer le nom d' « émail de Juif », qui revient plusieurs fois dans des documents du xviᵉ siècle. Jusqu'ici, du reste, on n'est point parvenu à donner une explication satisfaisante de ce terme bizarre, ni à l'appliquer en particulier à aucune sorte d'émail connu.

En plein xvᵉ siècle, bien avant que les Limousins eussent songé à créer une somptueuse vaisselle de cuivre émaillée, les Vénitiens, les verriers de Murano faisaient déjà une concurrence, qui dut être fructueuse, aux faïenciers. Ce sont vraisemblablement ces artistes qui ont créé ces plats, ces bouteilles, ces bassins, ces aiguières en cuivre, ornés de godrons et recouverts d'émaux polychromes rehaussés d'or dont beaucoup de musées possèdent des échantillons. Les formes, légèrement orientales, les côtes, les godrons, tout cela rappelle beaucoup les coupes et les plateaux de verre. La décoration bleue, blanche, verte, rouge, rehaussée de menus feuillages ou de semis de fleurettes d'or est très franche et de bon goût; ce sont des pièces qui ne pouvaient guère servir, mais qui formaient une décoration somptueuse pour les dressoirs.

Non seulement le mobilier civil s'est enrichi ainsi de pièces d'art de premier ordre, mais le mobilier religieux

Médaillon en émail peint sur argent. Italie. xvᵉ siècle.
(Collection de M. le comte de Valencia de Don Juan.)

aussi a bénéficié de ce genre de décoration. Des flambeaux d'autel, des baisers de paix, des burettes ont été ainsi fabriquées. La bibliothèque de Ravenne possède même une crosse exécutée de cette manière ; sa technique particulière mérite d'être signalée en passant. Le bâton est formé d'une feuille de cuivre roulée en cylindre; mais afin de donner plus de solidité à l'émail et de le faire mieux adhérer au métal, on a eu soin d'entourer ce premier cylindre d'un fil de cuivre, roulé tout autour, afin que la matière en fusion pût plus facilement être retenue et acquérir de la solidité.

La plus ancienne date relevée sur ces émaux est relativement moderne. Une coupe qui appartient à M. le baron Gustave de Rothschild est ainsi signée : *Dominus Bernardinus de Caramellis, plebanus, fecit fieri de anno MCCCCCII.* Mais il n'est pas douteux que beaucoup de ces pièces sont du xve siècle; nous n'en voulons pour preuve qu'un charmant coffret qui fait partie de la collection de M. Edmond Bonnaffé : sur le devant de ce coffret, recouvert d'émail bleu lapis, sont peints, dans des médaillons, un buste d'homme et un buste de femme, dont les costumes sont du plein xve siècle.

Ces émaux « turquins, » comme on disait au xvie siècle, sont d'origine vénitienne. Beaucoup des autres émaux peints italiens, surtout parmi les plus anciens, peuvent sans doute se réclamer de la même patrie; quant aux autres, il est à peu près impossible de dire où on les a fabriqués. Tous les orfèvres de la fin du xve siècle ont dû en faire de plus ou moins réussis; mais il semble bien que Venise ait été, comme pour les verres, la grande pourvoyeuse d'émaux. Les Siennois même, qui, au moyen âge, en avaient tant fabriqué, semblent s'être lassés à la

Bouteille en émail de Venise. Fin du xve siècle.
(Musée du Louvre.)

Renaissance. L'émail qu'ils ont appliqué sur certains fonds de bas-reliefs de bronze est une erreur artistique qui ne paraît même pas avoir fait école. Le goût n'était plus à une décoration aussi brutale ou, tout au moins, à une décoration émaillée exécutée d'une façon si imparfaite. Giovanni Turini, un des derniers qui aient employé cette décoration, sculpteur médiocre, n'était pas fait pour donner un regain de jeunesse à un art pratiqué d'une façon surannée.

Quoiqu'il y ait des œuvres charmantes parmi celles que les Italiens de la Renaissance ont créées au moyen de l'émail, il n'en est pas moins vrai que dès le commencement du XVIᵉ siècle, il était facile de prévoir que cette fabrication pénible et sans grand débouché devait être anéantie par l'industrie de Limoges, qui mit à s'emparer du monopole de l'émail peint l'ardeur qu'elle avait mise autrefois à exporter dans toute l'Europe ses châsses et ses reliquaires émaillés. Mais, originaux pendant le moyen âge, les Limousins, au XVIᵉ siècle, emprunteront aux Italiens les éléments d'une décoration qui sous leur main prendra une singulière valeur. Ce sont les différents maîtres qui se sont adonné, à Limoges, à la peinture des émaux que nous allons maintenant étudier brièvement.

CHAPITRE VIII

L'émail peint en France au XVIᵉ siècle

Comme nous l'avons déjà dit, les émailleurs n'ont point tiré de leur imagination les compositions qu'ils ont traduites en émail. Au xvᵉ siècle et dans le premier quart du xvıᵉ, ce sont des estampes flamandes ou franco-flamandes, plus rarement allemandes, qui leur ont servi de patrons; à partir de cette époque, sauf quelques emprunts faits à Albert Durer ou à Lucas de Leyde, ce sont les Italiens et surtout les graveurs de l'école de Raphaël, Marc-Antoine Raimondi en particulier, qui ont eu leurs préférences; puis la mode y a substitué les compositions d'Etienne de Laulne ou du Petit Bernard, les estampes des petits maîtres de la seconde moitié du xvıᵉ siècle, qui ont eu, sur toute la décoration, une si grande influence. Par exception et dans des cas fort rares, certains émailleurs ont pu travailler d'après des modèles expressément dessinés pour eux: nous citerons quelques exemples de ce fait, qui a dû se produire surtout pour les portraits en émail. Rien dans ce cas ne nous autorise à penser que l'émailleur lui-même ait exécuté d'après nature le crayon qui, soigneusement décalqué, devait ensuite être traduit plus ou moins heureusement à l'aide des émaux. Cette remarque s'applique, bien entendu, aux émailleurs de la bonne époque, du xvi⁰ siècle ; car pour ceux du xvii⁰ siècle, il n'est guère douteux que la plupart d'entre eux ne fussent totalement incapables de dessiner d'après nature ; ils avaient déjà bien assez de peine à traduire tant bien que mal les méchantes gravures qu'ils essayaient de copier.

Dans l'étude des émailleurs de Limoges, il nous a semblé qu'il n'y avait qu'un moyen de procéder : c'est de les classer par famille. Ce système, qui a presque toujours été adopté jusqu'ici, a l'avantage de permettre d'établir d'une façon beaucoup plus nette la filiation d'artistes qui, au point de vue de la manière, ont fortement influé les uns sur les autres. Mais, bien entendu, dans cette étude nous serons forcé d'être bref ; toutes les descriptions, toutes les caractéristiques que nous pourrions donner de la manière de chacun ne vaudront jamais une station d'une heure devant les vitrines d'un musée, un catalogue à la main. Autant vaudrait essayer d'apprendre dans des livres, et sans voir les monuments, à discerner les différentes écoles de peinture.

Les Pénicaud. — Dans toute histoire de l'émail peint en France, c'est cette famille qu'on est obligé de placer en tête, parce que jusqu'ici Nardon Pénicaud est le plus ancien peintre émailleur dont le nom nous soit connu. De documents d'archives, il semble résulter que la famille des Pénicaud soit originaire du petit village d'Aureil et qu'elle ne soit venue se fixer à Limoges, où elle devait donner naissance à plusieurs générations de peintres émailleurs, que dans le courant du xv⁰ siècle. Léonard, plus connu sous le diminutif Nardon, est très certainement né au XVᵉ siècle, ainsi que l'atteste un émail du **Musée de Cluny**, sur lequel il a apposé sa signature et la date de 1503; mais à ce moment il ne devait pas être fort âgé, puisqu'il vivait encore en 1539; on peut donc, sans invraisemblance, placer sa naissance vers l'an 1470 ou 1480.

Nardon Pénicaud a bénéficié de l'ignorance profonde où nous sommes des autres artistes qui, à la même époque, vivaient auprès de lui à Limoges; et, par suite de cette ignorance, son œuvre s'est trouvé enrichi de toutes les pièces du xvᵉ ou du xvIᵉ siècle présentant un système de fabrication et un style archaïques. On lui attribue tous les émaux qui sont exécutés *sur apprêt*, sur un fond blanc recouvert d'émaux translucides, largement cernés de noir dans les traits, de façon à accentuer largement le dessin, rehaussés d'or dans les lumières ou de petits morceaux de paillons teintés de différentes couleurs fixés sur les bordures des vêtements pour imiter les pierreries. Ses modèles, flamands ou allemands, souvent d'un dessin très défectueux, ont été traduits par lui, ou du moins par les émailleurs avec lesquels on le confond, avec une certaine fidélité. Dans quelques pièces même il a tiré bon parti et pour ainsi dire légèrement atténué les défauts des originaux, de telle sorte que des compositions qui appartiennent souvent à la simple imagerie populaire font bonne figure peintes en émail. Un des traits les plus caractéristiques des émaux de cette époque, ce sont d'abord les tons violacés donnés aux chairs, et ensuite l'emploi constant de l'or, souvent très finement

Triptyque par Nardon Pénicaud.
(Collection Spitzer.)

appliqué dans le modelé des vêtements. Les tons bleu lapis, violet, tanné, abondent dans les émaux de Nardon. On ne connaît de lui que des scènes religieuses, la plupart du temps destinées à former des diptyques ou des triptyques. Sauf dans les cas ou l'architecture, exécutée en émail couleur tannée, occupe tout le fond du tableau, la partie supérieure de la composition, à cette époque, est toujours remplie par un ciel bleu, plus ou moins intense, semé d'étoiles d'or fort rapprochées. Les plaques de cuivre employées par Nardon Pénicaud ou ses contemporains sont fort épaisses ; néanmoins elles sont munies, au revers, d'un contre-émail, dont la teinte varie, parce qu'il est composé de déchets de fabrication, mais forme une épaisse croûte opaque ; ce qui empêche de savoir si Nardon Pénicaud a été le premier de sa famille à frapper ses cuivres d'un poinçon composé d'un L et d'un P couronnés. Il est cependant probable que c'est lui qui a inauguré ce système, car, dans les poinçons que l'on rencontre chez ses successeurs, la base du P est tellement allongée qu'on est autorisé à penser que la lettre est conjuguée avec un L, initiale du nom de Léonard.

De même que tous les émaux attribués à Nardon Pénicaud ou à ses contemporains sont des émaux en couleur, de même la plupart de ces œuvres paraissent avoir reçu, dès l'époque de leur création, un système de monture ou d'encadrement particulier. Ce sont d'étroites baguettes de cuivre ornées d'un groupe de moulures sur lesquelles se relève, de distance en distance, un groupe de petites feuilles en cuivre estampé, rapportées après coup. Afin de donner plus de solidité à ces montures, on les enchâssait elles-mêmes dans un cadre creusé à même dans une pièce de bois, qui protégeait le revers des émaux. Ce bois était peint ou recouvert de bandelettes de parchemin décoré de feuillages peints en miniature ; dans certains cas même cette décoration a pu être empruntée à de véritables manuscrits ; un triptyque du Musée du Louvre est ainsi décoré.

Frère ou neveu de Nardon, Jean Ier Pénicaud, né sans doute au xve siècle, a travaillé dans le premier tiers du xvie siècle. C'est du moins ce que permet de conjecturer le style de ses émaux. Au reste, Jean Ier emploie les mêmes modèles que Nardon et s'inspire toujours des maîtres flamands ou de la première renaissance française ; par exception, il copie les maîtres italiens, dont les compositions commençaient à être vulgarisées chez nous par la gravure. La différence capitale qui doit servir à distinguer ses œuvres de celles de Nardon est l'emploi presque immodéré du paillon. Au lieu de se contenter de cet auxiliaire, un peu trop brillant, pour rehausser l'éclat des vêtements de ses personnages, et ajouter des orfrois qui semblent décorés de pierreries, il en recouvre de larges surfaces et ne s'en tient plus à l'émail blanc pour appliquer ses émaux translucides. Partout le paillon règne en maître, surtout dans les fonds, dans le ciel semé d'étoiles d'or, pour lequel il a adopté la décoration conventionnelle si souvent employée par Nardon. De cet abus de couleurs voyantes vient que ses compositions manquent quelque peu d'équilibre et que l'œil cherche en vain un groupe où il puisse se reposer et fixer son attention. L'émail est par lui-même une matière assez brillante pour qu'il ne soit point toujours utile de lui donner encore plus d'éclat ; et c'est à cet abus du paillon qu'il faut attribuer le peu de succès de beaucoup de nos émailleurs modernes ; ils n'ont point saisi suffisamment tout le parti que l'on peut tirer de la grisaille, que les émailleurs du plein xvie siècle ont en général préférée.

Contrairement à Nardon qui n'a presque jamais signé ses émaux, Jean Ier appose volontiers sa signature sur ses œuvres, soit en français, soit en latin : *Johan Penicault, Johannes Penicaudi*; ou bien encore sa signature se compose, d'un simple monogramme un I et un P, en capitales de la Renaissance, réunis par une cordelière. Le revers de ses émaux, en général composé de fondant, c'est-à-dire d'émail incolore et par conséquent translucide, est frappé du poinçon de la famille, une ou plusieurs fois répété, un L et un P conjugués, surmontés d'une couronne ouverte. C'est sur ces émaux que l'on constate pour la première fois l'usage de cette véritable marque de fabrique. Ce mot, qui éveille de suite à l'esprit une idée de commerce, est absolument juste, si l'on considère qu'il est complètement inadmissible que les principaux émailleurs de Limoges n'aient pas été entourés d'une pléiade d'ouvriers. On relève dans leurs œuvres trop d'inégalités de facture pour ne pas admettre ce fait très naturel. Si nous insistons sur ce point, qui est essentiel, c'est que généralement on est porté à le négliger. Il faut en tenir compte, si l'on veut expliquer les incertitudes, les réserves qu'il conviendrait d'apporter dans le baptême de certains émaux. Dans les musées, comme dans les collections particulières les mots « école de... » devraient être plus souvent employés qu'ils ne le sont ; on conçoit difficilement qu'on apporte plus de rigueur dans le classement d'œuvres qui présentent un côté tout à fait industriel que dans l'attribution de peintures qui, presque toujours, sont d'un art plus relevé et partant plus personnel.

Jean II Pénicaud peut être considéré à bon droit comme l'un des artistes qui ont tiré de la technique de l'émail peint le meilleur parti. Moins connu peut-être que Léonard Limosin, parce qu'il n'a pas eu une carrière aussi brillante, qu'il n'a point été peintre de la Cour, il se montre dans beaucoup de ses œuvres égal, sinon supérieur à lui. C'est certainement lui qui a poussé le plus loin l'habileté dans l'application du dessin par enlevage, et le travail en grisaille est son triomphe.

Jean II Pénicaud appartient au milieu du XVIe siècle ; on ne sait encore aujourd'hui quel était au juste son degré de parenté avec Nardon Pénicaud ou Jean Ier. Les uns en font le fils de Jean Ier, d'autres de Nardon. Eu égard aux habitudes des familles limousines où les neveux recevaient fort souvent le nom de leur oncle, la chose est facile à vérifier dans les seules familles d'émailleurs, la première hypothèse serait assez vraisemblable. Cependant il ne serait pas impossible non plus qu'il fût fils de Jean Ier. Ce qui rendrait cette supposition plausible jusqu'à un certain point du moins, c'est l'épithète de *Junior* qu'il prend dans un certain nombre de ses signatures.

C'est à 1535 à peu près que l'on peut faire remonter ses premières œuvres ; et sa vie s'est prolongée vraisemblablement jusqu'en 1588. En 1571, il fut consul de Limoges en même temps que Léonard Limosin. Jean II

L'Adoration des rois. Émail peint en grisaille par Jean II Pénicaud.
(Collection Spitzer.)

a surtout fait des grisailles, bien qu'on puisse lui attribuer également certaines pièces en couleur. Comme ses contemporains, il s'est servi de gravures comme modèles; tantôt il les a copiées servilement, tantôt au contraire, il les a arrangées tant bien que mal à sa façon. Aucun autre émailleur ne l'a surpassé dans l'art d'employer les demi-teintes, et ses émaux peuvent passer pour les plus harmonieux, les plus doux de tons qu'aient créés les Limousins du XVIe siècle. Nous n'en voulons pour exemple que la belle plaque représentant l'adoration des Mages, d'après une estampe de Lucas de Leyde, dont nous donnons ici la reproduction. L'original de cette plaque peut passer pour l'une des œuvres d'émail les mieux réussies qui existent, et le graveur peut se vanter de n'avoir point été trahi par son interprète français. Nul mieux que lui ne sait faire passer insensiblement une draperie du blanc le plus éclatant au noir le plus vif, à l'aide de demi-teintes savamment ménagées; nul ne sait mieux non plus conserver sans l'altérer le caractère de ses modèles; talent rare et précieux quand on se sert pour rendre une composition d'une matière aussi capricieuse que l'émail, aussi sujette à être modifiée par l'action du feu. Son dessin très fin, exécuté avec un outil aussi menu qu'une aiguille, n'a point cet aspect désagréable que l'on rencontre dans tant d'émaux; il n'a point connu ce lourd *cerné* noir dont les plus habiles, Léonard Limosin en tête, ont tant abusé. Il sait l'art délicat de semer à propos des rehauts d'or, sans jamais abuser de ce qu'il considère comme un artifice grossier; le paillon non plus n'est point de son goût; s'il s'en sert, c'est pour mettre quelques notes gaies dans les terrains, dans les premiers plans, et alors il ne l'emploie que découpé en rectangles de dimensions minuscules, recouverts de fondant. Enfin quand il sacrifie à la couleur, c'est pour glacer ses émaux blancs de tons discrets, bleu, violacé, vert qui, habilement combinés, forment une coloration très douce ne rappellant en rien les tons violents de Nardon ou de Jean Ier. Ou bien encore, il tire un parti excellent des fonds de cuivre qui, recouverts de fondant pur ou très légèrement teinté, donnent à ses émaux une chaleur inconnue à ses confrères.

Comme tous les membres de la famille, Jean II fait usage du poinçon au revers de ses œuvres; mais, outre ce signe, il place souvent au bas de ses compositions son monogramme ou sa signature en toutes lettres : I. P. dans un cartouche; *Iohanes Penicaudi junior* 1559; *J(e)a(n) Penicaud; Johannes m(e) fe(cit) Penicaudus*.

On a séparé pendant longtemps de Jean II Pénicaud, mais sans avoir égard au style des œuvres, des émaux qui portent des signatures et des poinçons quelque peu énigmatiques : KI, ou IKP, ou KIP, ou GKI. Cette dernière signature, tracée au revers de quelques émaux au moyen d'un poinçon, est accompagnée d'un lion. M. Darcel a proposé avec raison de rattacher le maître qui a fait usage de ces différents monogrammes à l'atelier de Jean II Pénicaud. C'est une classification que viennent confirmer absolument la facture très soignée et le bon style des pièces sur lesquelles on remarque ces signatures. On peut même se demander jusqu'à quel point il ne faudrait pas identifier ce peintre-émailleur avec Jean II lui-même, tant certains de ces émaux sont conformes par le style et l'exécution à ses œuvres authentiques, mais qui sait si la lettre K n'est pas simplement l'initiale du nom *Karolus*, Charles, qui au xvie siècle s'écrivait constamment ainsi en latin? En tout cas, tout cela sort du même atelier et la preuve en est que certains émaux portant cette signature montrent au revers le poinçon ordinaire de la famille Pénicaud.

Nous serions pour notre part assez disposé à attribuer également au même atelier le poinçon IC accompagné d'une couronne, relevé au revers d'un charmant baiser de paix, tout à fait dans le style de Jean II Pénicaud, qui fait partie de la collection Spitzer.

L'émailleur KIP use des mêmes procédés que Jean II pour exécuter de fines grisailles; il n'en est pas de même de Jean III, sans doute fils ou neveu de Jean II. Sans dédaigner complètement les modèles gravés, avec lesquels du reste il use d'une très grande liberté, il s'inspire surtout des modèles ultra-élégants créés par le maniérisme de l'école dite de Fontainebleau. Rien qu'à la manière plus large dont il traite ses personnages, on sent qu'il est plus habile dessinateur que ses parents, et à ce point de vue on peut le comparer aux potiers italiens de la Renaissance, dont l'habileté à dessiner une figure est proverbiale. Ses émaux tiennent beaucoup de la véritable peinture, et de la plus habile; il ne connaît point le trait noir entourant les figures; les siennes se détachent franchement sur les fonds, et il semble que le maître se soit peu soucié de laisser voir les repentirs, du reste très rares, de ses dessins. L'emploi du poinçon des Pénicaud n'est point suffisant pour faire reconnaître ses œuvres ; il faut dans une très large mesure, pour les bien discerner, examiner le monument lui-même comme on le ferait pour un ouvrage de grande peinture.

La signature M P, cette dernière lettre, plus petite étant conjuguée avec la précédente ou séparée, pourrait à la rigueur, en s'en tenant à la forme du monogramme, être considérée comme la marque propre à l'émailleur Martin Didier dit Pape, dont nous dirons un mot tout à l'heure ; mais, à vrai dire, la facture des émaux qui portent cette signature fait bien plutôt songer encore à l'atelier des Pénicaud, et surtout à l'atelier de Jean II ; nous proposerions donc de considérer cet émailleur comme l'un de ceux qui ont aidé dans ses travaux cet habile artiste. On peut voir au Musée du Louvre, un petit disque, représentant une bataille, qui permettra de se faire une idée exacte du degré de perfection auquel était parvenu ce peintre, peut-être membre lui-même de la famille Pénicaud. La même signature se lit encore au bas d'une Adoration des Mages, réplique de celle qu'a exécutée Jean II. Cette pièce, tout à fait analogue à celle de la Collection Spitzer, a fait partie de la collection du duc d'Hamilton. Quant au prénom que cet émailleur a pu porter, la lettre M placée en tête de son monogramme permet trop de suppositions pour que nous osions proposer une solution de ce petit problème.

L'émailleur Pierre Pénicaud, élève de Jean III, semble avoir encore exagéré la manière de son maître, dont il ne possède qu'à l'état rudimentaire la science du dessin. Peut-être fils de ce dernier, ses œuvres terminent peu dignement, à la fin du xvie siècle — il vivait encore en 1590 — la série des travaux des Pénicaud, dont les débuts et surtout le talent de Jean II et de Jean III, faisaient mieux augurer.

Martin Didier. — Nous avons mentionné un émailleur du nom de Martin Didier. L'identité de cet émailleur, dont l'existence est attestée dans des documents, est encore mal établie. Ce Martin Didier figure dans des comptes de 1599 comme émailleur du roi, ce qui laisserait supposer qu'il avait succédé dans cette charge, vers 1574, à Léonard Limosin. On en est encore aux conjectures sur cet artiste dont les signatures seraient les monogrammes MD., un I étant enclavé dans le D; M.D. P.P., M. PAPE, M. D. PAPE. Le mot *Pape* serait un surnom. Si ces noms se rencontrent sur un certain nombre d'émaux, ils offrent cependant de telles difficultés d'interprétation que, jusqu'au jour où l'on aura découvert une signature complète, il règnera toujours une grande incertitude sur la personnalité de cet artiste. Qui sait même si dans cet M il ne faut pas reconnaître la lettre initiale du nom de l'un des membres de la famille Mouret, qui, également dans la seconde partie du xvie siècle et au commencement du xviie siècle, compta parmi ses membres un certain nombre d'émailleurs? Quoi qu'il en soit, si par certains côtés les émaux attribués à Martin Didier dit Pape se rapprochent un peu du faire des Pénicaud, la plupart au contraire s'en éloignent par l'aspect froid et dur que leur donne un dessin trop lourd, un modelé dans lequel le travail par hachures joue un rôle prépondérant. Par une singulière fantaisie, il glace certaines parties de ses compositions d'un émail vert ou bleu verdâtre transparent qui n'est point fait à coup sûr pour égayer sa palette et faire oublier un dessin dans lequel le grand moyen de transcription employé par les émailleurs, le calque, se trahit constamment par un trait lourd et par trop accentué.

Les Limosin. — Des deux frères Limosin, Léonard et Martin, tous deux émailleurs, le premier seul a acquis une véritable célébrité. On trouvera ici une généalogie de cette famille qui n'a pas produit autant d'artistes que d'autres familles limousines, mais qui peut s'honorer d'avoir donné le jour à celui que l'on pourrait nommer le prince des émailleurs.

Si, pour beaucoup de personnes, Bernard Palissy représente, incarne pour ainsi dire toute la céramique française du xvie siècle, on peut dire que Léonard Limosin, et non sans grande apparence de raison, représente toute l'émaillerie de la même époque. Comment cette popularité, d'ailleurs très relative, s'est-elle attachée au nom de notre émailleur plutôt qu'à tel autre de ses contemporains? c'est ce qu'il est assez difficile de comprendre; peut-être doit-il ce renom précisément à la partie la plus discutable, au point de vue artistique, de toute l'émaillerie de la renaissance, à ses portraits? La chose n'a rien d'invraisemblable, et en faisant passer à la postérité les traits plus ou moins bien rendus de ses clients, Léonard se serait rendu à lui-même un éclatant service; les personnages illustres qu'il a représentés ont fait que son nom a

GÉNÉALOGIE DE LA FAMILLE LIMOSIN

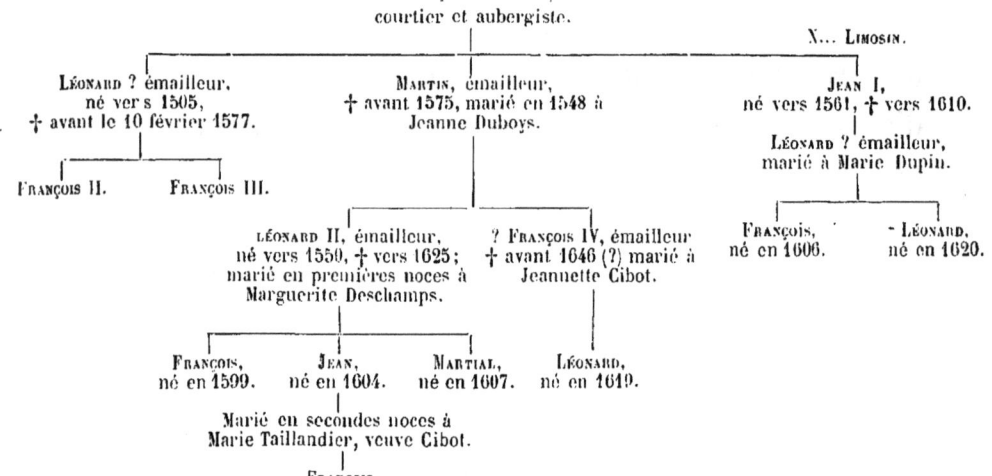

été plus qu'un autre sauvé de l'oubli : juste compensation du service signalé que rendent bien des peintres à des gens dont le seul mérite aura été d'avoir confié à de bons portraitistes le soin de perpétuer leurs physionomies!

Nous ne savons que peu de chose de la personne même de Léonard Limosin. Sa généalogie, pas plus que celle de beaucoup d'autres émailleurs, n'est aisée à établir. Les similitudes de noms dans une même famille rendent l'établissement de ces tableaux fort hypothétique et la difficulté est encore augmentée par l'étonnante longévité de certains personnages. Nous n'insisterons pas sur ce point, nous contentant de renvoyer au tableau généalogique ci-joint dressé à l'aide des documents des archives de Limoges; ce sont de menus détails, peu importants pour le sujet qui nous occupe en particulier.

Les travaux très nombreux qu'a publiés Maurice Ardant sur les émailleurs du XVIe siècle contiennent de très nombreux détails sur les biens que possédait Léonard Limosin, en particulier sur cette maison de la rue des Grandes-Pousses, à Limoges, où il a exécuté tant de ses œuvres; mais, en somme, de tous ces actes notariés, on ne tire, au point de vue artistique, que peu de détails sur la personnalité de Léonard. Ses œuvres fort nombreuses permettent au contraire de reconstituer à peu près sa carrière de peintre-émailleur.

Né à Limoges vers 1505, mort avant le 10 février 1577, Léonard Limosin a un point de commun avec les plus grands artistes du XVIe siècle; nous ne voulons pas l'exalter outre mesure, mais il faut remarquer qu'il ne se contenta point comme ses confrères d'être peintre-émailleur et verrier; il fut encore graveur et peintre. Sans doute dans la pratique de ces derniers arts, il n'est point au premier rang parmi ses contemporains. Cependant une telle multiplicité de talents dénote un esprit curieux, avide de s'instruire, chercheur, ouvert volontiers à toutes les nouveautés. Au point de vue des procédés, à l'époque où Léonard Limosin était en âge de produire, il ne restait guère à innover dans la technique de l'émail; il s'est montré novateur cependant en appliquant l'émail à rendre certaines choses que ses contemporains n'osaient point exprimer par un procédé de réussite aussi chanceuse : c'est lui qui est le véritable inventeur du portrait en émail, mais du portrait pouvant faire concurrence à la peinture française de la même époque, et laissant bien loin derrière lui des portraits tels que celui de Jean Fouquet, œuvre plutôt d'un miniaturiste que d'un peintre. Par des efforts persévérants, il est parvenu à se rendre assez maître de son art, à diriger assez habilement son travail pour que, dans la plupart des cas, il n'ait rien eu à craindre du feu, auxiliaire nécessaire mais si dangereux à employer. Il fallait qu'un tel ouvrage parût d'une réussite bien douteuse à ses contemporains pour qu'il n'ait pour ainsi dire pas eu d'imitateur. Au demeurant, si les portraits qu'il a exécutés ne peuvent soutenir la comparaison avec les bonnes peintures de l'époque, ce sont encore des documents iconographiques fort précieux et d'un coloris souvent agréable, étant donné les moyens d'exécution dont il disposait. Ils peuvent sans trop de désavantage lutter avec les portraits du xvi° siècle français, et l'on comprend parfaitement la vogue que ses œuvres ont eu à cette époque, et le goût très prononcé que professent encore aujourd'hui la plupart des amateurs pour des œuvres qui, même si l'on ne tient compte de la difficulté vaincue, sont réellement dignes d'attention, vraiment belles, et souvent d'une admirable harmonie de ton.

C'est une erreur de croire que Léonard Limosin est venu très jeune à la cour de François Iᵉʳ. Toute la première moitié de sa vie s'est passée à Limoges et comme ses confrères il a commencé par copier des estampes; ce n'est que beaucoup plus tard, alors que peintre-émailleur des rois François Iᵉʳ et Henri II, il recevait des commandes réellement importantes, qu'il a travaillé d'après des patrons dessinés tout exprès pour lui. Comme ses confrères aussi, son éducation s'est faite à l'aide des estampes flamandes ou allemandes. La date la plus ancienne que l'on ait relevée sur l'une de ses œuvres, la date de 1532 se lit sur une série de dix-huit plaques représentant la Passion, d'après Albert Dürer; mais peu d'années plus tard, il est converti à l'art italien : en 1535, il copie l'histoire de Psyché, gravée par le Maître au Dé d'après les dessins de Raphaël. On peut voir au Musée du Louvre deux plaques de cette série qui dénotent une très grande habileté dans la pratique de l'émaillerie ainsi qu'une connaissance du dessin très supérieure à celle de la plupart de ses confrères. A partir de ce moment l'évolution est complète : il n'a plus entre les mains que des patrons italiens ou des patrons dessinés par les peintres au service du roi de France.

Ce ne fut qu'en 1548 qu'il devint définitivement valet de chambre et émailleur du roi; mais bien avant cette date, il travaillait déjà pour la cour; sa fortune, on le voit, fut sensiblement plus rapide que celle de Palissy, esprit supérieur, qui usa la moitié de sa vie en des recherches que nous avons peine à comprendre aujourd'hui, mais qui en font un des grands esprits du xvie siècle.

Dès 1545, Léonard recevait une commande du roi François Ier; il s'agissait d'exécuter les cartons d'un peintre français, Michel Rochetel, une série de grands émaux à fond blanc représentant les douze apôtres. Ces émaux après avoir décoré la chapelle du château d'Anet, sont aujourd'hui conservés dans l'église Saint-Père, à Chartres. Tout porte à croire que notre émailleur répéta au moins deux fois la même série, car deux pièces d'une suite semblable se trouvent au Musée du Louvre. Ce qui donne de l'intérêt à ces figures d'apôtres, dont le dessin laisse parfois un peu à désirer, c'est l'idée originale qu'a eue le peintre de donner à chaque apôtre le visage d'un personnage contemporain. C'est ainsi que François Ier est représenté en saint Thomas, et l'amiral Chabot en saint Paul. Les fonds blancs, le travail très large des draperies, presque entièrement exécutées au pinceau, mais très largement, donnent à ces émaux, terminés sans doute en 1547, ainsi que semble l'indiquer la date tracée sur l'un d'eux, l'aspect de faïences plutôt que d'émaux sur cuivre; et si ce sont des morceaux importants, dont il faut tenir compte dans l'œuvre de Léonard, on doit cependant avouer que ses émaux de plus petites dimensions sont toujours supérieurs.

Devenu en 1548 valet de chambre et peintre-émailleur ordinaire du roi, il porta ce titre presque sans interruption jusqu'en 1574. Il est à croire que ce fut surtout à partir de 1548 qu'il s'adonna à la peinture des portraits des grands seigneurs de la cour de France et des personnages les plus célèbres de son époque; cette série forme en somme la partie la plus intéressante de son œuvre. Il ne peut être question ici de dresser une sorte de catalogue des émaux de Léonard Limosin qui figurent en très grand nombre dans les collections. Nous voudrions toutefois signaler quelques-uns des principaux. En première ligne il faut placer les deux grands tableaux que possède le Louvre et qui étaient autrefois conservés à la Sainte-Chapelle. Ils furent exécutés en 1555, ainsi que l'attestent les inscriptions tracées par Léonard lui-même sur plusieurs des plaques qui les composent. Chacun de ces tableaux est formé de vingt-trois plaques de différentes grandeurs, assemblées dans une monture de bois doré. Les motifs principaux sont la crucifixion et la résurrection, et une série de figures d'anges portant les instruments de la passion. Au bas de l'un des tableaux se trouvent les portraits du roi François Ier et de la reine Éléonore; au bas de l'autre, ceux d'Henri II et de Catherine de Médicis. Chacun des tableaux mesure plus d'un mètre de haut; les émaux de couleur, joints à un emploi fort judicieux des paillons et des rehauts d'or, en font les œuvres à la fois les plus éclatantes et les plus harmonieuses de ton qui soient sorties des mains de Léonard. Ce qui rehausse encore beaucoup le mérite de ces émaux, c'est que pour leur exécution, le peintre-émailleur n'a pas été forcé de copier ses compositions sur un modèle banal; c'est d'après des dessins exécutés tout exprès par le

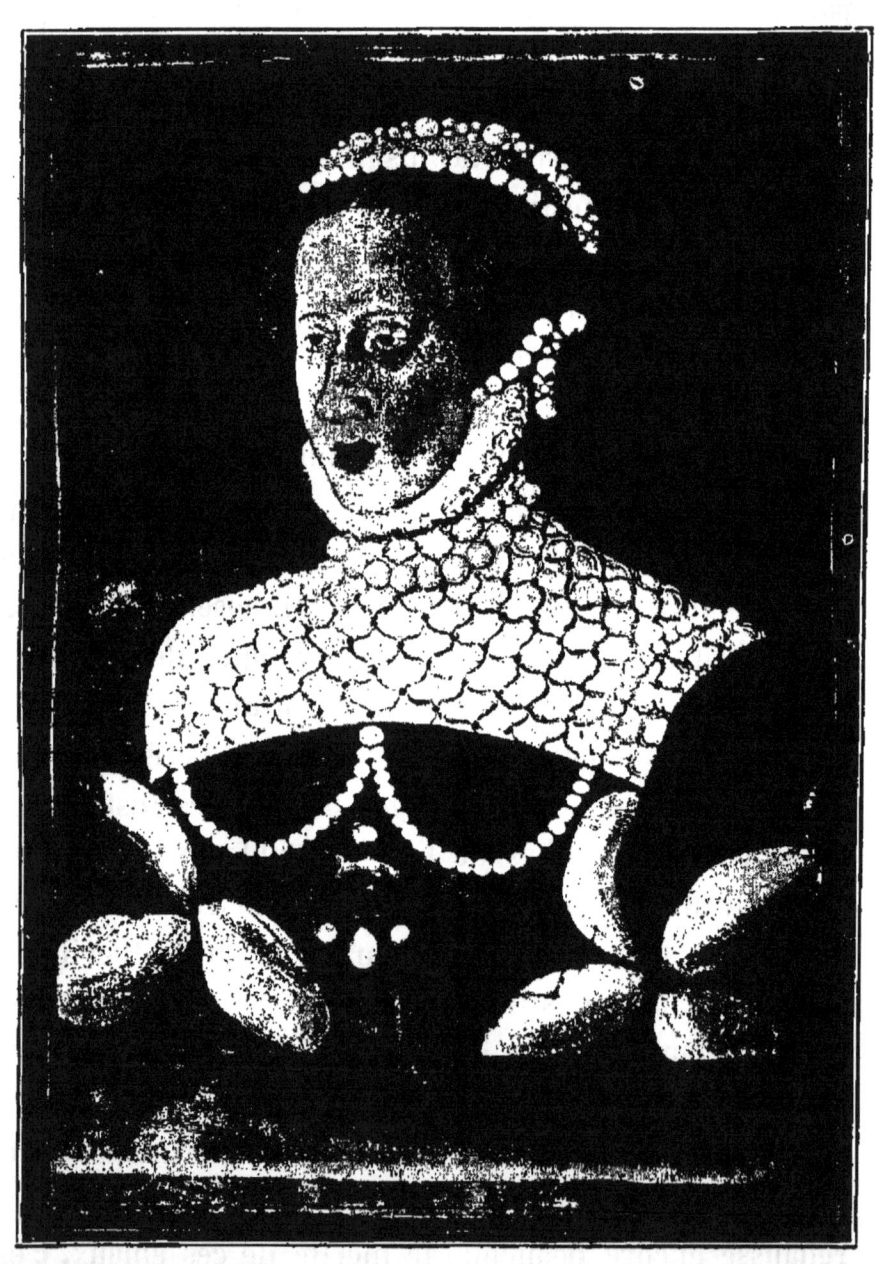

Portrait d'Éléonore d'Autriche, reine de France, par Léonard Limosin.
(Musée de Cluny.)

peintre Niccolo dell'Abbate qu'il a travaillé, et on possède encore aujourd'hui quelques-uns de ces charmants corquis, dont les contours, percés de trous d'aiguille, indiquent que Léonard a décalqué sur ses plaques les originaux sortis des mains du peintre italien. Dans ces pièces Léonard a mis en œuvre toute la science de l'émailleur; il a usé de tous les procédés connus de son temps, et ce n'est pas un de ses moindres mérites que d'avoir su parfaitement varier avec les différents effets qu'il voulait produire les différents modes d'exécution de la peinture en émail : le dessin sur le cuivre, sur paillon, sur apprêt, par enlevage, se marie sous sa main avec une étonnante virtuosité que l'on ne retrouve à ce degré chez aucun autre de ses confrères, pas même chez ce Jean II Pénicaud dont tant d'œuvres sont dignes d'éloge.

Quand nous aurons signalé dans l'œuvre de Léonard Limosin un grand tableau qui fait partie de la collection Spitzer, exécuté d'après une gravure de Marc-Antoine Raimondi, connue sous le nom de *Quos ego*, gravure qui retrace en plusieurs compartiments les aventures d'Énée après son départ de Troie et à laquelle la fameuse interjection que Virgile place dans la bouche de Neptune a donné son nom; un grand plat représentant le festin des dieux d'après la composition de Raphaël, plat exécuté pour le connétable de Montmorency et dans lequel tous les personnages offrent les traits de seigneurs de la cour des Valois (ancienne collection Fountaine); les plaques exécutées en émaux de couleur et en grisaille que possèdent le Musée du Louvre et le Musée de Cluny, qui tous deux sont riches en œuvre de Léonard, c'en sera assez pour donner des échantillons de son talent très varié. N'oublions pas non plus un trictrac accompagné d'un échiquier, au Louvre, qui fournit un exemple très intéressant du goût que Léonard Limosin savait déployer dans une simple décoration.

Comme nous l'avons déjà dit, Léonard Limosin a e ployé toutes les ressources de l'émaillerie : non cont de faire de simples grisailles, il les a parfois glacées d'u ton bleu clair, qui semble vouloir imiter les camaïeux bleus et blancs que faisaient les miniaturistes du xvie siècle; il a employé le même système de peinture dans les émaux à fond blanc, en variant les tons; il a peint aussi, et il paraît avoir été le premier à employer ce procédé, sur des plaques où le sujet était préalablement repoussé en fort relief. La connaissance et le maniement de tous ces procédés lui ont été particulièrement utiles dans la confection des portraits qui réclament une dextérité, une connaissance beaucoup plus grande de tous les tours de main du métier.

Sauf dans des cas très rares, les portraits exécutés par Léonard, non point en reproduisant des dessins exécutés par lui-même d'après nature, mais en suivant des modèles qui lui étaient fournis par ces portraitistes de profession qui nous ont laissé pour le xvie siècle une si charmante iconographie dessinée au crayon, se détachen sur un fond bleu. A peine peut-on citer deux ou trois exemples comme le portrait de Calvin, de la collecti Spitzer, où il a fait usage des émaux translucides, ou couleur tannée. Afin de donner plus de profonde d'éclat à ces fonds bleus, il les appliquait sur un f blanc qui recouvrait toute la plaque. Quant aux figures, elles sont exécutées tantôt par enlevage, tantôt peintes directement sur le fond; le modelé se fait au moyen de bistre, de différents tons, ou de rouge. Cette dernière couleur, qui au feu se glace fort mal, a dans cer-

Chasse au lion. Émail en relief exécuté par Léonard Limosin d'après une plaquette de bronze attribuée à Moderno.
(Collection de M. le prince Czartoryski.)

tains cas communiqué un aspect dur aux portraits de Léonard Limosin. Mais, en général, quand ces tons rouges ne sont pas trop chargés, la pièce a l'apparence d'une peinture d'un modelé habile et parfaitement fondu. Les vêtements, le plus souvent noirs et rehaussés d'or, plus rarement exécutés en émaux translucides, sont traités dans quelques portraits d'une façon assez sommaire; c'est la partie vraiment inférieure du travail de Léonard. La difficulté pour modeler les noirs était extrême et l'émailleur n'avait d'autre ressource que d'y multiplier les lumières au moyen des rehauts d'or; et comme très souvent ces rehauts d'or ont disparu, il s'ensuit que les têtes semblent émerger d'une masse noire dans laque[lle] l'œil a de la peine à discerner des plans.

Primitivement ces portraits étaient munis de cadres en bois enchâssant des plaques d'émail exécutées en grisaille; mais la plupart de ces encadrements ont disparu; l'un d'eux, qui subsiste à peu près dans son intégrité, celui du portrait du connétable Anne de Montmorency, appartient au Louvre. Ce portrait est du reste un des plus beaux qu'ait peints Léonard Limosin. On peut voir dans le même musée d'autres portraits très beaux dus au même maître : Henri II, François II, François de Lorraine, duc de Guise, Catherine de Médicis, le comte Reingrave, colonel des reîtres de Henri II, etc., etc. Le Musée de Cluny possède aussi toute une série de portraits, dont les plus intéressants sont ceux d'Éléonore d'Autriche, seconde femme de François Ier (daté de 1536); de Claude de Lorraine et de sa femme Antoinette de Bourbon, de Catherine de Médicis. Diverses expositions ont fait connaître un assez grand nombre de ces portraits : ceux de Marguerite de Valois, reine de Navarre, de Catherine de Médicis, de Marguerite de France, duchesse de Savoie, de Catherine de Lorraine, duchesse Montpensier, des cardinaux de Lorraine, de François Ier et de Claude de France, de Louis de Gonzague, duc de Nevers, de Jacques Amyot, de Calvin, de Luther, etc., etc.

On n'a jamais encore, à notre connaissance, dressé une liste complète de ces portraits disséminés dans les collections publiques ou privées, œuvres fort précieuses au point de vue iconographique et dont un certain nombre sont d'une réelle beauté. Les prix que ces portraits atteignent aujourd'hui dans les ventes témoignent assez de l'admiration que professent pour eux les amateurs.

Si nous voulions faire une monographie complète de Léonard Limosin, il nous faudrait mentionner une foule de diptyques, de triptyques, de plaques détachées qui ont pu servir à décorer des meubles, de pièces de vaisselle, coffrets de toutes formes et de toutes dimensions; mais une semblable énumération ressemblerait trop à un catalogue de l'œuvre du maître et excéderait les limites de notre travail. Un mot cependant avant de terminer : pour la plupart de ces objets, il n'est pas très difficile de se rendre compte de la destination qu'ils avaient dans le mobilier du xvi° siècle; les portraits demandent seuls un mot d'explication. Quelques-uns ont pu être conservés à l'état isolé; mais beaucoup d'entre eux ont fait partie de séries iconographiques très nombreuses, destinées à la décoration de salles entières. C'est ce qui explique le nombre relativement considérable de ces pièces, dont beaucoup sont de mêmes dimensions : on avait une série de portraits peints en émail, comme on avait une série de portraits peints sur bois ou modelés en cire. L'émail, avec ses tons éclatants et perpétuellement frais, servait à souhait cette mode de la Renaissance.

Nous avons dit que Léonard Limosin avait été aussi graveur et peintre. Il existe en effet à la Bibliothèque nationale quatre estampes sur cuivre, datées de 1544, qui

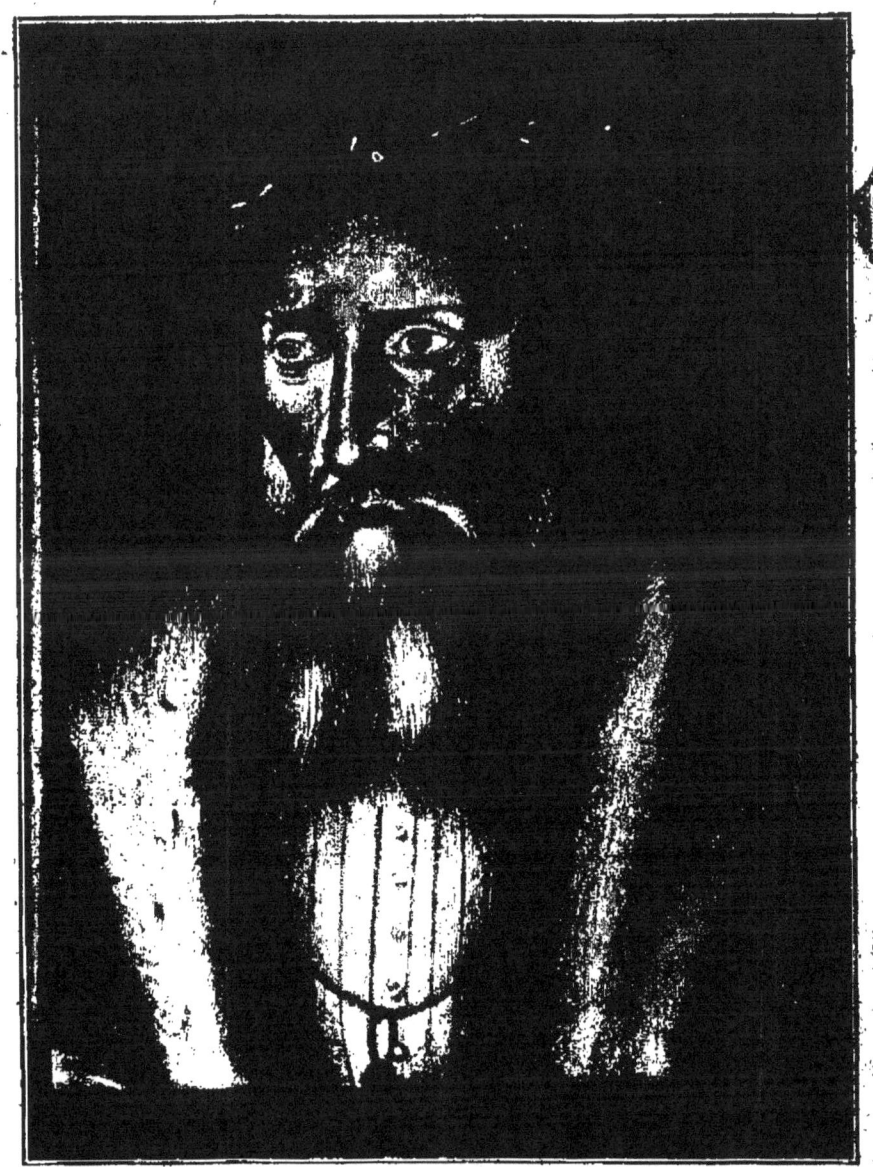

Portrait de Claude de Lorraine, duc de Guise,
par Léonard Limosin. (Musée de Cluny.)

portent sa signature. Elles font partie d'une suite représentant la Passion, et tout porte à croire que la suite a été complète, car nous retrouvons dans certains émaux repré-

Portrait d'Antoinette de Bourbon, femme de Claude de Lorraine, par Léonard Limosin. (Musée de Cluny.)

sentant la même série de sujets, la copie de quelques-unes de ces estampes. Près de la signature de l'une de ces gravures est figuré un vase, une aiguière, dont nous allons expliquer tout à l'heure le sens. Quant à la peinture de Léonard, elle ne nous est connue que par un très grand tableau peint sur bois, représentant l'Incrédulité de saint Thomas. Ce tableau, daté de 1551, appartient à la ville de Limoges, et il y a tout lieu de croire que l'apôtre dans ce panneau porte un livre sur lequel se lit la signature, est le propre portrait de notre émailleur. Un écusso peint au bas de cette médiocre composition, dans laquelle le style de l'école de Fontainebleau se fait sentir dans le dessin, sinon dans la couleur, qui est extrêmement pauvre, donne sans doute les armoiries de Léonard : un chevron accompagné de deux croisettes en chef et d'un vase de fleurs en pointe. Or ce vase est absolument de même forme que celui que l'on retrouve sur les estampes de l'émailleur, et il n'est pas rare dans les émaux de Léonard de trouver sa signature tracée aussi sur la panse d'un vase de ce genre. Nous avons notamment relevé cette coïncidence, tout au moins curieuse, si elle n'est point voulue, sur un émail du Musée d'Art industriel de Berlin; il n'est donc pas impossible que dans certains cas un vase ait servi de signature à Léonard Limosin.

Disons maintenant un mot des signatures de cet émailleur. On ne connaît aucun poinçon au revers de ses pièces, qui est généralement recouvert de fondant. Les signatures tracées soit en émail noir, soit en or, sont très variées, quelquefois longues, quelquefois réduites aux proportions d'un simple monogramme. Il signe généralement en français, plus rarement en latin : *Leonard Limosi;* — *Leonard, Limosin m. f. (me fecit* ou *m'a fait); — Leonard Limosin esmailleur et peinctre ordinayre de la Chambre du roy m. f.*; — L. L. simplement ou surmonté d'une fleur de lis; *Leonardus Lemovicus inventor.*

À sa triple profession de peintre, d'émailleur et de graveur, Léonard Limosin a encore parfois joint celle d'arpenteur, ainsi qu'en témoignent un certain nombre de plans dessinés de sa main. Mais nous ne voulons pas trop insister sur ce dernier point, qui semble prouver cependant qu'il avait une éducation assez complète; nous n'insisterons pas non plus sur les goûts artistiques de notre émailleur : une statuette antique de Mercure, vue par le cosmographe André Thevet dans sa maison de Limoges, ne constitue pas un argument probant pour en faire un collectionneur. Ses émaux suffisent, à notre avis, pour en faire un artiste de premier ordre dans la branche qu'il avait adoptée. Plus que tous ses confrères du xvie siècle, il a su tirer de l'émail peint tout ce qu'il pouvait donner; il a su diriger, avec une habileté au-dessus de tout éloge, une matière difficile, capricieuse, que l'emploi du feu peut modifier du tout au tout en quelques instants, en produisant un chef-d'œuvre ou un objet bon à mettre au rebut. Il faut beaucoup de courage et de persévérance pour pratiquer cet art, et l'on doit se montrer indulgent pour le juger. Léonard Limosin n'a à craindre en aucune façon que la postérité ne lui rende pas justice; presque toujours ses efforts ont été couronnés de succès et il apparaît bien dans l'histoire de son art comme le maître émailleur par excellence, celui après lequel la peinture en émail ne pourra que déchoir.

Terminons-en tout de suite avec la famille Limosin.

dont plusieurs membres ont encore pratiqué l'émaillerie au xviie siècle. Il faut placer en première ligne les deux fils de Léonard, François II et François III, qui signent leurs émaux du monogramme F. L., accompagné d'une date. Nous ne savons au juste la part qui revient à ces deux émailleurs dans les travaux de leur père, et cette part serait d'autant plus difficile à déterminer que to[us] les émaux qui portent leurs signatures nous montrent des artistes suivant les errements des émailleurs du xviie siècle : abus de rehauts d'or et des émaux colorés sur paillon, modelé des chairs de ton très saumoné. Une plaque que possède le Louvre, datée de 1633, est un bon exemple de leur savoir-faire. Ce sont des artistes médiocres qui n'ont absolument rien des qualités de Léonard. Leurs modèles ne sont du reste pas les mêmes et leur dessin n'est pas des plus soignés. Nous en dirons autant d'un autre Limosin, Joseph, qui a signé une salière du Musée du Louvre, mais qu'il est absolument impossible de faire figurer à un rang exact dans la généalogie de la famille, car on ne sait à qui le rattacher. Lui aussi aime le paillon et la couleur à l'excès. Consul de Limoges en 1646, il aurait prolongé son existence jusqu'en 1666, ce qui autorise à lui attribuer une longévité fort respectable.

Léonard II, neveu de Léonard Ier, né vers 1550, mort vers 1625, est encore un émailleur dont il n'y a pas lieu de faire un éloge bien étendu. Comme ses parents, il émaille en couleur, avec paillons et rehauts d'or; il signe tantôt en toutes lettres, tantôt d'un simple monogramme.

Parmi les autres émailleurs de la même famille un

seul a quelque mérite, c'est Jean Ier Limosin, qui, bien que sacrifiant au goût de son époque, à l'amour du voyant et au style mis à la mode par les émailleurs qui ont surtout fait des pièces de vaisselle, sait encore apporter beaucoup de soin dans l'exécution de ses émaux et possède un dessin assez correct. On peut voir au Louvre un grand plat ovale signé de lui, qui donne une idée assez favorable de son talent de peintre. Cette composition, qui représente Esther devant Assuérus, est d'un bon style; le bord et le revers du plat portent encore, dans les ornements qui les recouvrent, la trace du goût excellent qui a guidé pendant tout le xvie siècle les artistes limousins dans le choix de leurs motifs de décoration. Ses émaux translucides sont en grande partie appliqués sur paillon, mais le modelé est exécuté avec soin; et, dans le modelé des chairs, s'il abuse des tons saumonés, il faut avouer que son travail, exécuté au pointillé, est des plus fins et des plus soignés. Une autre pièce du même artiste, qui fait partie de la collection Basilewsky, au Musée de l'Ermitage, et représente une chasse à l'ours, est encore une œuvre recommandable; elle nous fait mieux connaître un artiste qui, au milieu du mauvais goût qui envahissait de plus en plus les ateliers d'émailleurs, se souvenait encore des traditions du milieu du xvie siècle. Ses pièces sont signées soit en toutes lettres : *Jehan Limosin*, soit d'un monogramme composé d'un I et d'un L séparés par une fleur de lis ou une croisette ou un point.

Il a certainement existé un autre Jean Limosin, auquel nous donnerons pour le distinguer du premier le nom de

Jean II. Le premier, étant mort vers 1610, ne peut être le même que l'émailleur qui a signé en 1619 la girouette émaillée qui surmonte le clocher de l'abbaye de Solignac : *Jehan Limosin esmailleur du roy*. Au revers on voit le monogramme dont a aussi usé Jean Ier, un I et un L accompagnés d'une fleur de lis. Mais, en l'absence date, il n'est guère possible de distinguer les travaux d cet artiste de ceux de Jean Ier, dont il était peut-être le fils; on ne peut d'ailleurs rien affirmer à cet égard. On remarquera, du reste, si l'on prend la peine de feuilleter les travaux très consciencieux et très étudiés que M. L. Bourdery a consacrés aux émailleurs limousins et surtout à ceux du xviie siècle, que la généalogie que nous donnons plus haut de la famille Limosin s'écarte assez sensiblement sur certains points de celle qu'il a dressée. Mais, il le reconnaît lui-même, toutes ces généalogies sont purement hypothétiques; au milieu de cette foule de prénoms semblables, qui apparaissent avec des dates à de rares et longs intervalles, il faut se résoudre à ignorer bien des filiations, bien des degrés de parenté.

Si nous mentionnons encore Léonard II, Léonard III, et jusqu'à trois François Limosin, en dehors des émailleurs de la même famille que nous venons d'indiquer, c'est uniquement pour que l'on ne soit pas étonné de rencontrer avec des monogrammes ou des signatures semblables des dates très différentes; et ceux-là, du reste, n'ont point créé des œuvres dignes de perpétuer le souvenir des Limosin. Ils se sont montrés ce qu'étaient la plupart des émailleurs de la fin du xvie et du xviie siècle, de bons ouvriers, mais des artistes médiocres.

Les Noylier ou Nouailher. — Une autre famille dans laquelle les émailleurs se sont succédé jusqu'à la fin du xviiie siècle, les Noylier ou Nouailher, nous retiendra moins longtemps. Pour le xvie siècle, il ne peut être question que des deux Nicolas ou Couly Noylier (peut-être le père et le fils) et de Pierre Ier Noylier. Ici encore se présentent, au point de vue des attributions des émaux signés C. N. à l'un ou l'autre de ces deux Nicolas, des difficultés : le premier, qui était consul de Limoges en 1513, ne peut certainement être le même que celui qui occupa la même charge en 1567, mais qui, à cette époque, devait être âgé, car la première date que l'on rencontre sur les émaux qui lui sont attribuables est celle de 1545. Ce n'est donc que par le style que l'on peut faire un partage équitable entre ces deux artistes ; et là encore, la chose n'est pas très facile, car, sauf de fort rares exceptions, l'un et l'autre sont des émailleurs de second ordre ; ils ne sont pas toutefois dépourvus d'originalité ; on pourrait même dire qu'ils en ont trop, surtout dans leur dessin qui est généralement déplorable. Quand, cependant, Couly II Noylier a voulu se surveiller un peu, grâce à sa franchise d'allure, il est parvenu à exécuter des œuvres d'une certaine valeur ; ce n'est pas à lui que l'on peut reprocher de trop pousser le travail de ses émaux ; il a une tendance naturelle à faire très lourd et très accentué.

Au premier Couly Noylier, nous serions disposé à attribuer, comme l'a très judicieusement proposé M. Darcel, toute une série de coffrets, à montures de cuivre ou de cuir très caractéristiques, sur lesquels sont représentés fréquemment les travaux d'Hercule ou des jeux d'enfants; les mêmes patrons lui ont servi à décorer des salières; et les uns comme les autres sont accompagnés d'inscriptions écrites dans une langue dont l'incorrection n'est égalée que par les fantaisies de son orthographe. Ces émaux sont exécutés, généralement,

Coffret peint par Couly I Noylier et monté en cuir rouge.
(Collection Spitzer.)

sur fond bleu ou rouge; les sujets ont d'abord été peints en blanc, puis recouverts d'émaux colorés très légèrement en bleu, en vert. L'effet produit par ces compositions est charmant et égale dans certains cas l'harmonie des travaux sortis de l'atelier des Pénicaud. Mais là s'arrête la ressemblance; il ne faut point examiner de trop près le dessin, il est en général détestable. Couly II fait aussi usage de ces glacis très transparents

Aiguière peinte en grisaille par Couly II Noylier.
(Collection Spitzer.)

pour teinter ses grisailles, mais il a peint également des grisailles toutes simples. Comme le précédent, il abuse des inscriptions dont il tire, tant elles sont lourdement tracées, un médiocre parti au point de vue décoratif, ainsi que ses contemporains. Les dates relevées sur ses émaux sont celles de 1539 et de 1541, et il vivait encore en 1588. Il ne se contente pas de faire des plaques, il fait aussi de la vaisselle émaillée, et l'on peut voir Louvre et dans la collection Spitzer deux buires et d coupes sorties de ses mains. Le faire en est large, et en certaines occasions on pourrait, tant cet artiste est inégal et journalier, confondre ses émaux avec ceux de Léonard Limosin. Sa signature est fort simple : le nom *Colin* dans un cartouche ou bien les initiales C. N. et quelquefois une date.

Il n'est pas certain que Pierre Ier soit le frère de Couly Noylier; dans tous les cas l'émailleur qui signe P. N. ou *Pierre Nouailher* et qu'il ne faut pas confondre avec Pierre II, qui vivait au xviie siècle, est un frère beaucoup plus jeune, puisqu'il lui naissait un fils en 1605. Pierre Ier est donc un émailleur de la fin du xvie siècle; mais il pratique encore la grisaille ou la grisaille teintée comme à la bonne époque de l'émaillerie. Il n'a pas complètement mis de côté les inscriptions; c'était décidément une manie de famille.

Nous laisserons provisoirement de côté les Noylier pour nous occuper d'autres émailleurs qui ont joui et jouissent encore d'une réputation plus méritée.

Les Reymond. — Jusqu'ici nous avons vu de véritables dynasties d'émailleurs : les Reymond ne font pas exception à la règle. Mais seul Pierre Reymond, l'un des plus

L'ÉMAIL PEINT EN FRANCE AU XVIe SIÈCLE. 307

connus de tous les artistes limousins et aussi l'un plus
féconds, mérite de fixer l'attention. Les autres membres
de la famille, dont les œuvres sont, du reste, assez rares
et de mauvais style, ne possèdent pas une manière qui
leur appartienne en propre. Voici, d'après les documents
conservés aux archives municipales de Limoges, la succession des artistes de cette famille :

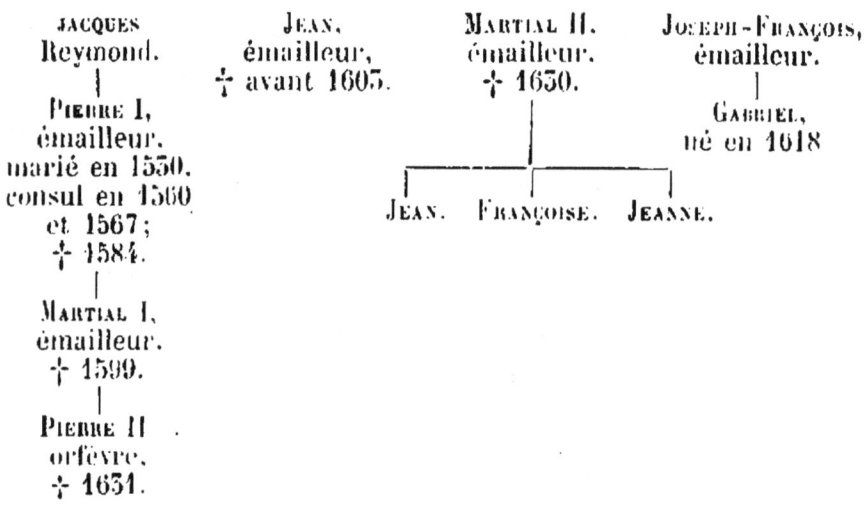

Pierre Reymond, on le voit par ces dates, est donc
absolument contemporain de Léonard Limosin. Si, en
général, ses œuvres sont d'un faire plus sec, il faut cependant remarquer que dans certains de ses émaux, les
pièces en couleurs, du reste assez rares, il adopte encore
une partie des méthodes de procéder qui étaient de mode
chez les premiers émailleurs. Mais c'est surtout au commencement de sa carrière qu'il a ainsi travaillé; la plus
ancienne pièce signée de lui remonte à 1554, et c'est
en 1558 qu'il a exécuté un beau triptyque polychrome qui
appartient à M. le baron Gustave de Rothschild : on y
voit Louise de Bourbon en prière aux pieds de la Vierge.

Le dessin a déjà les qualités de précision que l'on retrouve dans tous ses travaux, mais les costumes en couleur, l'architecture traitée en brun à rehauts d'or, font encore penser aux émaux de Jean Ier Pénicaud. D'autres fois il remplace le fond noir par un fond bleu, qui apparaît par place, grâce au dessin par enlevage, et les parties émaillé de blanc sont glacées d'émaux translucides. Ce procédé comme l'a fort judicieusement remarqué M. Darcel, est une survivance de l'ancienne technique.

Mais Pierre Reymond triomphe incontestablement, et c'est ce qui a fait très certainement sa renommée, dans la peinture de la vaisselle dont pendant près de cinquante ans il a fabriqué plus de pièces qu'aucun de ses rivaux : aiguières, plateaux et plats, coupes, salières, assiettes, flambeaux sont sortis par centaines de ses ateliers; car on ne peut croire que toutes les pièces qui portent sa signature aient été fabriquées par lui-même. Beaucoup sont d'un dessin trop faible, d'une facture trop lâchée pour qu'on lui en attribue la paternité. Ce sont les œuvres d'ouvriers travaillant sous sa direction. Ses compositions, exécutées en grisaille, modelées par hachures, les chairs étant plus ou moins saumonées, sont des traductions excellentes des gravures de Marc-Antoine Raimondi et de son école, auxquelles il mélange pour les ornements des emprunts faits à Virgilius Solis, à Androuet du Cerceau, à Étienne de l'Aulne et à Théodore de Bry. On peut même dire que la partie décorative de ses œuvres, les cartouches, les rinceaux, les médaillons composés d'entrelacs, qui ornent le revers de ses assiettes et de ses plats, sont supérieurs, au point de vue de l'effet, aux scènes copiées d'après les grands maîtres. L'émail s'accommode mieux de ce genre de travail que de la traduction de scènes dans lesquelles la perspective, le modelé, l'expression des figures jouent un rôle trop important pour que l'on n'ait pas à craindre quelque mécompte dans la cuisson, quelque soin qu'on ait apporté à son travail.

Les travaux d'Hercule; salière par Pierre Reymond.
(Collection Spitzer.)

Si, en dehors de quelques travaux exécutés pour la famille de Bourbon, Pierre Reymond n'a pas eu la chance de trouver d'aussi puissants protecteurs que bien d'autres émailleurs du XVIᵉ siècle, sa vaisselle a cependant été célèbre un peu partout de son vivant; on peut voir au Musée germanique de Nuremberg des pièces d'un service aux armes de la famille Imhoff, une des plus célèbres familles patriciennes de cette ville au XVIe siècle.

Comme beaucoup d'autres émailleurs, Pierre Reymond a aussi donné des cartons pour des vitraux; peut-être même en a-t-il exécuté lui-même. En tout cas il a peint des miniatures dans les registres de la confrérie de Saint-Pier du Queyroix, conservés à Limoges.

La plupart des émaux de Pierre Reymond portent une signature : *P. Reymon, Reymond, Reymo, Remond* et une date; mais fort souvent aussi ce peintre a fait usage du simple monogramme P. R., tracé généralement en émail noir. En somme, s'il ne présente pas un œuvre aussi original que celui de Léonard Limosin, on peut néanmoins le ranger parmi les cinq ou six émailleurs dont le nom est à retenir pour l'histoire de l'art en général et l'histoire de l'art français en particulier.

Jean et Joseph Reymond, dont les émaux portent un monogramme commun à tous deux, I. R., ne sont pas des artistes originaux; pas plus que Martial Reymond, qui signe ses émaux en toutes lettres ou du monogramme M. R., et qui dans toutes ses œuvres s'est montré partisan de l'école dont Susanne de Court est le représentant le plus caractéristique, l'école de la polychromie à outrance. Il était de son époque, du reste, et les émailleurs de la fin du XVIe et du commencement du XVIIe siècle pensaient avoir assez fait en créant des produits brillants d'où le goût est aussi absent que le dessin.

Les Courteys. — Comme tant d'autres émailleurs, les Courteys étaient des peintres verriers. C'est au moins ce qu'il est permis de conjecturer si, comme il semble nécessaire de le faire, il faut reconnaître dans le Robert Courtoys et le Jean Courtoys, qui, à la fin du xve et dans le premier tiers du xvie siècle, ont exécuté les vitraux

Apollon. Assiette par Pierre Courteys.
(Collection Spitzer.)

de l'église de La Ferté-Bernard, les parents de Pierre et de Jean Courteys, émailleurs à Limoges dans la seconde moitié du xvie siècle.

Nous ne connaissons point la date de la naissance de Pierre Courteys; et c'est à tort que M. Bourdery a voulu, dans ces derniers temps, la fixer à 1532, en s'appuyant sur un prétendu portrait de cet émailleur peint par lui-même en 1559, à l'âge de vingt-sept ans. L'émail sur lequel est basée cette hypothèse n'est pas le portrait de Pierre Courteys; il n'est point signé, ni daté, bien qu'à la vérité il soit très légitime de l'attribuer à ce maître. Au surplus date de 1545 ayant été relevée par Ardant sur un éma de cet artiste, on est forcé de reporter sa naissance à une date bien antérieure. En revanche, la date de 1568 tracée sur un plat du Louvre est la plus récente que l'on ait rencontrée jusqu'ici. Il ne peut donc être question d'identifier ce Pierre Courteys avec un autre personnage du même nom qui figure dans un document de 1602.

Pierre Courteys peut être considéré comme l'élève ou l'imitateur de Pierre Reymond. Comme lui, il fait surtout des grisailles dans lesquelles les chairs sont saumonées; il s'en sert pour décorer des pièces de vaisselle; mais lui aussi, comme Pierre Reymond à ses débuts, met quelquefois en pratique les procédés des premiers émailleurs du XVIe siècle, quand il fait des émaux en couleur; de nombreuses pièces de Pierre Courteys rappellent beaucoup, sauf pour le dessin, les émaux sur apprêt des Pénicaud. Le grand retable qu'il exécuta pour la chapelle du château d'Écouen, composé de seize plaques émaillées retraçant les scènes de la passion est un excellent type de ses émaux polychromes. Ce monument est au Musée du Louvre. Enfin, parmi les œuvres de Pierre Courteys, il convient de mentionner les grands émaux représentant des divinités qu'il exécuta en 1559 pour la décoration du château de Madrid, au bois de Boulogne. Ces émaux, composés de plusieurs pièces, sont exécutés en relief sur des plaques préalablement martelées suivant les contours du dessin. On peut voir au Musée de Cluny quelques-uns de ces émaux qui rappellent vaguement les décorations polychromes exécutées en terre cuite émaillée par les della Robbia.

Pierre Courteys n'a aucune règle pour écrire son nom; il l'orthographie tantôt *Courtois*, *Cortoys* ou *Courteys*; il signe quelquefois *Pierre Courteys m'a fet*, comme quelques-uns de ses contemporains; en somme c'est un artiste de second ordre, un imitateur de Pierre Reymond dont il est loin de posséder la très remarquable précision dans le dessin. Ses œuvres non signées peuvent être confondues avec celles de l'un de ses parents, un Martial Courteys, dont il existe quelques émaux marqués du monogramme M. C. Ce dernier vivait encore en 1580.

Quant à Jean Courteys, qu'on ne peut en aucune façon confondre avec le peintre verrier de la Ferté-Bernard, c'est un artiste énigmatique. Il est absolument certain qu'il a existé à Limoges, entre les années 1545 et 1586, un personnage de ce nom, peut-être émailleur; mais les émaux portant le monogramme I.C. nous paraissent devoir être attribués à Jean de Court et non à Jean Courteys. C'est ce que permet d'avancer l'étude des pièces portant une signature in extenso.

Les Court ou de Court. — On peut voir par les pages qui précèdent combien il règne encore d'incertitude sur la personnalité des principaux émailleurs du xvie siècle, incertitude qui ne sera probablement jamais dissipée, car on connaît maintenant à peu près tous les documents qui peuvent se rapporter à ces artistes. Pour la famille Court ou de Court, par laquelle nous terminerons cette rapide revue des peintres émailleurs de la Renaissance, nous ne

La Fenaison. Assiette peinte en grisaille par Jean de Court.
(Collection Spitzer.)

possédons que des renseignements fort vagues. Toutefois, en réunissant les documents, les dates et les signatures tracées sur quelques monuments, il est possible d'établir l'existence de deux émailleurs du nom de Jean Court au xvi° siècle. L'un se nomme Jean Court dit Vigier; nous possédons de lui des émaux signés en toutes lettres et datés du milieu du xvi° siècle; l'autre se nomme Jean de Court et, malgré la particule qu'il ajoute à son nom,

Le Mois de Juin. Assiette par Jean de Court.
(Collection Spitzer.)

paraît être parent du premier. Le *de*, loin d'être ici un signe de noblesse, n'est qu'une indication d'origine. Les historiens limousins ont réuni à ce sujet un faisceau de preuves indiscutables dont la meilleure consiste dans les signatures de l'une des parentes de nos émailleurs qui écrit indistinctement Suzanne Court ou Suzanne *de* Court.

Le second Jean de Court est contemporain du premier, puisque il exécuta en 1555 un portrait de Marguerite de France, fille de François 1er, en Minerve, qui a fait partie de la collection de M. le comte de Nieuwerkerke; mais à la qualité d'émailleur il joignait celle de peintre, succéda en 1572 à François Clouet, comme peintre roi. Il vivait encore en 1585, car cette année-là il peignit le portrait de la duchesse de Guise; nous savons d'autre part qu'à cette époque son fils était déjà à la cour, où il avait le titre de valet de chambre du roi.

Un autre témoignagne vient du reste justifier l'hypothèse admettant l'existence de deux émailleurs du nom de Jean Court et de Court. Dans une ode, d'ailleurs d'un style fort douteux, adressée, en 1583, à Dorat par un poète limousin, Jacques Blanchon, nous voyons distinguer clairement Jean Court dit Vigier et Jean de Court :

> « Tayseray-je soubs silence
> La surartiste excellence
> De l'estimable de Court,
> Que tout l'Univers appelle
> L'admirable esprit d'Appelle
> Veu en la royale Court?
>
> « Ne reluyra la patrie
> De la sçavante industrie
> De mille autres bons esprits,
> D'un Vigier pour l'esmailheure,
> Et de la science meilheure
> D'un Corteys des mieux appris. »

De Jean Court dit Vigier les œuvres sont rares; et c'est regrettable, car ses grisailles, coupes et bassins, ou ses

Aiguière peinte en grisaille par Jean de Court.
(Collection Spitzer.)

émaux de couleurs, dénotent un artiste des plus habiles, n'ayant point de sécheresse dans le dessin et tirant du procédé de l'enlevage le meilleur parti possible. Ses œuvres sont signées soit en toutes lettres : *A Limoges par Jehan Court dit Vigier*, soit de ses initiales I. C. D. V. C'est encore un très bon émailleur qui peut prendre rang auprès de Pierre Reymond.

L'œuvre de Jean de Court, si, comme nous le croyons, il faut y comprendre les pièces marquées du monogramme I. C. et que l'on attribue hypothétiquement à Jean Courteys, est beaucoup plus considérable. Comme l'a supposé M. Darcel, dont nous adoptons tout à fait l'opinion, Jean de Court, qui signe souvent I. D. C., doit être un élève de Léonard Limosin. On reconnaît dans certaines pièces la facture de ce maître, notamment dans le portrait de Marguerite de France que nous citions tout à l'heure. Mais, malgré ses qualités, la plupart de ses émaux accusent déjà la décadence. Beaucoup d'émaux sur paillon, beaucoup de rehauts d'or, qui à vrai dire s'harmonisent assez bien avec le style légèrement maniéré des artistes de la seconde moitié ou plutôt du dernier tiers du xvie siècle. Son dessin a quelque chose de conventionnel, et ce n'est pas sans une certaine apparence de raison que l'on a donné comme une caractéristique de sa manière le profil aigu et anguleux qu'il donne à tous ses personnages.

Nous arrêterons ici cette revue des émailleurs du xvie siècle. Bien que le jugement du marquis de Laborde ait paru parfois un peu dur à ceux qui se sont occupés des émailleurs des siècles suivants, nous devons avouer avec lui que ces derniers ne sont pas à proprement parler des artistes : ce sont des praticiens parfois habiles, souvent dépourvus des premières notions du dessin; et leurs œuvres n'offrent plus guère qu'un intérêt historique; elles nous montrent la continuation des traditions limousines, mais bien altérées; ce n'est pas suffisant pour en faire des œuvres d'art.

CHAPITRE IX

L'émail peint à Limoges au XVIIe et au XVIIIe siècle.

Dans la série des artistes que nous devons maintenant faire passer sous les yeux du lecteur, la première place revient de droit à une femme qui a pratiqué l'art difficile de l'émail, à Suzanne Court ou de Court — elle signe sous ces deux formes — qui, en 1600, habitait au faubourg Boucherie, à Limoges. Dans quelles relations de parenté était-elle vis à vis des Court que nous venons de nommer? Était-elle la fille de Jean Court? On serait tenté de le croire, car sa manière procède directement de celle de cet émailleur. Mais empressons-nous d'ajouter qu'elle ne l'imite pas avec beaucoup de bonheur. Ses émaux, où toutes les chairs sont blafardes, où des rehauts d'or prodigués çà et là sur des émaux translucides appliqués sur paillon essaient en vain de tracer des lignes ou de déterminer un modelé quelconque, peuvent être considérés comme le triomphe du clinquant. A peine dans les bordures, dans les revers des pièces de vaisselle qu'elle a ainsi recouvertes, reparait-il encore une trace de ce goût si fin et si délicat qui avait sûrement guidé ses prédécesseurs. On nous trouvera sans doute sévère pour cette artiste; les Léonard Limosin, les Jean Pénicaud, les Pierre Reymond nous donnent le droit de l'être et l'on se demande, en face de cet abus de la polychromie sans rime ni raison, comment en quelques années une industrie, nous dirons mieux, un art si florissant avait pu tomber si bas. Il faudrait probablement demander compte à la mode de cette décadence. Doit-on supposer qu'au xviie siècle l'industrie limousine subit une crise et que les émaux d'alors ne furent plus guère destinés à sortir de la province? Cela est assez croyable; car ce qui nous reste de cette époque ce sont surtout des images de piété, des émaux de peu de valeur, souvenirs de pèlerinage, ou menus objets dont il fallait fabriquer et vendre des quantités considérables pour gagner sa vie. Ce sera aux historiens du Limousin à déterminer les causes de cette décadence profonde, qui n'atteignit pas seulement l'émaillerie mais aussi l'orfèvrerie. M. Guibert n'a-t-il pas montré comment, au xviie siècle, quand on voulut refaire la châsse d'argent de saint Martial, les descendants des Alpais, des Chatard, des Vidal, furent obligés de s'adresser à un orfèvre parisien?

Les Poylevé, une ancienne famille de Limoges, ont fourni, au xvie et au xviie siècle, plusieurs orfèvres ou émailleurs : c'est à Jean Poylevé qu'est sans doute dû un beau calice orné d'émaux, daté de 1555, que possède l'hôpital de Limoges, et l'on relève les monogrammes de François et de Jean II Poylevé sur des émaux qui appartiennent à la première et à la seconde moitié du xviie siècle.

H. Poncet ou Ponsset, émailleur « proche saint Michel, à Limoges », a mis sa signature au revers d'une quantité de portraits de saint François Xavier et de saint Ignace. Il vivait dans le premier tiers du xviie siècle, et travaillait peut-être déjà au xvie siècle ; s'il exécute ses émaux suivant les anciennes traditions de son art, s'il n'a pas encore adopté les méthodes hâtives des Laudin et des Nouailher, qui vont consommer la ruine de l'émaillerie limousine, il n'en est pas moins un artiste médiocre, un dessinateur peu habile. Pire encore est François Guibert, dont les initiales F. G. et la date 1656 se trouvent au bas d'un portrait de Mathieu Molé, exposé il y a peu d'années à Limoges.

En dehors de ces quelques émailleurs que nous venons

GÉNÉALOGIE DE LA FAMILLE LAUDIN.

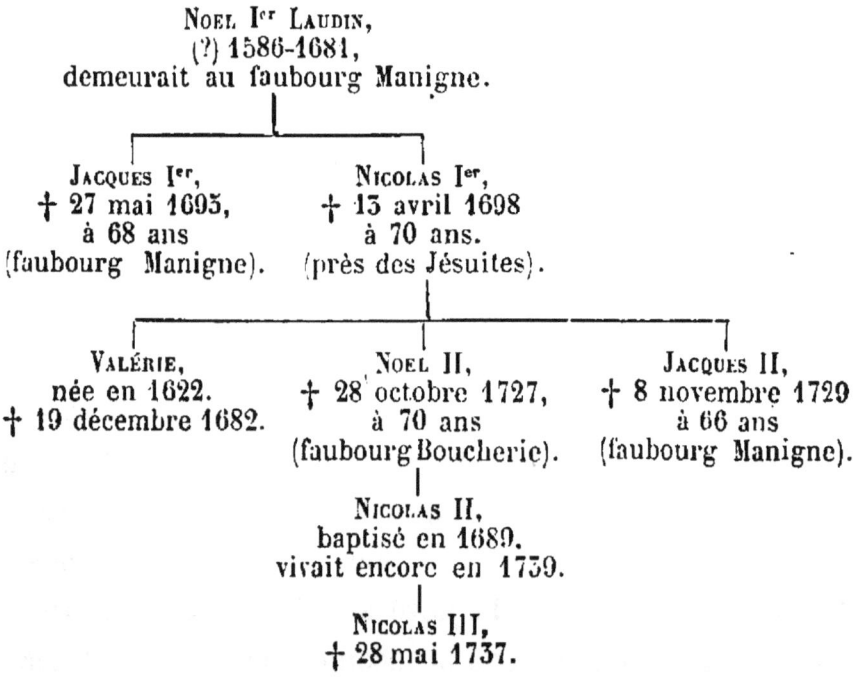

de mentionner et dont le nombre sera forcément augmenté par la découverte de nouvelles signatures, découverte

GÉNÉALOGIE DES NOUAILHER.

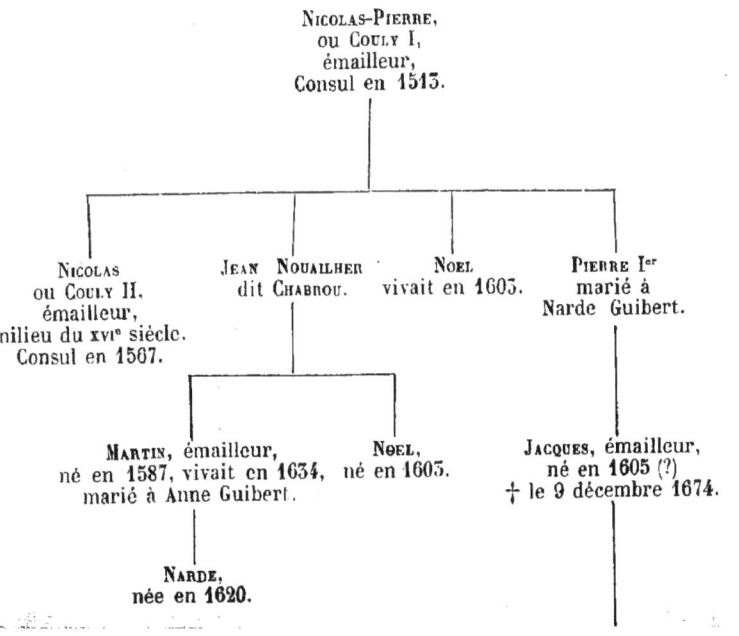

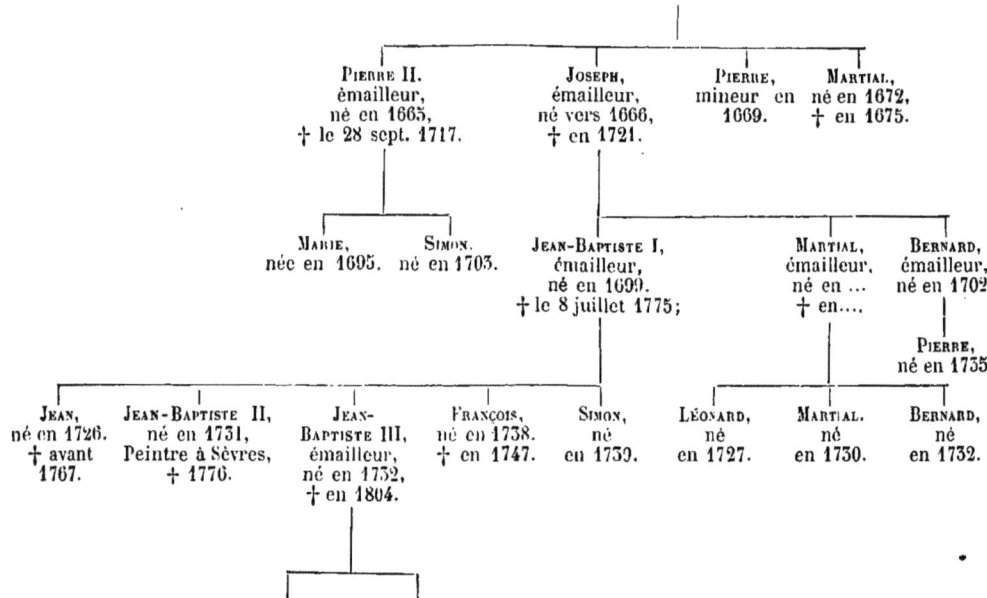

qui n'aura du reste rien de particulièrement intéressant, deux familles se sont disputé, au XVIIe et au XVIIIe siècle, l'honneur d'inonder le Limousin et surtout le midi de la France de plaques, de bénitiers, de coupes, de bourses, d'images de piété, le tout exécuté en émail. On ne peut vraiment, comme nous l'avons déjà dit, attribuer une réelle valeur artistique à ces émaux, qui presque tous font preuve d'une inhabileté de dessin extraordinaire et d'un manque d'originalité déplorable. Toutefois, comme il est nécessaire de connaître ces émailleurs, nous plaçons sous les yeux du lecteur les tableaux généalogiques des Laudin et des Nouailher.

Les Noylier ou Nouailher ne sont pas des inconnus pour nous ; nous avons vu déjà au XVIe siècle plusieurs membres de cette famille exercer la profession d'émailleur. Mais leurs descendants étaient bien dégénérés. Nous ne pouvons songer ici à établir la caractéristique de tous les émailleurs dont nous donnons la filiation ; il nous suffira d'indiquer, d'après leurs émaux, les traits principaux qui les différencient des émaux du XVIe siècle.

Remarquons d'abord que dans ces émaux du XVIIe et du XVIIIe siècle, le contre-émail qui, au XVIe siècle était, presque sans exception, exécuté en fondant, c'est-à-dire en émail translucide incolore, devient bleu, gris, violet ou brun. Si nous indiquons cette particularité, c'est qu'elle est particulièrement facile à saisir et doit dès l'abord, quand on se trouve en face d'un émail dont on veut déterminer l'attribution, servir à circonscrire les recherches. L'abandon du dessin par enlevage, qui est presque entièrement oublié et par les Laudin et par les Nouailher au milieu du xviie siècle, est encore un autre signe dont il faut tenir compte; enfin l'apparition de tons violents pour le modelé aussi bien que pour la coloration des vêtements, les roses, les rouges vifs, les jaunes, sans transparence; appliqués avec une lourdeur de main digne de faïenciers de dernier ordre; des décors en relief, rinceaux blancs rechampis de noir qui décorent les bords des plaques, les pieds de flambeaux etc, sont encore des traits caractéristiques de cette émaillerie complètement démodée et arriérée qui perd chaque jour du terrain. Ce n'est pas à dire qu'il soit très facile au premier coup d'œil de distinguer les œuvres de chacun. Les signatures, nombreuses et souvent accompagnées de dates et d'indications de domicile, y peuvent aider assurément; mais, les prénoms n'étant presque jamais exprimés en toutes lettres, c'est un travail plein de difficultés que de discerner les Nicolas des Noël, les Jacques des Joseph. Un érudit limousin, doublé d'un émailleur de talent, M. Bourdery, a entrepris cette tâche et ses premiers travaux font bien augurer de son succès. Grâce à lui, on pourra d'ici à peu débrouiller l'écheveau compliqué que forment les productions de ces fabricants dont le dernier a vécu jusqu'à notre siècle, juste assez pour voir les émaux de Limoges, même ceux du xvie siècle, tombés dans un oubli immérité. Mais c'est là une éclipse qui n'a pas duré : qui songerait aujourd'hui à envoyer aux chaudronniers les plaques de cuivre sur lesquelles les Limousins ont vulgarisé d'une façon si délicate les chefs-d'œuvre de la Renaissance?

CHAPITRE X

Les portraits en émail au XVIIe siècle. — Les émailleurs genevois du XVIIIe siècle. — Les émailleurs de Saxe.

Des mains des peintres, la peinture en émail, au XVIIe siècle, passa entre les mains des orfèvres, qui devinrent peintres à leur tour, mais modifièrent tout à fait les procédés. Au lieu de peindre à la manière des émailleurs du XVIe siècle, ils imaginèrent de peindre en miniature sur un fond d'émail préalablement cuit. De la sorte, l'émaillerie pouvait être pratiquée par le premier peintre venu auquel il fallait très peu de temps pour apprendre le maniement des couleurs vitrifiables.

Le procédé n'était pas nouveau; nous l'avons déjà vu pratiqué au XVIe siècle; mais il s'agissait de le faire revivre précisément à un moment où l'émaillerie était tombée en défaveur. On a prétendu que cette méthode fut remise en honneur sous Louis XIII par un orfèvre de Blois, Jean Toutin; rien ne nous prouve que Toutin en ait été l'inventeur, mais ce qui est certain, c'est que lui et son fils ont fait des émaux de ce genre, d'abord pour décorer des boîtiers de montres et des bijoux, comme en a pein plus tard Peine; puis ils ont fait des portraits, et Henri Toutin a mis sa signature sur un médaillon en émail représentant Louis XIV et Anne d'Autriche, qui se trouve dans le trésor impérial de Vienne. Un pastelliste, Isaac Gribelin, les aurait aidés dans la peinture de ces émaux, dont le secret, s'il y en eut jamais un, fut bientôt connu, puisque à Blois et à Paris, au XVIIe siècle, de nombreux artistes en faisaient couramment de plus ou moins bien réussis.

Au milieu de ces noms de peintres, dont la plupart sont oubliés aujourd'hui, un seul a survécu, parce qu'il a poussé l'art du portrait en émail jusqu'à ses dernières limites. Jean Petitot (né à Genève le 12 juillet 1650 peut à peine compter parmi les émailleurs ; c'est en réalité un miniaturiste de pre-

Portrait de l'émailleur Jean Petitot (1607-1691), peint sur émail par son fils.

mier ordre, un portraitiste de très grand talent, qui eût certainement réussi aussi bien en employant une autre matière. Mais il n'y a pas lieu de se plaindre qu'il ait préféré l'émail qui a préservé ses œuvres et a conservé toute sa fraîcheur à son coloris. Son père, d'origine française, sculpteur et architecte, le mit en apprentissage chez un orfèvre, Pierre Bordier, dont il devait bientôt devenir l'associé. Après être demeuré quelque temps ensemble, ils parcoururent tous deux l'Italie et passèrent en France. On a prétendu qu'ils auraient travaillé chez les Toutin, à Blois et à Châteaudun. Si ce fait n'est pas prouvé, il n'en est pas moins vrai que c'est à la suite de ce voyage, à leur arrivée en Angleterre, que Petitot commença à être connu. A Londres, Petitot travailla d'abord chez un orfèvre; un portrait de Charles Ier qu'il peignit en émail, bientôt suivi de plusieurs autres pour lesquels il aurait reçu des conseils de Van Dyck, le crédit du médecin du roi, Turquet de Mayerne, un Génevois, lui valurent bientôt une renommée universelle. Tous les grands seigneurs voulurent se faire peindre par lui et, très attaché à Charles Ier, Petitot ne se décida à quitter l'Angleterre qu'après la mort du roi. Il vint en France où Louis XIV lui donna un logement au Louvre.

L'association de Petitot et de Bordier n'était pas purement commerciale; elle était aussi artistique. Petitot peignait les figures et Bordier, moins habile sans doute, donnait ses soins aux fonds et aux accessoires. Cette association fut rompue pour un moment, d'un consentement mutuel, quand, en 1651, ils épousèrent les deux filles d'un orfèvre de Blois, Marguerite et Madeleine Cuper. A cette occasion les deux beaux-frères partagèrent leur fortune qui s'élevait à plus d'un million. Mais, par le fait, Bordier et Petitot continuèrent à travailler de compagnie.

Marié en secondes noces, après la mort de la fille de Cuper, avec Madeleine Bordier, nièce de son beau-frère, et fille de Jacques Bordier, agent de la République de Genève, à Paris, il occupa lui-même ce poste en 1684, sans cesser d'être peintre du roi. En 1685, lors de la révocation de l'Édit de Nantes, il sollicita la permission de se retirer à Genève, mais elle lui fut refusée; on l'arrêta et on l'enferma au For-l'Évêque. Forcé d'abjurer, Petitot parvint à gagner Genève en 1687; malgré son grand âge, il y reprit ses travaux. Il mourut à Vevey en 1691.

Les portraits de Petitot ont été considérés de son temps comme des merveilles et la postérité n'a pas démenti ce jugement; il s'y est montré aussi habile que les plus célèbres miniaturistes. Mais peut-on faire le même éloge des compositions qu'il a copiées d'après Lebrun? C'était assurément détourner son art de sa véritable destination que de faire de telles œuvres, d'autant plus regrettables qu'elles ont dû lui prendre un temps précieux qu'il eût pu mieux employer. En face de ces copies, on songe involontairement à cette erreur des peintres sur porcelaine de notre siècle qui ont usé un réel talent à traduire les chefs-d'œuvre du Louvre : travaux de patience absolument stériles et indignes d'encouragement.

C'est en Angleterre surtout qu'on conserve les émaux de Petitot, et les collections du château de Windsor ne renferment pas moins de deux cent cinquante portraits exécutés par lui; on peut en voir également une belle série au Musée du Louvre; elle n'est pas cependant comparable, comme nombre, à la collection anglaise. Cette abondance indique une production très considérable, et encore faut-il admettre que beaucoup de portraits ont dû être brisés; la mince feuille d'or sur laquelle ils sont exécutés n'offre qu'une bien faible résistance aux chocs auxquels étaient exposés les bijoux, les boîtes, les bracelets dont ils faisaient l'ornement.

Des dix-sept enfants de Petitot, un seul, Jean, né en 1653, continua les traditions paternelles. Il alla d'abord en Angleterre, revint en France en 1683 et se maria avec Madeleine Bordier. On possède en Angleterre, dans la collection de Lord Cremorne, le portrait de Petitot le père exécuté par son fils, son propre portrait daté de 1685 et le portrait de sa femme daté de 1690. Ces émaux de Petitot le fils peuvent souvent être confondus avec ceux du père, et bien souvent l'âge des personnages représentés peut seul guider une attribution.

Les Petitot ont eu de nombreux imitateurs ; sans parler des faussaires qui ont peint et peindront toujours des émaux de Petitot, parce que c'est une marchandise facile à écouler, dès le xviie siècle, beaucoup de peintres ont fait des portraits dans son genre et, en l'absence de signature, il peut n'être pas toujours très aisé de les distinguer. M. Édouard Garnier a dressé une liste de ces imitateurs, qui, encore incomplète, est déjà fort respectable : Perrault, Louis de Châtillon, qui eut un logement au Louvre à partir de 1689 et fit des portraits de Louis XIV, Jean-Baptiste Macé, élève de Jouvenet, Jacques-Philippe Ferrand, Henri Chéron et Élisabeth-Sophie Chéron, membre de l'Académie de peinture, Charles Boit, sont, pour le xviie et le commencement du xviiie siècle, les plus connus de ces artistes qui firent de l'émaillerie soit d'une façon continue soit pour se reposer de la peinture à l'huile, ou essayer d'un nouveau procédé dont certains côtés sont bien séduisants.

Le retour des Petitot à Genève ne fut probablement pas sans influence non plus sur le développement que l'émaillerie appliquée à la décoration de la bijouterie prit dans cette ville au XVIII° siècle. Toutes les collections de boîtes ou de tabatières comptent de nombreux échantillons du savoir faire des artistes genevois de cette époque. Quelques-uns, il est vrai, vinrent, quoique protestants, peindre en France, témoins Liotard, André Rouquet, qui fut reçu membre de l'Académie de peinture en 1754, ou Thouret, qui travailla, sous Louis XVI, à Paris. Mais ce furent des exceptions; et le gros des émailleurs resta à Genève, où l'on continua à décorer de portraits ou de scènes peintes en émail, une foule de menus objets charmants qu'on se dispute aujourd'hui à grand prix.

Quelques noms pour terminer ce que nous avons à dire de ces peintres de portraits : citons d'abord le célèbre miniaturiste suédois Hall (1739-1793), qui, lui aussi, a peint en émail; Weyler (1745-1761), dont le Louvre possède un portrait du comte d'Angivillier et enfin Zincke, de Dresde, qui passa presque toute sa vie en Angleterre.

A côté de Genève, Dresde fut du reste, au XVIII° siècle, un centre actif pour l'émaillerie. Les émaux qu'on y faisait en grand nombre, imités des émaux français ou des émaux genevois, ou bien véritables copies des peintures sur porcelaine, servaient aussi à décorer ces mille petits riens en orfèvrerie qui étaient tant à la mode au XVIII° siècle. D'ailleurs l'émaillerie avait été pratiquée en Saxe dès le siècle précédent, avec des succès divers du reste. Et alors que cet art agonisait à Limoges, un orfèvre Georges Frédéric Dinglinger, essayait de le relever à

Dresde. A la Grüne Gewölbe, on peut voir un très grand émail peint par lui d'après un tableau d'un artiste hongrois : une sainte Madeleine d'Adam Maniocky. Ces tentatives ne furent pas couronnées de succès. L'œuvre de Dinglinger est très médiocre, et il semble qu'après sa mort, arrivée en 1720, aucun de ses compatriotes n'ait tenté de renouveler l'art des Pénicaud et des Limosin.

APPENDICE

De quelques émaux européens particuliers : Hongrie. — Russie. — Espagne. — Les émaux de l'Extrême Orient. Conclusion.

Du milieu du xve siècle environ jusqu'au milieu du siècle suivant, les Hongrois ont connu une technique particulière de l'émaillerie qui ne paraît avoir été employée dans aucun autre pays de l'Europe. Ce genre d'émaillerie d'un caractère très particulier, nous l'appellerons, faute de mieux, « émaillerie sur filigrane », bien que l'expression puisse paraître impropre et puisse même en donner, au premier abord, une idée fausse. Mais nous n'avons pas d'autre mot pour désigner ce genre de travail, dont l'origine pourrait remonter jusqu'à Byzance. Dans un intéressant mémoire, un savant hongrois, M. Hampel, a réuni et étudié un très grand nombre de pièces ainsi décorées qui, si elles ne décident pas complètement la question d'origine, laquelle reste encore incertaine, fournissent néanmoins une utile contribution à l'histoire de l'émaillerie.

Ces émaux consistent généralement en médaillons de différentes formes et de différentes dimensions rappelant par leur technique les émaux cloisonnés ; mais, au lieu de composer les cloisons au moyen de minces lamelles de métal, l'orfèvre s'est servi de filigranes pour délimiter ses tons d'émaux. Le premier résultat de ce procédé est de ne pas permettre de polir les émaux après la cuisson, de telle sorte que la cloison ou plutôt le filigrane fait, dans ces pièces, toujours saillie sur l'émail. C'est surtout à la décoration des calices que ces émaux ont été employés, et M. Hampel a décrit une cinquantaine de vases de ce genre conservés en Hongrie, sans préjudice de ceux que le commerce a pu porter assez loin de leur pays d'origine. Il a même essayé de les classer d'après la forme des motifs d'ornements employés, les tons des émaux, le style en un mot, assez différent dans beaucoup de ces monuments. Comme on peut s'y attendre, dans des émaux de ce genre on a fait usage de tons très violents : le vert, le blanc, le rouge opaque, le brun ou le bleu foncé. Les motifs d'ornements sont tous empruntés au règne végétal et plus ou moins fidèlement copiés, soit que l'artiste se soit montré tout à fait naturaliste, soit qu'il ait préféré ne retenir de la fleur ou de la feuille que ce qui lui semblait former un motif pittoresque.

Quelle que soit l'origine de ce procédé, qui appliqué à l'orfèvrerie produit un effet un peu voyant, mais original, il convenait de le signaler; il n'est pas, au point de vue technique, sans présenter quelque ressemblance avec l'émaillerie telle qu'on la rencontre sur certains monuments arabes ou plutôt moresques, par exemple l'épée conservée au Cabinet des médailles, à la Bibliothèque Nationale, ou bien des fragments de bijoux émaillés provenant de la collection Davillier, au Musée du Louvre.

APPENDICE.

Mentionnons enfin, mais pour une époque un peu postérieure, le XVIIe siècle, les émaux russes tantôt entourés de filigranes, tantôt champlevés. Ces émaux, de coloration un peu triste, bleu, blanc, noir ou vert, décorent de nombreux objets, coupes, boites, manches de couteaux, ou menus ustensiles que l'on trouve fréquemment dans le commerce.

Les Espagnols ont pendant longtemps exécuté des émaux. Sans parler de ceux qui sont dus à des ouvriers moresques et qui conservent encore les traditions de la technique orientale, il est très certain qu'au XIVe et au XVe siècle il y a eu de nombreux orfèvres en Espagne qui se sont livrés à la fabrication des émaux champlevés

Fragment de la décoration émaillée d'un calice hongrois.
(XVIe siècle.)

ou translucides. Il n'est pas fort rare de rencontrer des médaillons quadrilobés provenant de la décoration de croix ou d'autres pièces d'orfèvrerie, en émail champlevé sur cuivre, et que l'on peut faire remonter au XVe siècle et attribuer à des émailleurs espagnols. Les fonds sont seuls émaillés de bleu ou de rouge, aux tons très vifs; les personnages sont gravés, réservés et niellés d'émail. Les recherches du baron Charles Davillier sur l'orfèvrerie en

Espagne ont suffisamment établi ces faits que de nombreuses mentions d'*émaux d'Aragon*, rencontrées çà et là dans des inventaires, permettaient de soupçonner. Nous n'avons rien à dire des émaux que les orfèvres du XVIe siècle ont exécutés en grand nombre; à cette époque les procédés de ce genre de décoration étaient connus dans toute l'Europe et nous n'aurions rien de nouveau à ajouter sur ce sujet, sinon que les bijoux espagnols en or émaillé sont relativement communs. Il faut signaler cependant l'emploi fait très judicieusement par ces artistes, tels que le célèbre Juan de Arphe, pour la décoration de leurs grandes pièces d'orfèvrerie, de chatons, en émail champlevé sur argent, généralement de teinte bleu lapis. Ces chatons sont employés absolument comme des pierreries.

Toute une série de bijoux bien caractéristiques fabriqués à la fin du XVIe et au commencement du XVIIe siècle par les orfèvres de Barcelone méritent une mention spéciale : ce sont des médaillons, des pendants de cou de forme rectangulaire ou triangulaire en cuivre champlevé, découpés à jour et émaillés de blanc, de noir, de bleu lapis, de bleu turquoise, de vert et quelquefois de rouge. Ces émaux, formant souvent un dessin échiqueté, ont un caractère bien tranché, bien personnel, qui les fait aisément reconnaître. Ces bijoux étaient destinés aux classes pauvres, aux paysans, mais il en existe de même style exécutés en or, et c'est même cette particularité qui a permis au baron Davillier, à l'aide du livre de maîtrise des orfèvres de Barcelone, de restituer à la Catalogne toute cette série de monuments d'un goût très particulier, et dans lesquels on doit reconnaître une rare entente de la décoration. Des ceintures, des flacons, des coffrets ont été décorés de la même manière. On peut voir plusieurs de ces pièces au Musée du Louvre, qui possède également, dans la Collection Lenoir, un bijou d'or du même genre, fabriqué sans doute à Barcelone.

Un genre très analogue d'émail, mais d'émail translucide, a été employé par les Espagnols pour la décoration de pièces d'orfèvrerie de cuivre. Ce sont des émaux appliqués sur un fond filigrané; le Musée du Louvre montre un intéressant baiser de paix de cette espèce, dont il n'est pas rare de trouver des répliques. Comme dans les bijoux de Barcelone, les émaux n'ont pas été polis après la cuisson,

Bijou en cuivre émaillé.
(Travail de Catalogne, xvii° siècle.)

sauf dans des cas très rares. Il s'ensuit que l'émail n'affleure pas les filigranes ou les alvéoles dans lesquelles il est contenu.

Quand nous aurons mentionné, en fait d'émaux peints, quelques images que l'on fabriquait à la grosse pour les vendre au pèlerinage de Notre-Dame de Montserrat, nous aurons dit à peu près tout ce qu'il est possible de savoir quant à présent sur l'émaillerie espagnole.

Pour terminer, ajoutons un mot sur les émaux orientaux.

Les Persans, dont le pays fut peut-être le berceau de l'art de l'émaillerie, n'ont pas développé cette industrie après en avoir transmis les secrets aux Byzantins; et les émaux de fabrication persane que l'on connaît aujourd'hui sont relativement récents : on y trouve une simplification de l'émaillerie en taille d'épargne, des ornements se détachant en relief sur un fond d'émail uniforme, procédé qui rappelle ces émaux russes de pacotille dont nous avons déjà dit un mot. D'autres fois, mais les monuments sont beaucoup plus rares, les cloisons délimitant le dessin ont été obtenues, non pas par un travail du burin sur la plaque de cuivre, mais par un travail de repoussé. L'émail peint a été aussi connu des Persans, mais à une époque presque moderne, au XVIIe et au XVIIIe siècle, et il est bien possible qu'ils aient emprunté cette technique aux Chinois, dont ils ont si souvent imité les porcelaines dans la décoration de leurs pièces de faïence.

En Inde, nous ne voyons guère à citer que les émaux sur or fabriqués à Djeïpour et qui offrent avec les émaux dits en résille tant de points de ressemblance. Diverses expositions nous ont appris à connaître ces charmants bijoux que certains de nos orfèvres modernes montent exactement comme les orfèvres du moyen âge montaient les émaux byzantins.

Le jour où l'on connaîtra mieux les arts de l'Extrême-Orient, il faudra certainement un nouveau volume pour résumer l'histoire de l'émaillerie chez les Chinois et les Japonais. Jusque-là, il serait téméraire de chercher à retracer les vicissitudes d'un système de décoration qu'ils ont pratiqué sous toutes ses formes.

Vase chinois en émail cloisonné.

Aussi habiles, sinon plus habiles que les occidentaux dans tous les arts où le feu joue un rôle important, les Chinois et les Japonais ont connu et connaissent encore l'émaillerie en taille d'épargne et cloisonnée ; mais dans cette dernière, qu'ils ont surtout employée, ils ont surpassé de beaucoup en dextérité de main et en habileté toutes nos créations. Ils ont produit des pièces d'une dimension extraordinaire, de formes si difficiles à fabriquer que plus d'un orfèvre reculerait aujourd'hui devant un pareil travail.

Au XVIIIe siècle remontent la plupart des émaux peints fabriqués par les Chinois, fort analogues comme technique aux peintures exécutées sur porcelaine. Ces émaux à fond blanc, vert ou jaune sont peints absolument de la même manière et représentent soit des fleurs et des cartouches, soit des scènes traitées avec une très grande finesse.

Peut-être devrions-nous terminer cette brève histoire de l'émail par un chapitre sur l'émaillerie moderne. Nous ne prononcerons aucun nom de crainte d'en omettre ou de blesser involontairement des susceptibilités très respectables. Il nous suffira de constater que, dans ce siècle-ci, tous les anciens procédés, dont aucun n'est maintenant ignoré, ont été remis en honneur par les peintres et par les orfèvres. Les uns et les autres surpassent en habileté technique leurs devanciers du moyen âge et de la Renaissance. Il ne leur manque qu'un je ne sais quoi, cette entente parfaite de l'harmonie et de la décoration qui rend les œuvres des anciens si aimables et si attrayantes. Et encore est-ce peut-être un faux sentiment de respect pour les choses du passé qui nous pousse à préférer les œuvres anciennes. Les émailleurs d'aujourd'hui ont déjà beaucoup fait pour améliorer un art qui offre au décorateur tant de ressources; il leur reste peu à tenter pour forcer l'admiration et assurer l'avenir de leurs œuvres. Nous ne doutons pas qu'ils ne soient capables de ce dernier effort et c'est sur ce souhait que nous prendrons congé des émailleurs.

FIN

TABLE DES GRAVURES

Boucle d'oreille en or émaillé. Travail étrusque.	15
Fibule en bronze émaillé.	18
Vase en bronze émaillé	19
Pièce de harnachement en bronze émaillé. Époque romaine.	21
Vase en bronze émaillé trouvé à la Guierche.	24
Reliquaire envoyé par l'empereur Justin à sainte Radegonde.	31
Fragments du reliquaire de la vraie Croix conservé à Limbourg-sur-la-Lahn.	34
Le Christ, médaillon en émail cloisonné sur or.	37
Fragment de la *Pala d'oro*	39
Fragment de couronne en émail cloisonné.	44
Saint Théodore terrassant le dragon; émail cloisonné en cuivre.	53
Châsse conservée dans le trésor de saint Maurice d'Agaune.	57
Reliquaire conservé au Musée d'Utrecht.	59
Saint Ambroise et l'orfèvre Wolvinus.	62
Fragments de la décoration émaillée du *paliotto* de saint Ambroise à Milan	63
Châsse de Pépin Ier, roi d'Aquitaine (Revers)	68
Châsse de Pépin Ier, roi d'Aquitaine (Face)	69
Fibule en or émaillé. Époque carolingienne.	72
Émaux d'un reliquaire donné par l'évêque Althéus à la cathédrale de Sion.	73
Aiguière en or décorée d'émaux cloisonnés.	75
Émaux cloisonnés de la couverture de l'Évangéliaire de Metz.	82
Croix en or ornée d'émaux	89
Émail cloisonné sur cuivre	93
Émail cloisonné sur cuivre. Allemagne.	94
Couronne dite de Charlemagne	96
Un des médaillons émaillés de la châsse de saint Héribert, à Deutz	107

TABLE DES GRAVURES.

Châsse en cuivre émaillé, Allemagne xii° siècle.	111
Samson déchirant un lion.	115
Émail cloisonné à fond de fer. Travail français xi° siècle.	122
Émaux cloisonnés en cuivre à fond de fer.	123
Émail champlevé et cloisonné en cuivre.	125
Coffret en cuir orné de plaques d'émaux champlevés.	129
Plaque de cuivre champlevé et émaillé du coffret du trésor de Conques.	131
Châsse de Bellac (Haute-Vienne).	133
Geoffroy Plantagenet, comte d'Anjou.	137
Plaque en cuivre émaillé provenant du tombeau de l'évêque Eulger à la cathédrale d'Angers.	141
Saint Nicolas et saint Étienne de Muret.	145
Le Christ de majesté.	149
Crucifix en émail champlevé, par Garnier de Limoges.	151
Châsse de Chamberet (Corrèze).	155
Châsse de Gimel (Corrèze).	156
Vase en cuivre émaillé par G. Aljaïs de Limoges.	150
Crucifix (Revers) appartenant à M. Bonnay, à Brive.	165
Pyxide en cuivre émaillé.	167
Crosse en cuivre émaillé.	170
Châsse d'Ambazac (Haute-Vienne), Face.	172
Châsse d'Ambazac (Haute-Vienne), Revers.	173
Châsse de Mozac (Puy-de-Dôme).	174
Châsse de Laguenne.	175
Gémellions en cuivre émaillé.	181
Coffret dit de saint Louis.	185
Fragment de la couverture en or émaillé de l'Évangéliaire de l'archevêque Aribert.	191
Calice dit de saint Remi.	199
La fuite en Égypte.	205
Calice par Andrea Arditi.	209
Émaux translucides du chef de Saint Martin de Soudeilles (Corrèze).	211
Émail translucide. Fragment du reliquaire de saint Henri.	213
Calice en argent doré recouvert d'émaux translucides.	217
Le « Rössel » d'or d'Altœtting. France.	223
Pied de la croix en or émaillé donnée par Matthias Corvin à l'Église de Gran.	227
Agrafe ou bouton orné d'un émail à jour.	229

Calice décoré d'émaux translucides, par Christophe Ulrich Eberl	233
Emaux peints en France, xv° siècle.	242
Coupe couverte en émail peint montée en orfèvrerie.	245
Le peintre Jean Fouquet; portrait peint sur émail.	253
Médaillon en émail peint sur argent	261
Bouteille en émail de Venise.	263
Triptyque par Nardon Pénicaud.	269
L'Adoration des rois	275
Portrait d'Éléonore d'Autriche, reine de France.	289
Chasse au lion.	293
Portrait de Claude de Lorraine.	296
Portrait d'Antoinette de Bourbon	297
Coffret peint par Couly I Noylier et monté en cuir rouge.	304
Aiguière peinte en grisaille par Couly II Noylier	305
Les travaux d'Hercule; salière par Pierre Reymond	309
Apollon. Assiette par Pierre Courteys.	311
La fenaison. Assiette peinte en grisaille par Jean de Court	314
Le mois de Juin. Assiette par Jean de Court.	315
Aiguière peinte en grisaille par Jean de Court.	317
Portrait de l'émailleur Jean Petitot	329
Fragment de la décoration émaillée d'un calice hongrois.	337
Bijou en cuivre émaillé.	339
Vase chinois en émail cloisonné.	341

TABLE DES CHAPITRES

Notions préliminaires. — Définitions. — Procédés. — Division de l'ouvrage. 1
Chapitre Ier. — L'émaillerie dans l'antiquité. — Égypte, Grèce, Italie. — Les émaux dits gallo-romains. . . 12
— II. — Les émaux dans l'Empire d'Orient à partir du IVe siècle. 27
— III. — Les émaux en Occident à l'époque carolingienne. 56
— IV. — L'émaillerie en Allemagne du XIe au XIIIe siècle. 85
— V. — L'émaillerie en France et en Italie du XIe au XIVe siècle. 118
— VI. — Les émaux en Italie, en France et en Allemagne au XIVe et au XVe siècle. 201
— VII. — Les origines de la peinture en émail en France et en Italie. 257
— VIII. — L'émail peint en France au XVIe siècle. 266
— IX. — L'émail peint à Limoges au XVIIe et au XVIIIe siècle. 321
— X. — Les portraits en émail au XVIIe siècle. — Les émailleurs genevois du XVIIIe siècle. — Les émailleurs de Saxe. 328
Appendice. — De quelques émaux européens particuliers. Hongrie. — Russie. — Espagne. — Les émaux de l'Extrême Orient. — Conclusion. 355

21379 — IMPRIMERIE GÉNÉRALE A. LAHURE.
rue de Fleurus, 9, à Paris.

LIBRAIRIE HACHETTE & Cie
BOULEVARD SAINT-GERMAIN, 79, A PARIS

LE
JOURNAL DE LA JEUNESSE
NOUVEAU RECUEIL HEBDOMADAIRE

TRÈS RICHEMENT ILLUSTRÉ

POUR LES ENFANTS DE 10 A 15 ANS

Les dix-huit premières années (1873-1890),
formant trente-six beaux volumes grand in-8°, sont en vente.

Ce nouveau recueil est une des lectures les plus attrayantes que l'on puisse mettre entre les mains de la jeunesse. Il contient des nouvelles, des contes, des biographies, des récits d'aventures et de voyages, des causeries sur l'histoire naturelle, la géographie, les arts et l'industrie, etc., par

Mmes S. BLANDY, COLOMB, GUSTAVE DEMOULIN, EMMA D'ERWIN, ZÉNAÏDE FLEURIOT, ANDRÉ GÉRARD, JULIE GOURAUD, MARIE MARÉCHAL, L. MUSSAT, P. DE NANTEUIL, OUIDA, DE WITT NÉE GUIZOT;

MM. A. ASSOLLANT, DE LA BLANCHÈRE, LÉON CAHUN, RICHARD CORTAMBERT, ERNEST DAUDET, DILLAYE, LOUIS ÉNAULT, J. GIRARDIN, AIMÉ GIRON, AMÉDÉE GUILLEMIN, CH. JOLIET, ALBERT LÉVY, ERNEST MENAULT, EUGÈNE MULLER, PAUL PELET, LOUIS ROUSSELET, G. TISSANDIER, P. VINCENT, ETC.

et est

ILLUSTRÉ DE 10,000 GRAVURES SUR BOIS

d'après les dessins de

É. BAYARD, BERTALL, BLANCHARD,
CAIN, CASTELLI, CATENACCI, CRAFTY, C. DELORT,
FAGUET, FÉRAT, FERDINANDUS, GILBERT,
GODEFROY DURAND, HUBERT-CLERGET, KAUFFMANN, LIX, A. MARIE,
MESNEL, MOYNET, MYRBACH, A. DE NEUVILLE, PHILIPPOTEAUX,
POIRSON, PRANISHNIKOFF, RICHNER, RIOU,
RONJAT, SAHIB, TAYLOR, THÉROND,
TOFANI, TH. WEBER, E. ZIER.

CONDITIONS DE VENTE ET D'ABONNEMENT

LE JOURNAL DE LA JEUNESSE paraît le samedi de chaque semaine. Le prix du numéro, comprenant 16 pages grand in-8°, est de **40** centimes.

Les 52 numéros publiés dans une année forment deux volumes.

Prix de chaque volume, broché, **10** francs; cartonné en percaline rouge, tranches dorées, **13** francs.

Pour les abonnés, le prix de chaque volume du *Journal de la Jeunesse* est réduit à 5 francs broché.

PRIX DE L'ABONNEMENT
POUR PARIS ET LES DÉPARTEMENTS

UN AN (2 volumes)............ .... **20** FRANCS
SIX MOIS (1 volume)............. **10** —

Prix de l'abonnement pour les pays étrangers qui font partie de l'Union générale des postes : Un an, **22** fr.; six mois, **11** fr.

Les abonnements se prennent à partir du 1ᵉʳ décembre et du 1ᵉʳ juin de chaque année.

MON JOURNAL

NEUVIÈME ANNÉE

NOUVEAU RECUEIL MENSUEL ILLUSTRÉ

POUR LES ENFANTS DE 5 A 10 ANS

PUBLIÉ SOUS LA DIRECTION DE

Mme Pauline KERGOMARD et de M. Charles DEFODON

CONDITIONS DE VENTE ET D'ABONNEMENT :

Il paraît un numéro le 15 de chaque mois depuis le 15 octobre 1881.

Prix de l'abonnement : Un an **1 fr. 80**; prix du numéro, **15** centimes.

Les neuf premières années de ce nouveau recueil forment neuf beaux volumes grand in-8°, illustrés de nombreuses gravures. La première année est épuisée ; la dixième est en cours de publication.

Prix de l'année, brochée, **2 fr.** ; cartonnée en percaline avec fers spéciaux à froid, **2 fr. 50**.

Prix de l'emboîtage en percaline, pour les abonnés ou les acheteurs au numéro, **50 centimes.**

NOUVELLE COLLECTION ILLUSTRÉE
POUR LA JEUNESSE ET L'ENFANCE
1re SÉRIE, FORMAT IN-8° JÉSUS

Prix du volume : broché, 7 fr.; cartonné, tranches dorées, 10 fr.

About (ED.) : *Le roman d'un brave homme.* 1 vol. illustré de 52 compositions par Adrien Marie.
— *L'homme à l'oreille cassée.* 1 vol. illustré de 61 compositions par Eug. Courboin.
Cahun (L.) : *Les aventures du capitaine Magon.* 1 vol. illustré de 72 gravures d'après Philippoteaux.
— *La bannière bleue.* 1 vol. illustré de 73 gravures d'après Lix.
Deslys (CHARLES) : *L'héritage de Charlemagne.* 1 vol. illustré de 129 gravures d'après Zier.
Dillaye (FR.) : *Les jeux de la jeunesse*, 1 vol. illustré de 203 grav.
Du Camp (MAXIME) : *La vertu en France.* 1 vol. illustré de 45 grav. d'après DUEZ, MYRBACH, TOFANI et E. ZIER.
Fleuriot (Mlle Z.) : *Cœur muet.* 1 vol. ill. de grav. d'après Adrien MARIE.
Guillemin (AMÉDÉE) : *La Pesanteur et la Gravitation universelle.* — *Le Son.* 1 vol. contenant 3 planches en couleurs, 23 planches en noir et 445 figures dans le texte.
— *La Lumière.* 1 vol. contenant 13 planches en couleurs, 14 planches en noir et 353 figures dans le texte.
Guillemin (AMÉDÉE) (suite) : *Le Magnétisme et l'Electricité.* 1 vol. contenant 5 planches en couleurs, 15 planches en noir et 577 figures dans le texte.
— *La Chaleur.* 1 vol. contenant 1 planche en couleurs, 8 planches en noir et 324 gravures dans le texte.
— *La Météorologie et la Physique moléculaire* 1 vol. contenant 9 planches en couleurs, 20 planches en noir et 343 gravures dans le texte.
La Ville de Mirmont (H. DE) : *Contes Mythologiques.* 1 vol. illustré de 51 gravures.
Manzoni : *Les fiancés.* Édition abrégée par Mme J. Colomb. 1 vol. illustré de 40 gravures.
Mouton (EUG.) . *Vie et Aventures du Capitaine Marius Cougourdan.* 1 vol. illustré de 66 E. ZIER.
Rousselet (LOUIS) : *Nos grandes écoles militaires et civiles.* 1 vol. illustré de gravures d'après A. LE MAISTRE, FR. RÉGAMEY et P. RENOUARD.
Witt (Mme de), née Guizot : *Les femmes dans l'histoire.* 1 vol. illustré de 80 gravures.

2e SÉRIE, FORMAT IN-8° RAISIN

Prix du volume : broché, 4 fr.; cartonné, tranches dorées, 6 fr.

Anonyme (l'auteur de la Neuvaine de Colette) : *Tout droit.* 1 vol. illustré de 112 grav. d'après E. ZIER.
Assollant (A.) : *Montluc le Rouge.* 2 vol. avec 107 grav. d'après Sahib.
— *Pendragon.* 1 vol. avec 42 gravures d'après C. Gilbert.
Blandy (Mme S.) : *Rouzétou.* 1 vol. illustré de 112 gravures d'après E. Zier.
— *La part du Cadet.* 1 vol. illustré de 112 gravures d'après ZIER.
Cahun (L.) : *Les mercenaires.* 1 vol. avec 54 gravures d'après P. Fritel.
Chéron de la Bruyère (Mme) : *La tante Derbier.* 1 vol. illustré de 50 gravures d'après Myrbach.
— *Princesse Rosalba.* 1 vol. illustré de 60 gravures d'après TOFANI.
Colomb (Mme) : *Le violoneux de la sapinière.* 1 vol. avec 85 gravures d'après A. Marie.
— *La fille de Carilès.* 1 vol. avec 96 grav. d'après A. Marie.
  Ouvrage couronné par l'Académie française.
— *Deux mères.* 1 vol. avec 133 gravures d'après A. Marie.

Colomb (Mme) (suite) : *Le bonheur de Françoise.* 1 vol. avec 112 grav. d'après A. Marie.
— *Chloris et Jeanneton.* 1 vol. avec 105 gravures d'après Sahib.
— *L'héritière de Vauclain.* 1 vol. avec 104 grav. d'après C. Delort.
— *Franchise.* 1 vol. avec 113 gravures d'après C. Delort.
— *Feu de paille.* 1 vol. avec 98 grav. d'après Tofani.
— *Les étapes de Madeleine.* 1 vol. avec 105 grav. d'après Tofani.
— *Denis le tyran.* 1 vol. avec 115 gravures d'après Tofani.
— *Pour la muse.* 1 vol. avec 105 gravures d'après Tofani.
— *Pour la patrie.* 1 vol. avec 112 gravures d'après E. Zier.
— *Hervé Plémeur.* 1 vol. avec 112 gravures d'après E. Zier.
— *Jean l'innocent.* 1 vol. illustré de 112 gravures d'après Zier.
— *Danielle.* 1 vol. illustré de 112 gravures d'après Tofani.
— *Les révoltes de Sylvie.* 1 vol. avec 112 gravures d'après Tofani.
— *Mon oncle d'Amérique.* 1 vol. illustré de 112 grav. d'après TOFANI.
— *La Fille des Bohémiens.* 1 vol. illustré de 12 gravures d'après S. Reichan.

Cortambert (E.) : *Voyage pittoresque à travers le monde.* 1 vol. avec 81 gravures.

Cortambert et **Deslys** : *Le pays du soleil.* 1 vol. avec 35 gravures.

Daudet (E.) : *Robert Darnetal.* 1 vol. avec 81 grav. d'après Sahib.

Demoulin (Mme G.) : *Les animaux étranges.* 1 vol. avec 172 gravures.

Deslys (Ch.) : *Courage et dévouement. Histoire de trois jeunes filles.* 1 vol. avec 31 gravures d'après Lix et Gilbert.
— *L'Ami François.* 1 vol. avec 35 gr.
— *Nos Alpes,* avec 39 gravures d'après J. David.
— *La mère aux chats.* 1 vol. avec 50 gravures d'après H. David.

Dillaye (Fr.) : *La filleule de saint Louis.* 1 vol. avec 39 grav. d'après E. Zier.

Énault (L.) : *Le chien du capitaine.* 1 vol. avec 43 gravures d'après E. Riou.

Erwin (Mme E. d') : *Heur et malheur.* 1 vol. avec 50 gravures d'après H. Castelli.

Fath (G.) : *Le Paris des enfants.* 1 vol. avec 60 gravures d'après l'auteur.

Fleuriot (Mlle Z.) : *M. Nostradamus.* 1 vol. avec 36 gravures d'après A. Marie.
— *La petite duchesse.* 1 vol. avec 73 gravures d'après A. Marie.
— *Grandcœur.* 1 vol. avec 45 gravures d'après C. Delort.
— *Raoul Daubry, chef de famille.* 1 vol. avec 32 gravures d'après C. Delort.
— *Mandarine.* 1 vol avec 95 gravures d'après C. Delort.
— *Cadok.* 1 vol. avec 24 gravures d'après C. Gilbert.
— *Câline.* 1 vol. avec 102 grav. d'après G. Fraipont.
— *Feu et flamme.* 1 vol. avec 80 gravures d'après Tofani.
— *Le clan des têtes chaudes.* 1 vol. illustré de 65 gravures d'après Myrbach.
— *Au Galadoc.* 1 vol. illustré de 60 gravures d'après Zier.
— *Les premières pages.* 1 vol. avec 75 gravures d'après Adrien Marie.
— *Rayon de soleil.* 1 vol. illustré de 10 gravures d'après Mencina Kreszs.

Girardin (J.) : *Les braves gens.* 1 vol. avec 115 gravures d'après E. Bayard.
Ouvrage couronné par l'Académie française.
— *Nous autres.* 1 vol. avec 182 gravures d'après E. Bayard.
— *Fausse route.* 1 vol. avec 55 grav. d'après H. Castelli.
— *La toute petite.* 1 vol. avec 128 gravures d'après E. Bayard.
— *L'oncle Placide.* 1 vol. avec 139 gravures d'après A. Marie.
— *Le neveu de l'oncle Placide.* 3 vol. illustrés de 367 gravures d'après A. Marie, qui se vendent séparément.

Girardin (J.) (suite) : *Grand-père*. 1 vol. avec 91 gravures d'après C. Delort.

Ouvrage couronné par l'Académie française.

— *Maman.* 1 vol. avec 112 gravures d'après Tofani.
— *Le roman d'un cancre.* 1 vol. avec 119 gravures d'après Tofani.
— *Les millions de la tante Zézé.* 1 vol. avec 112 grav. d'après Tofani.
— *La famille Gaudry.* 1 vol. avec 112 gravures d'après Tofani.
— *Histoire d'un Berrichon.* 1 vol. avec 112 gravures d'après Tofani.
— *Le capitaine Bassinoire.* 1 vol. illustré de 119 gravures d'après Tofani.
— *Second violon.* 1 vol. illustré de 112 gravures d'après Tofani.
— *Le fils Valansé.* 1 vol. avec 112 gravures d'après Tofani.
— *Le commis de M. Bouvat.* 1 vol. illustré de 119 gr. d'après Tofani.

Giron (Aimé) : *Les trois rois mages.* 1 vol. illustré de 60 gravures d'après Fraipont et Pranishnikoff.

Gouraud (Mlle J.) : *Cousine Marie.* 1 vol. avec 36 gravures d'après A. Marie.

Nanteuil (Mme P. de) : *Capitaine.* 1 vol. illustré de 72 gravures d'après Myrbach.

Ouvrage couronné par l'Académie française.

— *Le général Du Maine.* 1 vol. avec 70 gravures d'après Myrbach.
— *L'épave mystérieuse.* 1 volume illustré de 80 gr. d'après Myrbach.
— *En esclavage.* 1 vol. illustré de 80 gravures d'après Myrbach.

Rousselet (L.) : *Le charmeur de serpents.* 1 vol. avec 68 gravures d'après A. Marie.
— *Le fils du connétable.* 1 vol. avec 113 gravures d'après Pranishnikoff.

Rousselet (L.) (suite) : *Les deux mousses.* 1 vol. avec 90 gravures d'après Sahib.
— *Le tambour du Royal-Auvergne.* 1 vol. avec 115 gravures d'après Poirson.
— *La peau du tigre.* 1 vol. avec 102 gravures d'après Bellecroix et Tofani.

Saintine : *La nature et ses trois règnes*, ou la mère Gigogne et ses trois filles. 1 vol. avec 171 gravures d'après Foulquier et Faguet.
— *La mythologie du Rhin et les contes de la mère-grand.* 1 vol. avec 160 gravures d'après G. Doré.

Tissot et **Améro** : *Aventures de trois fugitifs en Sibérie.* 1 vol. avec 72 gravures d'après Pranishnikoff.

Witt (Mme de), née Guizot : *Scènes historiques.* 1re série. 1 vol. avec 18 gravures d'après E. Bayard.
— *Scènes historiques.* 2e série. 1 vol. avec 28 gravures d'après A. Marie.
— *Lutin et démon.* 1 vol. avec 36 gravures d'après Pranishnikoff et E. Zier.
— *Normands et Normandes.* 1 vol. avec 70 gravures d'après E. Zier.
— *Un jardin suspendu.* 1 vol. avec 39 gravures d'après C. Gilbert.
— *Notre-Dame Guesclin.* 1 vol. avec 70 gravures d'après E. Zier.
— *Une sœur.* 1 vol. avec 65 gravures d'après E. Bayard.
— *Légendes et récits pour la jeunesse.* 1 vol. avec 18 gravures d'après Philippoteaux.
— *Un nid.* 1 vol. avec 63 gravures d'après Ferdinandus.
— *Un patriote au quatorzième siècle.* 1 vol. illustré de gravures d'après E. Zier.

BIBLIOTHÈQUE DES PETITS ENFANTS
DE 4 A 8 ANS
FORMAT GRAND IN-16
CHAQUE VOLUME, BROCHÉ, 2 FR. 25
CARTONNÉ EN PERCALINE BLEUE, TRANCHES DORÉES, 3 FR. 50
Ces volumes sont imprimés en gros caractères.

Chéron de la Bruyère (Mme): *Contes à Pépée*. 1 vol. avec 24 gravures d'après Grivaz.
— *Plaisirs et aventures.* 1 vol. avec 30 gravures d'après Jeanniot.
— *La perruque du grand-père.* 1 vol. illustré de 30 gr. d'après Tofani.
— *Les enfants de Boisfleuri.* 1 vol. illustré de 30 gravures d'après Semechini.
— *Les vacances à Trouville.* 1 vol. avec 40 gravures d'après Tofani.
— *Le château du Roc-Salé.* 1 vol. illustré de 30 gr. d'après TOFANI.
Colomb (Mme): *Les infortunes de Chouchou.* 1 vol. avec 48 gravures d'après Riou.
Desgranges (Guillemette): *Le chemin du collège.* 1 vol. illustré de 30 gravures d'après Tofani.
— *La famille Le Jarriel.* 1 vol. illustré de 36 gr. d'après GEOFFROY.
Duporteau (Mme): *Petits récits.* 1 vol. avec 28 gr. d'après Tofani.
Erwin (Mme E. d'): *Un été à la campagne.* 1 vol. avec 39 gravures d'après Sahib.
Favre: *L'épreuve de Georges.* 1 vol. avec 44 gravures d'après Geoffroy.
Franck (Mme E.): *Causeries d'une grand'mère.* 1 vol. avec 72 gravures d'après C. Delort.
Fresneau (Mme), née de Ségur: *Une année du petit Joseph.* Imité de l'anglais. 1 vol. avec 67 gravures d'après Jeanniot.
Girardin (J.): *Quand j'étais petit garçon.* 1 vol. avec 52 gravures d'après Ferdinandus.
— *Dans notre classe.* 1 vol. avec 26 gravures d'après Jeanniot.
— *Un drôle de Bonhomme.* 1 vol. illustré de 36 grav. d'après Geoffroy.
Le Roy (Mme F.): *L'aventure de Petit Paul.* 1 vol. illustré de 45 gravures, d'après Ferdinandus.
Le Roy (Mme F.): *Pipo.* 1 vol. illustré de 36 grav. d'après MENCINA KRESZ.
Molesworth (M^rs): *Les aventures de M. Baby,* traduit de l'anglais par Mme de Witt. 1 vol. avec 12 gravures d'après W. Crane.
Pape-Carpantier (Mme): *Nouvelles histoires et leçons de choses.* 1 vol. avec 42 grav. d'après Semechini.
Surville (André): *Les grandes vacances.* 1 vol. avec 30 gravures d'après Semechini.
— *Les amis de Berthe.* 1 vol. avec 30 gravures d'après Ferdinandus.
— *La petite Givonnette.* 1 vol. illustré de 34 gravures d'après Grigny.
— *Fleur des champs.* 1 vol. illustré de 32 gravures d'après Zier.
— *La vieille maison du grand père.* 1 vol. avec 34 gravures d'après Zier.
— *La fête de Saint-Maurice.* 1 vol. illustré de 34 grav. d'après Tofani.
Witt (Mme de), née Guizot: *Histoire de deux petits frères.* 1 vol. avec 45 grav. d'après Tofani.
— *Sur la plage.* 1 vol. avec 55 gravures d'après Ferdinandus.
— *Par monts et par vaux.* 1 vol. avec 54 grav. d'après Ferdinandus.
— *Vieux amis.* 1 vol. avec 60 gravures d'après Ferdinandus.
— *En pleins champs.* 1 vol. avec 45 gravures d'après Gilbert.
— *Petite.* 1 vol. avec 56 gravures d'après Tofani.
— *A la montagne.* 1 vol. illustré de 5 gravures d'après Ferdinandus.
— *Deux tout petits.* 1 vol. illustré de 32 gravures d'après Ferdinandus.
— *Au-dessus du lac.* 1 vol. avec 44 grav.
— *Les enfants de la tour du Roc.* 1 vol. illustré de 56 gravures d'après E. ZIER.
— *La petite maison dans la forêt.* 1 vol. illustré de 36 grav. d'après Robaudi.

BIBLIOTHÈQUE ROSE ILLUSTRÉE

FORMAT IN-16

CHAQUE VOLUME, BROCHÉ, 2 FR. 25

CARTONNÉ EN PERCALINE ROUGE, TRANCHES DORÉES, 3 FR. 50

Iʳᵉ SÉRIE, POUR LES ENFANTS DE 4 A 8 ANS

Anonyme : *Chien et chat*, traduit de l'anglais. 1 vol. avec 45 gravures d'après É. Bayard.

— *Douze histoires pour les enfants de quatre à huit ans*, par une mère de famille. 1 vol. avec 8 gravures d'après Bertall.

— *Les enfants d'aujourd'hui*, par le même auteur. 1 vol. avec 40 gravures d'après Bertall.

Carraud (Mᵐᵉ) : *Historiettes véritables*, pour les enfants de quatre à huit ans. 1 vol. avec 94 gravures d'après G. Fath.

Fath (G.) : *La sagesse des enfants*, proverbes. 1 vol. avec 100 gravures d'après l'auteur.

Laroque (Mᵐᵉ) : *Grands et petits*. 1 vol. avec 61 gravures d'après Bertall.

Marcel (Mᵐᵉ J.) : *Histoire d'un cheval de bois*. 1 vol. avec 20 gravures d'après E. Bayard.

Pape-Carpantier (Mᵐᵉ) : *Histoire et leçons de choses pour les enfants*. 1 vol. avec 85 gravures d'après Bertall.

Ouvrage couronné par l'Académie française.

Perrault, MMᵐᵉˢ d'Aulnoy et Leprince de Beaumont : *Contes de fées*. 1 vol. avec 65 gravures d'après Bertall et Forest.

Porchat (J.) : *Contes merveilleux*. 1 vol. avec 21 gravures d'après Bertall.

Schmid (le chanoine) : 190 *contes pour les enfants*, traduit de l'allemand par André Van Hasselt. 1 vol. avec 29 gravures d'après Bertall.

Ségur (Mᵐᵉ la comtesse de) : *Nouveaux contes de fées*. 1 vol. avec 46 gravures d'après Gustave Doré et H. Didier.

IIᵉ SÉRIE, POUR LES ENFANTS DE 8 A 14 ANS

Achard (A.) : *Histoire de mes amis*. 1 vol. avec 25 gravures d'après Bellecroix.

Alcott (Miss) : *Sous les lilas*, traduit de l'anglais par Mᵐᵉ S. Lepage. 1 vol. avec 23 gravures.

Andersen : *Contes choisis*, traduit du danois par Soldi. 1 vol. avec 40 gravures d'après Bertall.

Anonyme : *Les fêtes d'enfants*, scènes et dialogues. 1 vol. avec 41 gravures d'après Foulquier.

Assollant (A.). *Les aventures merveilleuses mais authentiques du capitaine Corcoran.* 2 vol. avec 50 gravures, d'après A. de Neuville.
Barrau (Th.) : *Amour filial.* 1 vol. avec 41 gravures d'après Ferogio.
Bawr (Mme de) : *Nouveaux contes.* 1 vol. avec 40 grav. d'après Bertall.
 Ouvrage couronné par l'Académie française.
Beleze : *Jeux des adolescents.* 1 vol. avec 140 gravures.
Berquin : *Choix de petits drames et de contes.* 1 vol. avec 36 gravures d'après Foulquier, etc.
Berthet (E.) : *L'enfant des bois.* 1 vol. avec 61 gravures.
— *La petite Chailloux.* 1 vol. illustré de 41 gravures d'après É. Bayard et G. Fraipont.
Blanchère (De la) : *Les aventures de la Ramée.* 1 vol. avec 36 gravures d'après E. Forest.
— *Oncle Tobie le pêcheur.* 1 vol. avec 80 gr. d'après Foulquier et Mesnel.
Boiteau (P.) : *Légendes* recueillies ou composées pour les enfants. 1 vol. avec 42 gravures d'après Bertall.
Carpentier (Mlle E.) : *La maison du bon Dieu.* 1 vol. avec 58 gravures d'après Riou.
— *Sauvons-le !* 1 vol. avec 60 gravures d'après Riou.
— *Le secret du docteur*, ou la maison fermée. 1 vol. avec 43 gravures d'après P. Girardet.
— *La tour du preux.* 1 vol. avec 59 gravures d'après Tofani.
— *Pierre le Tors.* 1 vol. avec 64 gravures d'après Zier.
— *La dame bleue.* 1 vol. illustré de 49 gravures d'après E. Zier.
Carraud (Mme Z.) : *La petite Jeanne, ou le devoir.* 1 vol. avec 21 gravures d'après Forest.
 Ouvrage couronné par l'Académie française.
Carraud (Mme Z.) (suite) : *Les goûters de la grand'mère.* 1 vol. avec 18 gravures d'après E. Bayard.
— *Les métamorphoses d'une goutte d'eau.* 1 vol. avec 50 gravures d'après É. Bayard.
Castillon (A.) : *Les récréations physiques.* 1 vol. avec 36 gravures d'après Castelli.
— *Les récréations chimiques*, faisant suite au précédent. 1 vol. avec 34 gravures d'après H. Castelli.
Cazin (Mme J.) : *Les petits montagnards.* 1 vol. avec 51 gravures d'après G. Vuillier.
— *Un drame dans la montagne.* 1 vol. avec 33 grav. d'après G. Vuillier.
— *Histoire d'un pauvre petit.* 1 vol. avec 40 gravures d'après Tofani.
— *L'enfant des Alpes.* 1 vol. avec 33 gravures d'après Tofani.
— *Perlette.* 1 vol. illustré de 54 gravures d'après MYRBACH.
— *Les saltimbanques.* 1 vol. avec 66 gravures d'après Girardet.
— *Le petit chevrier.* 1 vol. illustré de 39 gravures d'après VUILLIER.
— *Jean le Savoyard.* 1 vol. illustré de 51 gravures d'après Slom.
Chabreul (Mme de) : *Jeux et exercices des jeunes filles.* 1 vol. avec 62 gravures d'après Fath, et la musique des rondes.
Colet (Mme L.) : *Enfances célèbres.* 1 vol. avec 57 grav. d'après Foulquier.
Colomb (Mme J.) : *Souffre-douleur.* 1 vol. illustré de 49 gravures d'après Mlle Marcelle Lancelot.
Contes anglais, traduits par Mme de Witt. 1 vol. avec 43 gravures d'après Morin.
Dealys (Ch.) : *Grand'maman.* 1 vol. avec 29 gravures d'après E. Zier.
Edgeworth (Miss) : *Contes de l'adolescence*, traduit par A. Le François. 1 vol. avec 42 gravures d'après Morin.

Edgeworth (Miss) (suite) : *Contes de l'enfance*, traduit par le même. 1 vol. avec 26 gravures d'après Foulquier.
— *Demain*, suivi de *Mourad le malheureux*, contes traduits par H. Jousselin. 1 vol. avec 55 grav. d'après Bertall.

Fath (G.) : *Bernard, la gloire de son village*. 1 vol. avec 56 gravures d'après Mme G. Fath.

Fénelon : *Fables*. 1 vol. avec 29 grav. d'après Forest et É. Bayard.

Fleuriot (Mlle) : *Le petit chef de famille*. 1 vol. avec 57 gravures d'après H. Castelli.
— *Plus tard*, ou le jeune chef de famille. 1 vol. avec 60 gravures d'après É. Bayard.
— *L'enfant gâté*. 1 vol. avec 48 gravures d'après Ferdinandus.
— *Tranquille et Tourbillon*. 1 vol. avec 45 grav. d'après C. Delort.
— *Cadette*. 1 vol. avec 52 gravures d'après Tofani.
— *En congé*. 1 vol. avec 61 gravures d'après Ad. Marie.
— *Bigarette*. 1 vol. avec 48 gravures d'après Ad. Marie.
— *Bouche-en-Cœur*. 1 vol. avec 45 gravures d'après Tofani.
— *Gildas l'intraitable*, 1 vol. avec 56 gravures d'après E. Zier.
— *Parisiens et Montagnards*. 1 vol. avec 49 gravures d'après E. Zier.

Foë (de) : *La vie et les aventures de Robinson Crusoé*, traduit de l'anglais. 1 vol. avec 40 gravures.

Fonvielle (W. de) : *Néridah*. 2 vol. avec 45 gravures d'après Sahib.

Fresneau (Mme), née de Ségur : *Comme les grands!* 1 vol. illustré de 46 gravures d'après Ed. ZIER.
— *Thérèse à Saint-Domingue*. 1 vol. avec 49 gravures d'après Tofani.
— *Les protégés d'Isabelle*. 1 vol. illustré de 42 gravures d'après Tofani.

Genlis (Mme de) : *Contes moraux*. 1 v. avec 40 grav. d'après Foulquier, etc.

Gérard (A.) : *Petite Rose*. — *Grande Jeanne*. 1 vol. avec 28 gravures d'après Gilbert.

Girardin (J.) : *La disparition du grand Krause*. 1 vol. avec 70 gravures d'après Kauffmann.

Giron (A.) : *Ces pauvres petits*. 1 vol. avec 22 grav. d'après B. Nouvel.

Gouraud (Mlle J.) : *Les enfants de la ferme*. 1 vol. avec 59 grav. d'après É. Bayard.
— *Le livre de maman*. 1 vol. avec 68 grav. d'après É. Bayard.
— *Cécile, ou la petite sœur*. 1 vol. avec 26 grav. d'après Desandré.
— *Lettres de deux poupées*. 1 vol. avec 59 gravures d'après Olivier.
— *Le petit colporteur*. 1 vol. avec 27 grav. d'après A. de Neuville.
— *Les mémoires d'un petit garçon*. 1 vol. avec 86 gravures d'après É. Bayard.
— *Les mémoires d'un caniche*. 1 vol. avec 75 gravures d'après É. Bayard.
— *L'enfant du guide*. 1 vol. avec 60 gravures d'après É. Bayard.
— *Petite et grande*. 1 vol. avec 48 gravures d'après É. Bayard.
— *Les quatre pièces d'or*. 1 vol. avec 54 gravures d'après É. Bayard.
— *Les deux enfants de Saint-Domingue*. 1 vol. avec 54 gravures d'après É. Bayard.
— *La petite maîtresse de maison*. 1 vol. avec 37 grav. d'après Marie.
— *Les filles du professeur*. 1 vol. avec 36 grav. d'après Kauffmann.
— *La famille Harel*. 1 vol. avec 44 gravures d'après Valnay.
— *Aller et retour*. 1 vol. avec 40 gravures d'après Ferdinandus.
— *Les petits voisins*. 1 vol. avec 39 gravures d'après C. Gilbert.

Gouraud (Mlle J.) (suite) : *Chez grand'mère*. 1 vol. avec 98 grav. d'après Tofani.
— *Le petit bonhomme*. 1 vol. avec 45 grav. d'après A. Ferdinandus.
— *Le vieux château*. 1 vol. avec 28 gravures d'après E. Zier.
— *Pierrot*. 1 vol. avec 31 gravures d'après E. Zier.
— *Minette*. 1 vol. illustré de 52 gravures d'après TOFANI.
— *Quand je serai grande !* 1 vol. avec 60 gravures d'après Ferdinandus.

Grimm (les frères) : *Contes choisis*, traduit par Ferd. Baudry. 1 vol. avec 40 gravures d'après Bertall.

Hauff : *La caravane*, traduit par A. Talon. 1 vol. avec 40 gravures d'après Bertall.
— *L'auberge du Spessart*, traduit par A. Talon. 1 vol. avec 61 gravures d'après Bertall.

Hawthorne : *Le livre des merveilles*, traduit de l'anglais par L. Rabillon. 2 vol. avec 40 gravures d'après Bertall.

Hébel et **Karl Simrock** : *Contes allemands*, traduit par M. Martin. 1 vol. avec 27 grav. d'après Bertall.

Johnson (R. B.) : *Dans l'extrême Far West*, traduit de l'anglais par A. Talandier. 1 vol. avec 20 gravures d'après A. Marie.

Marcel (Mme J.) : *L'école buissonnière*. 1 vol. avec 20 gravures d'après A. Marie.
— *Le bon frère*. 1 vol. avec 21 gravures d'après E. Bayard.
— *Les petits vagabonds*. 1 vol. avec 25 gravures d'après É. Bayard.
— *Histoire d'une grand'mère et de son petit-fils*. 1 vol. avec 36 gravures d'après C. Delort.
— *Daniel*. 1 vol. avec 45 gravures d'après Gilbert.

Marcel (Mme J.) (suite) : *Le frère et la sœur*. 1 vol. avec 45 gravures d'après E. Zier.
— *Un bon gros pataud*. 1 vol. avec 45 gravures d'après Jeanniot.
— *L'oncle Philibert*. 1 vol. illustré de 56 grav. d'après Fr. Régamey.

Maréchal (Mlle M.) : *La dette de Ben-Aïssa*. 1 vol. avec 20 gravures d'après Bertall.
— *Nos petits camarades*. 1 vol. avec 18 gravures d'après E. Bayard et H. Castelli, etc.
— *La maison modèle*. 1 vol. avec 42 gravures d'après Sahib.

Marmier (X.) : *L'arbre de Noël*. 1 vol. avec 68 grav. d'après Bertall.

Martignat (Mlle de) : *Les vacances d'Élisabeth*. 1 vol. avec 36 gravures d'après Kauffmann.
— *L'oncle Boni*. 1 vol. avec 42 gravures d'après Gilbert.
— *Ginette*. 1 vol. avec 50 gravures d'après Tofani.
— *Le manoir d'Yolan*. 1 vol. avec 56 gravures d'après Tofani.
— *Le pupille du général*. 1 vol. avec 40 gravures d'après Tofani.
— *L'héritière de Maurivèze*. 1 vol. avec 39 grav. d'après Poirson.
— *Une vaillante enfant*. 1 vol. avec 43 gravures par Tofani.
— *Une petite-nièce d'Amérique*. 1 vol. avec 43 gravures d'après Tofani.
— *La petite fille du vieux Thémi*. 1 vol. illustré de 42 gravures d'après TOFANI.

Mayne-Reid (le capitaine) : *Les chasseurs de girafes*, traduit de l'anglais par H. Vattemare. 1 vol. avec 10 grav. d'après A. de Neuville.
— *A fond de cale*, traduit par Mme H. Loreau. 1 vol. avec 12 gravures.
— *A la mer !* traduit par Mme H. Loreau. 1 vol. avec 12 gravures.

Mayne-Reid (le capitaine) (suite) :
— *Bruin*, ou les chasseurs d'ours, traduit par A. Letellier. 1 vol. avec 8 grandes gravures.
— *Les chasseurs de plantes*, traduit par Mᵐᵉ H. Loreau. 1 vol. avec 29 gravures.
— *Les exilés dans la forêt*, traduit par Mᵐᵉ H. Loreau. 1 vol. avec 12 gravures.
— *L'habitation du désert*, traduit par A. Le François. 1 vol. avec 24 grav.
— *Les grimpeurs de rochers*, traduit par Mᵐᵉ H. Loreau. 1 vol. avec 20 gravures.
— *Les peuples étranges*, traduit par Mᵐᵉ H. Loreau. 1 vol. avec 24 grav.
— *Les vacances des jeunes Boërs*, traduit par Mᵐᵉ H. Loreau. 1 vol. avec 12 gravures.
— *Les veillées de chasse*, traduit par H.-B. Révoil. 1 vol. avec 43 gravures d'après Freeman.
— *La chasse au Léviathan*, traduit par J. Girardin. 1 vol. avec 51 gravures d'après A. Ferdinandus et Th. Weber.
— *Les naufragés de la Calypso*. 1 vol. traduit par Mᵐᵉ GUSTAVE DEMOULIN et illustré de 55 gravures d'après PRANISHNIKOFF.

Moussac (Mᵐᵉ LA MARQUISE DE) : *Popo et Lili ou les deux jumeaux*. 1 vol. illustré de 58 gravures d'après E. Zier.

Muller (E.) : *Robinsonnette*. 1 vol. avec 22 gravures d'après Lix.

Ouida : *Le petit comte*. 1 vol. avec 34 gravures d'après G. Vuillier, Tofani, etc.

Peyronny (Mᵐᵉ de), née d'Isle : *Deux cœurs dévoués*. 1 vol. avec 53 gravures d'après J. Devaux.

Pitray (Mᵐᵉ de) : *Les enfants des Tuileries*. 1 vol. avec 29 gravures d'après E. Bayard.
— *Les débuts du gros Philéas*. 1 vol. avec 57 grav. d'après H. Castelli.
— *Le château de la Pétaudière*. 1 vol. avec 78 grav. d'après A. Marie.

Pitray (Mᵐᵉ de) (suite) : *Le fils du maquignon*. 1 vol. avec 65 grav. d'après Riou.
— *Petit monstre et poule mouillée*. 1 vol. avec 66 grav. par E. Girardet.
— *Robin des Bois*. 1 vol. illustré de 40 gravures d'après Sirouy.
— *L'usine et le château*. 1 vol. illustré de 44 grav. d'après Robaudi.

Rendu (V.) : *Mœurs pittoresques des insectes*. 1 vol. avec 49 grav.

Rostoptchine (Mᵐᵉ la comtesse) : *Belle, Sage et Bonne*. 1 vol. avec 39 gravures d'après Ferdinandus.

Sandras (Mᵐᵉ) : *Mémoires d'un lapin blanc*. 1 vol. avec 20 gravures d'après E. Bayard.

Sannois (Mˡˡᵉ la comtesse de) : *Les soirées à la maison*. 1 vol. avec 42 gravures d'après E. Bayard.

Ségur (Mᵐᵉ la comtesse de) : *Après la pluie, le beau temps*. 1 vol. avec 128 grav. d'après E. Bayard.
— *Comédies et proverbes*. 1 vol. avec 60 gravures d'après E. Bayard.
— *Diloy le chemineau*. 1 vol. avec 90 gravures d'après H. Castelli.
— *François le bossu*. 1 vol. avec 114 gravures d'après E. Bayard.
— *Jean qui grogne et Jean qui rit*. 1 vol. avec 70 grav. d'après Castelli.
— *La fortune de Gaspard*. 1 vol. avec 52 gravures d'après Gerlier.
— *La sœur de Gribouille*. 1 vol. avec 72 grav. d'après H. Castelli.
— *Pauvre Blaise!* 1 vol. avec 65 gravures d'après H. Castelli.
— *Quel amour d'enfant!* 1 vol. avec 79 gravures d'après E. Bayard.
— *Un bon petit diable*. 1 vol. avec 100 gravures d'après H. Castelli.
— *Le mauvais génie*. 1 vol. avec 90 gravures d'après E. Bayard.
— *L'auberge de l'Ange-Gardien*. 1 vol. avec 75 grav. d'après Foulquier.
— *Le général Dourakine*. 1 vol. avec 100 gravures d'après E. Bayard.

Ségur (Mᵐᵉ la comtesse de) (suite) : *Les bons enfants.* 1 vol. avec 70 gravures d'après Ferogio.
— *Les deux nigauds.* 1 vol. avec 76 gravures d'après H. Castelli.
— *Les malheurs de Sophie.* 1 vol. avec 48 grav. d'après H. Castelli.
— *Les petites filles modèles.* 1 vol. avec 21 gravures d'après Bertall.
— *Les vacances.* 1 vol. avec 36 gravures d'après Bertall.
— *Mémoires d'un âne.* 1 vol. avec 75 grav. d'après H. Castelli.

Stolz (Mᵐᵉ de) : *La maison roulante.* 1 vol. avec 20 grav. sur bois d'après E. Bayard.
— *Le trésor de Nanette.* 1 vol. avec 24 gravures d'après E. Bayard.
— *Blanche et noire.* 1 vol. avec 54 gravures d'après E. Bayard.
— *Par-dessus la haie.* 1 vol. avec 56 gravures d'après A. Marie.
— *Les poches de mon oncle.* 1 vol. avec 20 gravures d'après Bertall.
— *Les vacances d'un grand-père.* 1 vol. avec 40 gravures d'après G. Delafosse.
— *Quatorze jours de bonheur.* 1 vol. avec 45 gravures d'après Bertall.
— *Le vieux de la forêt.* 1 vol. avec 32 gravures d'après Sahib.
— *Le secret de Laurent.* 1 vol. avec 32 gravures d'après Sahib.
— *Les deux reines.* 1 vol. avec 32 gravures d'après Delort.
— *Les mésaventures de Mlle Thérèse.* 1 vol. avec 29 grav. d'après Charles.

Stolz (Mᵐᵉ de) (suite) : *Les frères de lait.* 1 vol. avec 42 gravures d'après E. Zier.
— *Magali.* 1 vol. avec 36 gravures d'après Tofani.
— *La maison blanche.* 1 vol. avec 35 gravures d'après Tofani.
— *Les deux André.* 1 vol. avec 45 gravures d'après Tofani.
— *Deux tantes.* 1 vol. avec 43 gravures d'après Tofani.
— *Violence et bonté.* 1 vol. avec 56 gravures d'après Tofani.
— *L'embarras du choix.* 1 v. illustré de 36 gravures d'après Tofani.
— *Petit Jacques.* 1 vol. illustré de 48 gravures d'après Tofani.

Swift : *Voyages de Gulliver*, traduit et abrégé à l'usage des enfants. 1 vol. avec 57 gravures d'après Delafosse.

Taulier : *Les deux petits Robinsons de la Grande-Chartreuse.* 1 vol. avec 69 gravures d'après E. Bayard et Hubert Clerget.

Tournier : *Les premiers chants*, poésies à l'usage de la jeunesse. 1 vol. avec 20 gravures d'après Gustave Roux.

Vimont (Ch.) : *Histoire d'un navire.* 1 vol. avec 40 gravures d'après Alex. Vimont.

Witt (Mᵐᵉ de), née Guizot : *Enfants et parents.* 1 vol. avec 34 gravures d'après A. de Neuville.
— *La petite-fille aux grand'mères.* 1 vol. avec 36 grav. d'après Beau.
— *En quarantaine.* 1 vol. avec 48 gravures d'après Ferdinandus.

IIIᵉ SÉRIE, POUR LES ENFANTS ADOLESCENTS

ET POUVANT FORMER UNE BIBLIOTHÈQUE POUR LES JEUNES FILLES DE 14 A 18 ANS

VOYAGES

Agassiz (M. et Mᵐᵉ) : *Voyage au Brésil*, traduit et abrégé par J. Belin de Launay. 1 vol. avec 16 gravures et 1 carte.

Aunet (Mᵐᵉ d') : *Voyage d'une femme au Spitzberg.* 1 vol. avec 34 gravures.

Baines : *Voyages dans le sud-ouest de l'Afrique*, traduit et abrégé par J. Belin de Launay. 1 vol. avec 22 gravures et 1 carte.

Baker : *Le lac Albert N'yanza.* Nouveau voyage aux sources du Nil, abrégé par Belin de Launay. 1 vol. avec 16 gravures et 1 carte.

Baldwin : *Du Natal au Zambèze* (1861-1865). Récits de chasses, abrégés par J. Belin de Launay. 1 vol. avec 24 gravures et 1 carte.

Burton (le capitaine) : *Voyages à la Mecque, aux grands lacs d'Afrique et chez les Mormons*, abrégé par J. Belin de Launay. 1 vol. avec 12 gravures et 3 cartes.

Catlin : *La vie chez les Indiens*, traduit de l'anglais. 1 vol. avec 25 gravures.

Fonvielle (W. de) : *Le glaçon du Polaris*, aventures du capitaine Tyson. 1 vol. avec 19 gravures et 1 carte.

Hayes (Dr) : *La mer libre du pôle*, traduit par F. de Lanoye, et abrégé par J. Belin de Launay. 1 vol. avec 14 gravures et 1 carte.

Hervé et de **Lanoye** : *Voyages dans les glaces du pôle arctique.* 1 vol. avec 40 gravures.

Lanoye (F. de) : *Le Nil et ses sources.* 1 vol. avec 32 gravures et des cartes.
— *La Sibérie.* 1 vol. avec 48 gravures d'après Lebreton, etc.
— *Les grandes scènes de la nature.* 1 vol. avec 40 gravures.
— *La mer polaire*, voyage de l'*Érèbe* et de la *Terreur*, et expédition à la recherche de Franklin. 1 vol. avec 29 gravures et des cartes.
— *Ramsès le Grand*, ou l'Égypte il y a trois mille trois cents ans. 1 vol. avec 39 gravures d'après Lancelot, E. Bayard, etc.

Livingstone : *Explorations dans l'Afrique australe*, abrégé par J. Belin de Launay. 1 vol. avec 20 gravures et 1 carte.

Livingstone (suite) : *Dernier journal*, abrégé par J. Belin de Launay. 1 vol. avec 16 grav. et 1 carte.

Mage (L.) : *Voyage dans le Soudan occidental*, abrégé par J. Belin de Launay. 1 vol. avec 16 gravures et 1 carte.

Milton et **Cheadle** : *Voyage de l'Atlantique au Pacifique*, traduit et abrégé par J. Belin de Launay. 1 vol. avec 16 gravures et 2 cartes.

Mouhot (Ch.) : *Voyage dans le royaume de Siam, le Cambodge et le Laos.* 1 vol. avec 28 gravures et 1 carte.

Palgrave (W. G.) : *Une année dans l'Arabie centrale*, traduit et abrégé par J. Belin de Launay. 1 vol. avec 12 gravures, 1 portrait et 1 carte.

Pfeiffer (Mme) : *Voyages autour du monde*, abrégé par J. Belin de Launay. 1 vol. avec 16 gravures et 1 carte.

Piotrowski : *Souvenirs d'un Sibérien.* 1 vol. avec 10 gravures d'après A. Marie.

Schweinfurth (Dr) : *Au cœur de l'Afrique* (1866-1871). Traduit par Mme H. Loreau, et abrégé par J. Belin de Launay. 1 vol. avec 16 gravures et 1 carte.

Speke : *Les sources du Nil*, édition abrégée par J. Belin de Launay. 1 vol. avec 24 gravures et 3 cartes.

Stanley : *Comment j'ai retrouvé Livingstone*, traduit par Mme Loreau, et abrégé par J. Belin de Launay. 1 vol. avec 16 gravures et 1 carte.

Vambéry : *Voyages d'un faux derviche dans l'Asie centrale*, traduit par E. D. Forgues, et abrégé par J. Belin de Launay. 1 vol. avec 18 gravures et une carte.

HISTOIRE

Le loyal serviteur: *Histoire du gentil seigneur de Bayard*, revue et abrégée, à l'usage de la jeunesse, par Alph. Feillet. 1 vol. avec 36 gravures d'après P. Sellier.

Monnier (M.): *Pompéi et les Pompéiens.* Édition à l'usage de la jeunesse. 1 vol. avec 25 gravures d'après Thérond.

Plutarque: *Vie des Grecs illustres*, édition abrégée par A. Feillet. 1 vol. avec 53 gravures d'après P. Sellier.

— *Vie des Romains illustres*, édition abrégée par A. Feillet. 1 vol. avec 69 gravures d'après P. Sellier.

Retz (Le cardinal de): *Mémoires* abrégés par A. Feillet. 1 vol. avec 35 gravures d'après Gilbert, etc.

LITTÉRATURE

Bernardin de Saint-Pierre: *Œuvres choisies.* 1 vol. avec 12 gravures d'après E. Bayard.

Cervantès: *Don Quichotte de la Manche.* 1 vol. avec 64 gravures d'après Bertall et Forest.

Homère: *L'Iliade et l'Odyssée*, traduites par P. Giguet et abrégées par Alph. Feillet. 1 vol. avec 33 gravures d'après Olivier.

Le Sage: *Aventures de Gil Blas*, édition destinée à l'adolescence. 1 vol. avec 50 gravures d'après Leroux.

Mac-Intosch (Miss): *Contes américains*, traduit par Mme Dionis. 2 vol. avec 50 gravures d'après E. Bayard.

Maistre (X. de): *Œuvres choisies.* 1 vol. avec 15 gravures d'après E. Bayard.

Molière: *Œuvres choisies*, abrégées, à l'usage de la jeunesse. 2 vol. avec 22 gravures d'après Hillemacher.

Virgile: *Œuvres choisies*, traduites et abrégées à l'usage de la jeunesse, par Th. Barrau. 1 vol. avec 20 gravures d'après P. Sellier.

PETITE BIBLIOTHÈQUE DE LA FAMILLE

FORMAT PETIT IN-12

A 2 FRANCS LE VOLUME

LA RELIURE EN PERCALINE GRIS PERLE, TRANCHES ROUGES,
SE PAYE EN SUS, 50 C.

Fleuriot (Mlle Z.) : *Tombée du nid.* 1 vol.
— *Raoul Daubry*, chef de famille; 2e édit. 1 vol.
— *L'héritier de Kerguignon*; 3e édit. 1 vol.
— *Réséda*; 9e édit. 1 vol.
— *Ces bons Rosaëc !* 1 vol.
— *La vie en famille*; 8e édit. 1 vol.
— *Le cœur et la tête.* 1 vol.
— *Au Galadoc.* 1 vol.
— *De trop.* 1 vol.
— *Le théâtre chez soi, comédies et proverbes.* 1 vol.
— *Sans beauté.* 1 vol.
— *Loyauté.* 1 vol.
— *La clef d'or.* 1 vol.

Fleuriot Kérinou : *De fil en aiguille.* 1 vol.

Girardin (J.) : *Le locataire des demoiselles Rocher.* 1 vol.

Girardin (J.) (suite) : *Les épreuves d'Étienne.* 1 vol.
— *Les théories du docteur Wurtz.* 1 vol.
— *Miss Sans-Cœur*; 2e édit. 1 vol.
— *Les braves gens.* 1 vol.

Giron (Aimé) : *Braconnette.* 1 vol.

Marcel (Mme J.) : *Le Clos-Chantereine.* 1 vol.

Wiele (Mme Van de) : *Filleul du roi !* 1 vol.

Witt (Mme de), née Guizot : *Tout simplement*; 2e édition. 1 vol.
— *Reine et maîtresse.* 1 vol.
— *Un héritage.* 1 vol.
— *Ceux qui nous aiment et ceux que nous aimons.* 1 vol.
— *Sous tous les cieux.* 1 vol.
— *A travers pays.*
— *Vieux contes de la veillée.* 1 vol.

D'autres volumes sont en préparation.

www.ingramcontent.com/pod-product-compliance
Lightning Source LLC
Chambersburg PA
CBHW050251170426
43202CB00011B/1637